古典文獻研究輯刊

三七編

潘美月・杜潔祥 主編

第31冊

《瀛舟筆談》點校本(下)

〔清〕阮亨 記

羅恰、張曉沖 點校

國家圖書館出版品預行編目資料

《瀛舟筆談》點校本（下）／羅恰、張曉沖 點校 -- 初版 --
新北市：花木蘭文化事業有限公司，2023〔民112〕
目 2+196 面；19×26 公分
（古典文獻研究輯刊 三七編；第31冊）
ISBN 978-626-344-494-2（精裝）
1.CST：瀛舟筆談 2.CST：研究考訂
011.08   112010531

ISBN-978-626-344-494-2

9 786263 444942

古典文獻研究輯刊
三七編　第三一冊　　　　　ISBN：978-626-344-494-2

《瀛舟筆談》點校本（下）

作　　者　羅恰、張曉沖（點校）
主　　編　潘美月、杜潔祥
總 編 輯　杜潔祥
副總編輯　楊嘉樂
編輯主任　許郁翎
編　　輯　張雅淋、潘玟靜　美術編輯　陳逸婷
出　　版　花木蘭文化事業有限公司
發 行 人　高小娟
聯絡地址　235 新北市中和區中安街七二號十三樓
　　　　　電話：02-2923-1455／傳真：02-2923-1452
網　　址　http://www.huamulan.tw 信箱 service@huamulans.com
印　　刷　普羅文化出版廣告事業
初　　版　2023 年 9 月
定　　價　三七編 58 冊（精裝）新台幣 150,000 元　　版權所有·請勿翻印

《瀛舟筆談》點校本（下）

羅恰、張曉沖　點校

目

次

瀛舟筆談卷七

揚州阮亨仲嘉記

兄早歲治文章，尤挈經義，嘗手校《十三經注疏》，二十四歲撰《車制圖解》，有為江永、戴震諸先生所未發者〔註1〕。此外，如《封禪》《明堂》《一貫》《論仁》《漸浙》《樂奏》《釋且》諸篇，皆獨契往古，發前人所未發。至于《十三經注疏校勘記》《經籍纂詁》《十三經經郛》《疇人傳》《金石志》等書，篇帙浩繁，皆自起凡例，擇友人弟子分任之，而親加朱墨，改訂甚多。自言入翰林後即直內廷，編定書畫，校勘石經，旋督學筦部、領封疆，潛挈時少，故入官以後，編纂之書較多〔註2〕，而沈精殫思、獨發古誼之作為少，不能似經生時之專力矣。然所作《曾子十篇注釋》，則時時自隨，凡三易稿，此中發明孔、曾博學、難易、忠恕、一貫等事，實昔儒所未及罔言，故所撰之書當以此五卷為最重。又言近人考證經史、小學之書則愈精，發明聖賢言行之書則甚少，否則專以攻駁程、朱為事，于顏、曾純篤之學未之深究，茲注釋五卷，不敢存昔人門戶之見，而實以濟近時流派之偏也。

兄又謂聖人之道譬若宮牆，文字、訓詁其門逕也。門逕苟誤，跬步皆歧，安能升堂入室乎？學人求道太高，卑視章句，譬猶天際之翱出于豐屋之上，高則高矣，奧窔之間未實踐也。或者但求名物，不論聖道，又若終年寢饋于門廡之間，無復知有堂室矣。是故正衣尊視，惡難從易，但立宗旨，即居大名，此一蔽也；精挍博考，經義確然，雖不蹦閑，便于出入，此又一蔽也。又嘗言孔

〔註1〕「未」，原作「謂」，非，今據文義改。
〔註2〕「較」，原作「校」，非，今據文義改。

子以王道作《春秋》，《春秋》之道，與《孝經》節節相通；孔子以儒道教弟子，《論語》之道，節節與《孝經》相通。學者不於此究心，而空談心性，瑣求名物，皆失之矣。

《論語一貫說》

聖賢之言，不但深遠者非訓詁不明，即淺近者亦非訓詁不明也。就聖賢之言而訓之，或有誤焉，聖賢之道亦誤矣。說在《論語》之「一貫」。《論語》「貫」字凡三見：曾子之一貫也，子貢之一貫也，閔子之言仍舊貫也。此三「貫」字，其訓不應有異。元按，貫，行也，事也，《爾雅》：「貫，事也。」《廣雅》：「貫，行也。」《詩·碩鼠》：「三歲貫女。」《周禮·職方》：「使同貫利。」《論語·先進》：「仍舊貫。」傳、注皆訓為「事」。《漢書·谷永傳》云：「以次貫行。」《後漢·光武十五王傳》云：「奉承貫行。」皆行事之義。三者皆當訓為行事也。孔子呼曾子，告之曰：「吾道一以貫之。」此言孔子之道皆于行事見之，非徒以文學為教也。「一」與「壹」同，「一」與「壹」通，經史中並訓為「專」，又並訓為「皆」。《後漢·馮緄傳》《淮南·說山訓》《管子·心術篇》皆訓「一」為「專」。《大戴·衛將軍》《荀子·勸學》《臣道》《後漢書·順帝紀》皆訓「一」為「皆」。《荀子·大略》《左·昭二十六年》《穀梁·僖九年》《禮記·表記》《大學》皆訓「壹」為「專」。至于「一」「壹」二字通用之處，經史中不可勝舉矣。「壹以貫之」猶言壹是皆以行事為教也。弟子不知所行為何道，故曾子曰：「夫子之道，忠恕而已矣。」此即《中庸》所謂「忠恕違道不遠，施諸己而不願，亦勿施于人」，「君子之道四，某未能一」，「庸德庸言，言行相顧之道也。」此即《大戴·曾子本孝篇》所謂「忠為孝之本」，《衛將軍文子篇》孔子所云「曾子中夫孝弟信忠四德之道也」，此皆聖賢極中、極庸、極實之道，亦即天下古今極大、極難之道也。云賢者因聖人一呼之下，即一旦豁然貫通焉。此似禪家頓宗冬寒見桶底脫大悟之旨，而非聖賢行事之道也。何者？曾子若因「一貫」而得道統之傳，子貢之「一貫」又何說乎？不知子貢之「一貫」，亦當訓為「行事」。子告子貢曰：「汝以予為多學而識之者歟？」子貢曰：「然。非歟？」子曰：「予一以貫之。」此夫子恐子貢但以多學而識學聖人，而不于行事學聖人也。夫子于曾子則直告之，于子貢則略加問難而出之。卒之告子貢曰：「予一以貫之」，亦謂壹是皆以行事為教也，亦即忠恕之道也。閔子曰：「仍舊貫，如之何？」此亦言仍舊行事，不必改作也。故以「行事」訓「貫」，則聖賢之道歸于儒；以「通徹」訓「貫」，則聖賢之道近于禪矣。鄙見如此，未知尚有誤否？敢以質之學古而不持成見之君子。

《論語論仁論》

孔子為百世師。孔子之言，著於《論語》為多。《論語》言五常之事詳矣，惟論「仁」者凡五十有八章，「仁」字之見於《論語》者凡百有五，為尤詳。若於聖門最詳切之事論之，尚不得其傳而失其旨，又何暇別取《論語》所無之字標而論之邪？今綜論《論語》論仁諸章，而分證其說於後。元謹先為之發其凡曰：元竊謂詮解「仁」字，不必煩稱遠引，但舉《曾子制言篇》「人之相與也，譬如舟車然，相濟達也。人非人不濟，馬非馬不走，水非水不流」，及《中庸篇》「仁者，人也」，鄭康成注：「讀如『相人偶』之『人』」，數語足以明之矣。春秋時，孔門所謂仁也者，以此一人與彼一人，相人偶而盡其敬禮忠恕等事之謂也。相人偶者，謂人之偶之也。凡仁，必於身所行者驗之而始見，亦必有二人而仁乃見。若一人閉戶齊居〔註3〕，瞑目靜坐，雖有德理在心，終不得指為聖門所謂之仁矣。蓋士庶人之仁，見於宗族、鄉黨；天子、諸侯、卿大夫之仁，見於國家、臣民。同一相人偶之道，是必人與人相偶而仁乃見也。鄭君「相人偶」之注，即曾子「人非人不濟」、《中庸》「仁者，人也」、《論語》「己立立人，己達達人」之旨。能近取譬，即馬走、水流之意。曰「近取」者，即子夏「切問近思」之說也。蓋孔門諸賢已有「未仁」「難並」之論，慮及後世言仁之務為高遠矣。孔子答司馬牛曰：「仁者，其言也訒。」夫言訒於仁何涉？不知浮薄之人，語易侵暴，侵暴則不能與人相人偶，是不訒即不仁矣，所以木訥近仁也。仲弓問仁，孔子答以「見大賓，承大祭」諸語，似言敬恕之道於仁無涉，不知天子、諸侯不體羣臣、不邮民時，則為政不仁，極之視臣草芥，使民糜爛，家國怨而畔之，亦不過不能與人相人偶而已，秦、隋是也。其餘聖門論仁，以類推之，五十八章之旨有相合而無相戾者。即推之諸經之旨，亦莫不相合而無相戾者。自「博愛謂仁」立說以來，歧中歧矣。吾固曰：「孔子之道，當於實者、近者、庸者論之，則春秋時學問之道，顯然大明於世，而不入於二氏之塗。吾但舉其是者，而非者自見，不必多其辭說也。」

《曾子注釋序》

元謹案，百世學者皆取法孔子矣。然去孔子漸遠者，其言亦漸異。子思、孟子近孔子而言不異，猶非親受業於孔子者也。然則七十子親受業于孔子，其言之無異於孔子而獨存者，惟《曾子》十篇乎？曾子修身慎行，忠實不欺，而大端本乎孝。孔子以曾子為能通孝道，故授之業，作《孝經》。今讀《事父母》

〔註3〕「閉」，原作「閑」，《揅經室一集》卷八《論語論仁論》作「閉」，今據改。

以上四篇，實與《孝經》相表裏焉。患之小者，豪髮必謹；節之大者，死生不奪。窮極禮經之變，直通天律之本，莫非傳習聖業，與年並進，而非敢恃機悟也。且其學與顏、閔、游、夏諸賢同習所傳于孔子者，亦絕無所謂獨得道統之事也。竊以曾子所學，較後儒為博；而其行，較後儒為庸。顏子曰：「博我以文，約我以禮。」孔子曰：「庸德之行，庸言之謹。」然則魯哀公年間，齊魯學術可以覼見。後世學者，當知所取法矣。元不敏，于曾子之學，身體力行，未能萬一，惟熟復曾子之書，以為當與《論語》同，不宜與記書雜錄並行。爰順考十篇之文，注而釋之，以就正有道。竊謂從事孔子之學者，當自曾子始。

《大學格物說》

《禮記・大學篇》曰：「致知在格物，物格而後知至。」此二句，雖從身心意知而來，實為天下、國家之事。天下、國家以立政行事為主，《大學》從身心說到意知，已極心思之用矣，恐學者終求之于心學而不驗之行事也，故終顯之曰「致知在格物」。物者，事也；格者，至也。事者，家國天下之事，即止于五倫之至善，明德、新民皆事也。格有「至」義，即有「止」意。履而至止於其地，聖賢實踐之道也。凡經傳所云「格于上下」「不格姦」「格于藝祖」「神之格思」「孝友時格」「暴風來格」及古鐘鼎文「格于太廟」「格于太室」之類，皆訓為「至」。蓋「假」為本字，「格」字同音相借也。《小爾雅・廣詁》曰：「格，止也。」知止即知物所當格也。至善之「至」，知止之「止」，皆與「格」義一也。譬如射然，升階登堂履物而後射也。《儀禮・鄉射禮》曰：「物長如笴。」鄭注云：「物謂射時所立處也。謂之物者，物猶事也。」《禮記・仲尼燕居》鄭注：「事之謂立置于位也。」《釋名・釋言語》曰：「事，倳也。倳，立也。」蓋「物」字本從「勿」。「勿」者，《說文》：「州里所建旗」，「趣民事，故稱勿勿」，《周禮・鄉大夫》：「五物詢眾庶。」「物」即與「事」同義，而堂上射者所立之位，亦名「物」者，古人即通會此意以命名也。《大戴禮・虞戴德》曰：「規鵠，堅物」，「履物以射，其心端色容正」，《大射儀》曰：「左足履物」，皆此義也。故曰「格物」者，至止于事物之謂也。凡家國、天下、五倫之事，無不當以身親至其處而履之，以止于至善也。格物、與止至善、知止、止于仁敬等事，皆是一義，非有二解也。必變其文曰「格物」者，以「格」字兼包「至止」，以「物」字兼包諸事。聖賢之道，無非實踐。孔子曰：「吾道一以貫之。」「貫」者，行事也，即與「格物」同道也。曾子著書，今存十篇，首篇即名《立事》，「立事」即「格物」也。先儒論「格物」者多矣，乃多以虛

義參之，似非聖人立言之本意。元之論「格物」，非敢異也，亦實事求是而已。

《說文》「浙」「漸」二水分晰甚明，後儒即以漸江為浙江。予兄以為浙江即岷江，即《禹貢》所云「南江」，而與漸江、穀水無與焉。博引羣書，疏通證明之。復證據《尚書後案》等書誤認鄭氏「三江」注之非，作《浙江圖攷》一冊。

嘉定錢宮詹辛楣先生，以碩學懿行為海內尊宿，主吳中紫陽講席，東南人士依為師表，與王述庵司寇、王西沚光祿並重三吳。甲子，先生年八十矣。十月某日，曉起如平時，尚手作書一通與家兄。抵暮，以無疾遽卒。其未卒之前，兄為作《十駕齋養新錄序》。序成寄之，書未至彼，而先生之凶問已至，遂追而書之軸，以祭告之。

王述菴司寇昶主講敷文者三年，託疾固辭，家居埽軌，以生平所著述緝而成之。神明不衰，談論亹亹，惟兩耳皆聾，見者或畫字以通。八十初度，四方賢士大夫及門下士祝嘏之辭無慮數百首。吳穀人司成為作《徵詩啟》，覼縷生平，精詳典核。作者不慚于中，受者無媿其言也。甲子冬，亨徃三泖漁莊謁司寇，有句云：「有公一代持風雅，媿我千秋附簡編。」司寇病革，遺命以神道碑屬余兄撰之。余兄為撰碑銘，實能述司寇生平學行也。

邵二雲學士晉涵，其學精深博大，為姚江守先待後之人，經史、小學靡不通貫。令嗣秉華近核其《南江札記》四卷，皆先生讀書偶得、隨手紀錄者，未足以窺其蘊也。兄嘗為之作序。

《南江邵氏遺書序》

餘姚翰林學士邵二雲先生，以醇和廉介之性，為沈博邃精之學，經學、史學並冠一時，久為海內共推，無俟元之縷述矣。歲丙午，元初入京師，時前輩講學者，有高郵王懷祖、興化任子田暨二雲先生。元咸隨事請問，捧手有所受焉。先生本得甬上姚江史學之正傳，博聞強記，于宋、明以來史事寂深。學者惟知先生之經，亦未知先生之史也。于經則覃精訓詁，病邢昺《爾雅疏》之陋，為《爾雅正義》若干卷，發明叔然、景純之義，遠勝邢書，可以立於學官。在四庫館與戴東原諸先生編輯載籍，史學諸書多由先生訂其略，其提要亦多出先生之手〔註4〕。先生又曾語云：「《孟子疏》偽而陋，今亦再為之。《宋史》列傳多訛，欲刪傳若干、增傳若干。」顧皆未見其書。今先生久卒于官，所著書惟《爾雅注疏》先已刊行。今令子秉華等復刊《南江札記》四卷、《南江文鈔》若干卷，次第皆成。尚有《南江詩鈔》十卷、《韓詩內傳考》一卷、

〔註4〕「其提要」，原作「提其要」，《揅經室二集》卷七《南江邵氏遺書序》作「其提要」，今據乙正。

《舊五代史考異》《宋元事鑑攷異》《大臣謚跡錄》《方輿金石編目》若干卷未刊，將次第刊之，以貽學者。元既心折於先生之學，又喜獲交於令子秉華能輯先生之書，俾元受而讀之，得聞先生未罄之緒論也。謹記數言，以諗同學者。

　　元和惠定宇先生棟，中年後嘗客于盧雅雨都轉幕中，相得交於吾鄉汪對琴比部棣。比部好古嗜學，亦傾心於先生。其後先生病於旅次，比部為親視藥餌，薨、尤之費不下千金，不使先生知也。既而病愈，先生心感其意，因舉所輯《後漢書補注》稾本盡以畀比部，使為汪氏所著。比部亦不以為己有，屢欲梓而中輟。其後有同里陳氏喜藏書，比部乃以繕本付之，外間始有流傳之本。及嘉興馮鷺庭太史集梧主梅花書院，寶山李薔生教授保泰復以手鈔本遺之，馮氏乃得于嘉慶九年六月為之刊板行世。刊成，以初印本寄家兄。兄為亨道其顛末。其書初名《訓纂》，後改今名。前有李薔生教授一敘，敘中亦詳載此事，能不沒其實。余因摭其大略於此。

　　程易田先生嘗記顧亭林別名一事，云萬壽祺後為沙門，號素道人，圖《秋江別思》送顧寧人。自淮陰渡江歸唐市，并記其事于卷尾，其言曰：「顧子名圭年，自云『予再轉注而得此名。』」按《崑山志》云：「炎武初名絳，後改今名。」今呼「圭年」，云「再轉注」，是至此三易其名矣。壽祺先是未識寧人，至是聞其言異之，故問曰「子非寧人乎？」明「寧人」之字在名「圭年」之先也。然考其著書，皆署名「炎武」，時在六七十歲間。其詩集中有贈萬舉人詩，紀年辛卯，是年寧人三十九歲耳。雖轉注名「圭年」，而終其身猶自呼「炎武」，故邑志及《明詩綜》皆逸「圭年」之名，洪亦無知之者。今於破畫跋尾中得之，可不紀數語以告人乎？亭林此名，不得此段跋尾，則先生亦不知。非先生書而紀之，後人又誰復識之耶？桐城胡雒君嘗欲作《亭林年譜》，徧訪其後人，搜羅事迹，積有歲年。雒君後卒於粵西，不知其書成否，惜其未見此一事也。

　　管松厓先生幹貞政事彪炳，文章魁奇。所刻《松厓文鈔》，首為《明史志》三十六卷，敘論簡古，蔚然大觀。外有《讀易一隅》《書經一隅》《問禮一隅》《規左一隅》《說文辨異》《玉書》，皆學有心得，而《明史》首卷序目，尤班、揚之儔也。我朝康熙、乾隆兩設博學鴻詞科，以徵碩學。乾隆有杭君菫浦《詞科掌錄》以紀典故，康熙雖有《鶴徵錄》諸名，究無全書。兄入詞林以來，留心采輯，為《康熙己未詞科掌錄》十六卷，分八門。嗣秦小峴先生亦輯《詞科錄》梓行，此書遂未付梓。

　　兄嘗集閱本朝書集百餘家，凡大臣、名人之傳、誌、碑、狀皆輯錄之，仿

宋人《琬琰錄》〔註5〕，為《皇清碑版錄》五十卷，亦略云備矣。

凌次仲學博廷堪，家兄至友也。讀書無所不通，尤精于三《禮》之學，有《校禮圖》。朱石君相國用昌黎《薦士》詩韻題其上，學博及家兄皆有和作。學博有《禮經釋例》一書，自許為生平辛苦有得之學。其《復禮論》三篇，尤昔人所未言也。兄子常生從之學。兄為刻其《釋例》一書，次仲于音樂獨得秘奧，錢溉亭尚未通解，其致兄一書，專論此事，今錄其書。

《寄阮中丞書》

承詢近來心得，唯于樂律似稍稍有所獲，但苦書少又精力不繼，不能用心探討耳。間為《燕樂考原》一書，中有二十八調說一篇，頗為自來講樂家所未悟〔註6〕。其不遽爾錄寄者，緣此書及《禮經釋例》尚為有關係之作，非雜文、詩詞可比，懼以未定之本，流布于外人也。其書不論容積、周徑，不論六十律及八十四調。蓋容積、周徑如歷法之推歷元虛數，無用之說也。不知至元辛巳可為元，崇禎戊辰亦可為元，康熙甲子又可為元也。猶之今笛自吹口至出音孔，約長八九寸，即黃鐘也；簫約長一尺五六寸，亦黃鐘也；琴絃長三尺有餘，又黃鐘也。此易知者也。六十律、八十四調如月之有九道八行，眝惑之談也。不知行朱道、黑道者，止此月道也；行青道、白道者，亦此月道也〔註7〕。猶之京房六十律，錢樂之三百律，止此五聲二變也；鄭譯八十四調，聲成文謂之音，至鄭譯始謂之調。蔡元定六十調，亦此五聲二變也。此又易知者也。字譜唐以後始有之〔註8〕，蓋即龜茲之學。然字雖異，其所以七聲相旋者〔註9〕，不能異也。如今曰「上」「尺」，古曰「宮」「商」，猶之中法曰「降婁之次」，西人曰「白羊宮」也。毛西河以《楚辭》「四上競氣」為即今之字譜〔註10〕，附會之談，近人多從之，而未晤其失。蓋樂自鄭譯而後乃一大變更，《周官》「同律」無論矣。漢以來之樂，以京房律準為根，絲聲倍半相應，與竹不同。竹聲半太簇，始應黃鐘〔註11〕。故雖有荀勗笛律，不能久行，而梁武制四通，仍用絲聲也。隋以來之樂，以蘇祇婆琵琶為根。琵琶四絃，一絃七調，故為二十八調。唐、宋以來之字譜及燕樂宮調，皆琵琶之遺聲也。燕

〔註5〕「琰」，原避清仁宗顒琰諱作「玉」，今改回本字。
〔註6〕「悟」，原作「恫」，《校禮堂文集》卷二十五《與阮伯元侍郎論樂書》作「悟」，今據改。
〔註7〕「也」，原作「月」，《校禮堂文集》卷二十五作「也」，今據改。
〔註8〕「譜」，原作「至」，《校禮堂文集》卷二十五作「譜」，今據改。
〔註9〕「所以七」，原作「行曰人」，《校禮堂文集》卷二十五作「所以七」，今據改。
〔註10〕「氣」字原闕，據《校禮堂文集》卷二十五及《楚辭·大招》補。
〔註11〕「始」，原作「治」，《校禮堂文集》卷二十五作「始」，今據改。

樂無徵調，不必補。然二十八調，實止十四調〔註12〕，以七羽合於七宮〔註13〕，以七角合於七商也。觀段安節《樂府雜錄》「商角同用，宮逐羽音」二語可知矣。《夢溪筆談》所載燕樂宮調與律呂異名，其故雖沈存中、姜堯章不能言之。今皆推得其所以然，誠生平一大快事，容後寄正。至元人曲譜，僅存六宮十一調，而所用之宮與調亦祇十四也。宮調、角調非唐、宋燕樂所有，且無一曲，蓋妄增者，歇指調今亦無曲，商、角當附于商調。此古今言樂之最要關鍵，蔡季通、鄭世子皆未之知也〔註14〕。毛西河武斷，江、戴二君亦無確見。若胡彥升，但知唱崑山調及推崇考亭而已。昨寄來錢溉亭論樂諸篇，以為必有妙理〔註15〕，及讀之〔註16〕，仍不能發明之。甚矣，此學之難索解人也。溉亭但取今之笛以上考律呂，此必不得之數也。夫今笛與古律中隔唐人燕樂一關，此關不通，而欲飛渡，何其偑也。持今笛以求燕樂之二十八調，尚不可得，況律呂也？今笛止七調，欲備八十四調〔註17〕，必如荀勖之十二笛而後可。竊謂歷法自西人之後有實測可憑，譬之鳥道羊腸，繩行懸度，苟不憚辛苦，無不可至者。若樂律諸書，雖言之娓娓，深求其故，皆如海上三神山，但望見焉，風引之則又遠矣。何者？一實有其境，一虛搆其理也。他日吾書成，庶東海揚塵，徒步可到矣。

江都汪容甫中才高迕物，鄉里俗士嫉之，然有孝行，精博絕倫，實無他腸。其卒也，予兄求得其《述學》數卷刊之，且為敘，極推重焉。孫淵如觀察為之作傳。

吾鄉鍾明經懷，字保岐，與予兄幼同學，精考訂，兼擅詞章，其才不及汪容夫而精審似之。甲子年，劉侍郎佩循先生督學江蘇，以優貢入成均，未入都而歿。設天假之年，其學固未易量也。兄嘗向其哲嗣求遺書，得數種，如《兩漢選舉諸儒表》《漢儒攷》《攷古錄》《興藝塾筆記》，惜皆未成。至其人品端方，蘊釀深厚，尤可于語言文字之外得之。今錄其與兄《論鄉人儺》一則。

阮雲臺學使寄贈《浙士解經錄》，多發新義，其中有儗作《論語鄉人飲酒解》一篇，引《禮記·鄉飲酒義》「鄉人士君子尊于房戶之間」，鄭康成注：「鄉人，鄉大夫也」為據。此「鄉人飲酒」即《儀禮》之「三年大比」鄉飲酒，立說最精，而于「鄉人儺」之「鄉人」，未經疏證。余

〔註12〕「止」，原作「正」，《校禮堂文集》卷二十五作「止」，今據改。
〔註13〕「合」，原作「舍」，《校禮堂文集》卷二十五作「合」，今據改。
〔註14〕「世」，原作「朱」，《校禮堂文集》卷二十五作「世」，今據改。
〔註15〕「理」，原作「班」，《校禮堂文集》卷二十五作「理」，今據改。
〔註16〕「讀」，原作「調」，《校禮堂文集》卷二十五作「讀」，今據改。
〔註17〕「十」，原作「一」，《校禮堂文集》卷二十五作「十」，今據改。

恐滋無識者之疑，為之申其說曰：鄭康成《論語注》「十二月，命方相氏索室中，驅疫鬼」，即《月令》「季冬之月，命有司大儺，旁磔，出土牛，以送寒氣」是也。凡儺有三：季春國儺，畢春氣，諸侯以下不得儺；仲秋天子儺，達秋氣，天子以下不得儺；惟季冬儺，貴賤皆得為，故謂之大。《周禮・序官》方相氏只曰「狂夫四人」，不名其職，要亦胥徒之屬。其曰「命有司」者，大儺通于天下，必有董其事者。卿大夫之職，各掌其鄉之政教禁令，此儺亦其一事。如今時出土牛，各郡太守必盛儀從以隨其後，謂之「押春」。可見，特古禮以大儺出土牛為一令，今禮以出土牛迎春于東郊為一令，微有不同。《郊特牲》字或從「禓」，文異義同。謂之「存室神」者，方相氏索室敺疫，比戶為之。至孔子家則孔子行朝服立阼階之禮，故謂之「存室神」。皇侃《疏》以儺為季春之儺，失之。孔融《注》謂「恐驚先祖」，與《郊特牲》合。

武進張臯文編修惠言博通經訓，詩、古文辭皆出入古人，自立門戶，己未成進士，實出吾兄之門，吾兄以為己未進士弟一人。同榜如王庶子引之、吳學士鼏、桂侍郎芳、鮑中允宗彥、湯編修金釗、姚侍郎文田、許兵部宗彥、陳編修壽祺等，無不服其學行，以為同門中不可及之人也。四十二而卒，卿士無不痛惜之〔註18〕。臯文少孤貧，時至乏炊，懇苦力學，卒發名成業。使天假以年，竟其學而展其才，殆未可量。然所著詩文皆卓然名家，尤邃于《易》，以虞氏學廢絕，旁推交通，徵明其說。有《周易虞氏易》九卷、《虞氏消息》二卷，吾兄序而行之。其他所著有《虞氏易禮》二卷、《虞氏易事》二卷、《虞氏易候》一卷、《周易鄭荀義》三卷、《鄭氏易注》十一卷、《荀氏九家易注》二卷、《易義別錄》四卷、《易緯略義》三卷、《易圖條辨》一卷、《儀禮圖》《雜記》《墨子》《握奇經》《青囊》《天玉》《說文》各有著述，無慮數十卷。予兄撫浙，編修嘗有書論政事，直言政規〔註19〕。兄心納其言，于其卒也，裝之成冊。

己未科，兄以經義求士，尤重三場策問，是以武進張臯文惠言、高郵王伯申引之、閩縣陳恭甫壽祺、德清許積卿宗彥、桐城馬魯陳宗璉、樓霞郝蘭臯懿行等皆治經，多所著述也。

予兄前後為山東、浙江學使。嘉慶四年，命總裁己未會試。嘗於會試闈中未閱卷之前隨筆記數條，自抒所見，亦以自儆，名曰《衡文瑣言》，以欲通俗求易曉也。今錄數則於茲。

士風者，國運所關也，政治所出也。場中取士，惟賴衡文，安得不慎。或曰：「士之遇不遇有命焉，即文字最劣之科，亦有通顯得用之材。」余曰：「此命也，然文衡在手，所謂造命不

〔註18〕「士」字後原衍一「無」字，今刪。
〔註19〕「政」，原作「致」，非，今據文義改。

可言命，究之文字果劣，其通顯有用之材終少也。」

　　鄉試之題，須兼容并包，即題不能兼并各事，亦須以三題并配用之。出一題，須合化、治、正、嘉、隆、萬、天、崇各法及國初江西派墨卷諸家皆下得手。為鄉試大題，若徒偏於一家，則有棄材。譬如飲食須備五味，耳目須備五音五色。若主試者唯嗜酸、聽商、愛白，其餘味、色、聲音一概不取，在士子則不能各盡其長，在主司適以形其學問之淺陋固執而已。故十餘房魁之文，須令各家兼備，乃見才多，且亦徵主司之無文不識也。若務求歸、胡，則失章、羅矣；務求章、羅，則失金、陳矣；務求金、陳，則失熊、劉矣。若使歸、章、胡、羅、金、陳、熊、劉悉聚於一部魁卷之中，豈不規模遠大乎？若務欲自鳴其高，曰：「吾非明中葉之文不取也」，固執矣；務偏其見曰：「吾非時下墨裁不取也」，卑陋矣。吾務欲深刻也，吾務欲圓滿也，偏僻矣。總之，主司於時藝一道，不能徹上徹下，悉其原委，好學深思，心知其意，於明人、國朝流派蹊徑不能了然，則見識未有不偏不卑者。聚萬人之心力，積三年之攻苦，欲自試於一朝，而徒以一人偏卑之學識蹂躪之，其為害豈淺鮮哉！

　　主試一省，須視士子皆如吾之弟與子。吾之弟與子學問苟未盡善，未有不望其臨場之文勝於平日為人所歎賞者。若執一己偏卑之識以取之，在考官之聲名猶輕，在一省魁卷之聲名更重。天下人見某省之文曰：「某省之人才若此之佳乎？」主司之榮亦士之榮也；「某省人才若此之陋乎？」主司之辱更士子之辱也。士子積三年之學問，不獲售之辱猶小，為主司偏執之故，致文為天下笑，其辱更甚也。主司視士子如子弟，則或不有草菅之矣〔註20〕。主試出場，欿然曰：「額少才多」，此能衡文者也；夷然曰：「此題無佳文」，此自己無學問者也。

　　能看策者，不必條條盡對也。即有遺忘，無害學問，但能議論斷制，便見才識。獻子之友五人，孟子忘其三；封禪七十二代，管夷吾不能悉數。若必三十六郡、二十八將悉數之，無一遺忘者，轉近於懷挾伎倆矣。

　　不能為唐、宋人古近體詩者，其為試帖也必俗矣。不工可也，俗不可也。

　　仁和孫與人同元，頤谷侍御之子，留心經學，能讀父書。嘗謂今《管子》第五十九篇之《弟子職》漢時本別行，故班固《志·藝文》列在《孝經》類。許君作《說文解字》、鄭君注三《禮》，皆引其文。至唐陸德明《經典釋文》、孔穎達《五經正義》二書引用，始云在《管子》書。蓋後人屢入，亦如《夏小正》之入《大戴記》、《小爾雅》之入《孔叢子》也。又以世所存《管子注》相傳為唐房玄齡據《唐書·藝文志》，實為尹知章，詞旨淺陋，殊不足觀。爰采古今諸儒舊說，別為注解。余兄閱其書，簡潔中頗有精義，因又為酌改一二處，如「衣帶必飾」，「飾」乃「飭」字之訛，經傳中「飾」「飭」二字每多互錯，

〔註20〕「菅」，原作「營」，非，今據文義改。

不可枚舉，蓋「飾」「飭」篆、隸二體相近也；又「置醬錯食」，「錯」與「措」通，「錯」即「置」也，《易·序卦》虞注：「錯，置也」，《繫辭》：「舉而錯之」，「苟錯諸地」，《釋文》本皆作「錯」。《說文》：「措，置也。」修辭者義同文變耳，《詩·國風》二三章之換韻，即是。此外，經傳中凡有韻之文，以及文詞少為整飭之處，往往遇之，與人因即為補入焉。錢塘汪家禧為之序文，亦質核，非宋人所能及也。

仁和王述曾研精博物，尤精小學。余兄為學使時，即深加賞識，拔置詁經精舍。惜天不假年，未及三十而卒。所著《爾雅輯略》，區分八門，為訂誤、正讀、脫字、衍文、舊文、古字、雙聲、反訓，援引精博，多出邵氏《正義》之外。又著《爾雅釋草辨類》，旁徵載籍，尤多得之目驗。嘗謂《爾雅》一書，可以旁通諸經，而一經之中，亦可自相為通。如《釋宮》「東西墻謂之序」，凡「序」之誼可通于敘立之「序」、習射之「序」。「根謂之楔」，凡「根」之誼可通于掌距之「掌」、車掌之「掌」。「其上楹謂之稅」，注云：「侏儒柱也」，而《釋蟲》「蜘蛛」，《方言》亦謂之「蝃」，又謂之「侏儒」。《釋木》：「痤，接慮李」，而《通俗文》曰：「侏儒曰矬，矬與痤通」，是凡言短者之通誼也。又如《釋器》：「緵罟謂之九罭」，不知馬鬣謂之「騣」，樹之細枝謂之「蓘」，布之八十縷亦為「緵」也。「附耳外謂之釳」，不知木本謂之「氐」「杕」，謂之「棃」，門闑亦謂之「棃」也。「屬者嶧」，「嶧」之誼為「連」，而《釋言》：「駔，遬傳也」，《釋天》：「繹，又祭也。周曰繹。」皆可例也。《釋魚》「魁陸」，「陸」之為言圓而厚也，誼可例諸《釋地》之「高平曰陸。」「蜻，小而楕」，「楕」之而言狹而長也，誼可例諸《釋山》之「巒，山墮」。是說先儒所未發也。

海寧州陳仲魚鱣學有原本，一以古為依據，著書甚富，皆明有所發明。所輯《論語古訓》十卷，于何晏《集解》外，搜羅該洽，頗有功于聖經。予兄在京師見其稾本，深為歎賞，後來視學浙中，乃為之序。

《論語古訓敍》

海寧陳君鱣撰《論語古訓》十卷，于《集解》所載之外，搜而輯之，且據《石經》、皇侃《義疏》、山井鼎、物觀諸本，訂其謫缺〔註21〕，而附注于下。元在京師獲見稾本，今來浙，而是書付刻初成。元幼習是經，往往蓄疑于心，而莫能釋，及取包、鄭諸君之注而攷之，頗耆然盡解，姑舉數事，以明古訓之善：《書》云：「孝乎惟孝友于兄弟」〔註22〕，包讀「孝于惟

〔註21〕「謫」，原作「偽」，陳鱣《論語古訓》阮元《敍》作「謫」，今據改。
〔註22〕後一「孝」，原作「考」，《論語·為政》與《論語古訓》阮元《敍》均作「孝」，今據改。

孝」句，漢《石經》及《白虎通義》等書所引並同，乃知「乎」為「于」字之譌，自譌為「乎」，乃讀「乎」字句，則「孝乎」既為不詞，而以「孝」加于「兄弟」，文亦不類。「繪事後素」，鄭曰：「先布眾色，然後以素分其間以成文」，此與《考工記》「繪畫之事後素功」合，若謂素上施采，則古人繪事施諸衣服、旌旗，不皆以素為質。「射不主皮，為力不同科」，馬曰：「『為力』為力役〔註23〕，此與射對言。」若解作「釋」，《禮》文則「射不主皮」，出于《鄉射禮·記》，《記》乃孔子之徒所述，孔子何得為之釋歟？「何有於我」，鄭曰：「人無是行于我，我獨有之」，此與《聖仁》章合，未有在彼自任曰：「可謂云爾」，此忽謝不敢居，不將矛盾乎？「過位」，鄭曰：「謂入門右北面君揖之位」〔註24〕，《曲禮疏》引以為「卿位」之證，孔《注》「復其位」云「來時所過位」〔註25〕，則知此位乃中廷臣立之位，若君立處謂之「宁」，不謂之「位」也。如此之類，裨益甚多〔註26〕。學者知有古訓，進而求之，可以得經文之精微，識聖人之指趣，所以益身心而正性命者非淺小矣。陳君精于六書，嘗著《說文解字正義》〔註27〕，又以《說文》九千言，以聲為經，偏旁為緯，輯成一書，有功學者益甚。元樂其《古訓》之既版行，尤望其以《說文》付梓，庶幾為聲音、訓故之學者事半而得功倍也。

吳縣紐非石樹玉精于小學，為《說文新附考》六卷，《續攷》一卷。其意以徐騎省新附之文多非典要，求之古書，皆可相通，以正騎省之失。《自序》云：「《說文》新附四百二字，又增入正文一十九字，徐氏辯正俗書中未然者七字，凡四百二十八字，經典相承且見于漢碑者十有七八，而《說文》不著，要非漏略也。嘗泛檢羣書，兼得之師友，為《新附考》六卷，《續攷》一卷。自顧淺陋，必多乖謬，幸專門名家得糾正焉。」非石為錢竹汀先生高弟，先生《序》稱其「羽翼六書，為騎省諍友」，良非虛譽。

錢獻之博士坫精于《說文》之學，其分別古今，證明訛舛，皆有據依，非臆說也。嘗見手書數條云：「𦮴」字云「艸大也，從艸，致聲。」「艸大」之訓當是「菿」字，《詩》：「卓彼甫田」，《韓詩》作「菿」，《爾疋》：「菿，大也。」今誤為「𦮴」。陸德明引《說文》云：「菿，艸大」是其證。此字唐時未誤，乃傳寫者于「菿」上加一筆而亂于「𦭼」，徐氏未之攷也。部末云：「菿，艸木倒」〔註28〕，又妄增。「𧪔，徒歌。從言、肉。」《玉篇》：「𧪔，從也」。徐鍇曰：

〔註23〕「役」，原作「從」，《論語古訓》阮元《敘》作「役」，今據改。
〔註24〕「右北」，原作「古比」，《論語古訓》阮元《敘》作「右北」，今據改。
〔註25〕「位」，原作「謂」，《論語古訓》阮元《敘》作「位」，今據改。
〔註26〕「裨」，原作「禪」，《論語古訓》阮元《敘》作「裨」，今據改。
〔註27〕「義」，原作「以」，《論語古訓》阮元《敘》作「義」，今據改。
〔註28〕「倒」，原作「到」，《說文解字》卷一艸部作「倒」，今據改。

「今《說文》本皆言『從也』，當言『徒歌』，必脫誤。」以鍇云云，合《玉篇》，是古《說文》本為「從也」，可見此是鍇所改，而其兄鉉依之之謬。「謚，行之迹也。從言、兮、皿。闕。」戴侗曰：「唐本《說文》無此字，但有「謚」，云：『行之迹也。』」案《釋名》《白虎通》舊本並作「謚」。又《廣韻》：「謚〔註29〕，《說文》作『謚』。」云《說文》作「謚」者，則《說文》之無「謚」字可見〔註30〕，此字乃後人妄加。「鬻，鍵也。從鬲，米聲。」此字從米為聲，讀即同「米」。今人讀同「祝」音，非也。又省寫為「粥」。攷今「粥」字，一以為「薰粥」，則《史記・殷本紀》作「薰育」矣；二以為「衒粥」，則《說文》貝部云：「賣，衒也」是矣；三以為本訓之「鍵粥」，則本部云：「鬻，粥也」是矣。惟楚姓為「芊」〔註31〕，「芊」與「米」同音，古叚借通「粥」，故以「芊熊」為「粥熊」，其讀本無所誤，乃因讀「粥」為「祝」，反改不誤之字以就其誤讀。經為後代俗人變亂，莫此為甚。又《史記》：「夏后曰淳維，殷曰薰粥，周曰獫允，秦曰匈奴」，四稱雖別，其實一也。「淳」古音同「元亨」之「亨」，「維」與「唯諾」又同用，然則「淳」「薰」「獫」「匈」四字，「維」「粥」「允」三字，皆一聲之轉。秦之斥為「奴」者，乃取其一字而「奴」之，非有異義也。此中國題而異之，異而詬之，非伊自改其名號，西北邊地自古及今猶然。「帕，領耑也。從巾，旬聲。」《玉篇》巾部「帶」字下有「帊」字，云：「領耑也」，無「帕」字，《廣韻》亦無之。此本為「帊」，因傳寫成「帕」，徐氏不攷而存之，乃更附「帊」于部末耳。攷書傳未見有此字。「幔，墀地，以巾捫之也。從巾，憂聲，讀若水溫嚪也。一曰箸也。」依許君讀，當從古文「婚」字為聲，不從「憂」，與「婚」聲不相近。云「墀地」者，土部曰：「塗地曰墀」是也。云「以巾捫之」者，車部有「轤」字，讀若「閔」。「轤」之讀為「閔」，猶此之釋為「捫」也。「憂」，古文「婚」字。云「讀若水溫嚪」者，「嚪」字從「難」，「難」字從「堇」，與「墐」之從「堇」正同。「墐，塗也」。然則此即「墐」字矣。揚雄文「擾人亡，則匠石輟斤而不斲」，服虔說與《莊子》郢人事亦同，是「墐」與「郢」通，不作「楚郢」之義。又《左傳》「墐館宮室」亦通用。「欸，笑不壞顏」，曰：「欸，從欠，引省聲。」〔註32〕此字在「欣」下「款」上。《玉篇》「欣」下「款」上則作「改」，云：「笑不壞顏也。呼來切。」其「欸」

〔註29〕 「謚」，原作「謚」，《廣韻》卷四《去聲・至第六》作「謚」，今據改。
〔註30〕 「謚」，原作「謚」，非，今據文義改。
〔註31〕 「芊」，原作「芊」，非，今據文義改，下文同。
〔註32〕 「引」，原作「此」，《說文解字》卷八欠部作「引」，今據改。

－163－

字別見，訓同前之「攺」，當為顧野王本字也，後之「弙」則孫強所增加也。攺《楚詞》：「又眾兆之所咍」，注：「楚人謂相調笑曰『咍』。」《吳都賦》：「轞然而咍」，李善《正音》：「呼來切」。《廣疋》亦云：「攺，笑也。」據此，則「笑不壞顏」當為「攺」字，寫此字者「己」下引長，遂與「弓」字之形同而致譌耳。《曲禮》：「笑不至弙」，注：「齒本曰弙，大笑則見」，鄭君不以「弙」為「笑不壞顏」，許君則云「齒本」為斷，可見本無「弙」字。至「夫子哂之」之「哂」，即「弞」，然則因「弞」而譌為「弙」也。「卯，事之制也。從卩、卩。」徐氏「去京切」，今人皆作「公卿」「卿」字古文，非也。《廣韻》在「濟」字下，然則即「卩制」字矣。「𪅂，馬行徐而疾也。從馬，學省聲。」字在「駃」下「駿」上，「駃」在「篤」下。《玉篇》「篤」下「駿」上作「鸒」，云：「馬行徐而疾也。弋魚、弋廣二切」。《說文》凡字之從「與」者，如「趨」「懇」等，皆有「徐」義，以「徐」訓「鸒」，亦《釋名》之例也。然則作「鸒」非。「𤃳，土得水沮也。從水，智聲。」此「陂澤」字，與「潤澤」字異。博士年老病風，行動需人，尚能以左手作篆，反更古拙，類鐘鼎文字，亦一奇也。

范茂才景福學有原本，精于推步之術，所著有《春秋朔閏日食表及說》，予兄名之曰《春秋上律表》，為之序。

《春秋上律表序》

巡撫兩浙，於西湖建詁經精舍，祀許叔重、鄭康成兩先生，選諸生肄業其中。諸生能習推步之學者不乏人，范生景福其一也。歲癸亥，生以所步《春秋朔閏日食表及說》請正於余，而乞為之名。竊謂孔子作《春秋》，備天地人三統之學，故子思子贊其事曰：「上律天時，下襲水土。」本欽若以紀四時，即「祖述」之恉也；尊建子而書春王，則「憲章」之義也。或記司術之過，或明伐鼓之非，左氏引而申之，躍如也。其後劉歆、姜岌之徒，造訂諸術，必上驗於《春秋》。杜征南為左氏學，亦因宋仲子十家之法，考訂春秋朔閏。故不通《春秋》，不足以知術；不知術，不足以通《春秋》；不知術，不通《春秋》，不足以紹聖人「祖述」「憲章」之志。用是命之曰《春秋上律表》，所以嘉范生之能治《春秋》也。且范生之書，其善有四焉：天文律算之學，至本朝而大備，天下學者或疑其深微奧秘，不敢學習。范生習之不十年，而能發明如是，學者庶觀而效焉，而知是學之本易明，善之一也。治經者患拘執而不能通，劉氏《規過》，孔穎達辭而闢之，規者不必俱非，闢者亦難悉當。杜氏於襄二十七年頓置兩閏，生直言其非，而莊二十五年六月辛未為七月之朔，則稱杜氏為不可易。揆之於義，是非不詭。庶幾不泥古、不違古，為說經之通，善之二也。疇人子弟諳其技，不能知其義，依法布算，不愆於數。其中進退離合之故，莫之或知，故不能變化以推古經。生之言曰：「置閏可移，食限不能移」，又謂：「欲

定閏必推中氣」，又謂：「斟酌置閏以合干支，尤當斟酌置閏以合食限」。於是用平朔不用定朔，用恆氣不用定氣，用食限不用均數〔註33〕，本諸《時憲》，參之長律，可謂好學深思，心知其意，善之三也。奉《時憲》上考之法，以明《春秋》司術之得失，以決《三傳》之異同，以辨杜氏之是非〔註34〕，以課《三統》《大衍》《授時》以來上推之疏密，俾學者知聖人作《春秋》為本朝《時憲》之嚆矢，而本朝之制《時憲》，實為聖人《春秋》之脈絡，善之四也。具此諸善，可知生用力之勤，研究之細。其治經也，無學究拘執之習；其治術也，非星翁術數之求。由此而進焉，固未可量其所說矣。余樂道其書之竁，而為之敘。

虞山席孝廉世臣好古媚學，凡汲古閣所刊經史版本皆聚。其家藏書甚富，苟得秘本及不甚習見之書，皆為刊行，嘗刻《宋遼金元別史五種》，予兄序之。

《宋遼金元別史序》

常熟席君世臣彙刊宋王偁《東都事略》一百三十卷，明錢士升《南宋書》六十八卷，宋葉隆禮《契丹國志》二十七卷，宋宇文懋昭《大金國志》四十卷及國朝邵遠平《元史類編》四十二卷，顏曰《宋遼金元別史》，問序於余。余竊惟古之為史者，每祖孫父子世學相承，不限以歲時而成於一人之手，故體例謹嚴，本末具見。如王氏父賞紹興中為實錄脩撰，偁承其家學，彙輯九朝；邵氏祖經邦于嘉靖間著《弘簡錄》，遠平錄成祖志，取裁更精，固非若司脩《元史》，春設局而秋告成也。《東都事略》序事約而持論平，為別史中最善者。南宋人無識，不滿其書，不足駁論。錢氏之史，許重熙為贊，刪薙舊本，即未能文省事增，然刪去姦臣、叛臣之目，直書其事跡，其義未嘗不著也；不分儒林、道學之名，掃門戶之陋，其見未嘗不公也。《契丹志》忽而內宋，忽而內遼，於例舛謬，正與《大金國志》同科，然當遼家載籍未盡散時，采錄成篇，究屬可據，有較正史為詳者。懋昭之書，亦以「志」名，而雜用紀傳、編年之體，其制度、輿服、京府、州軍皆可與史志相參，中有不合，則經元人增竄耳。邵氏於正文外，間采羣書夾註，自言仿《大唐六典》、杜氏《通典》例。余謂與裴松之《三國志注》亦同。其筆削惟謹，剪裁得實，較原史勝之。五書皆別史之最佳而世罕傳者，今得席君彙刊之，有補史家，誠非淺鮮。讀宋、遼、金、元四朝正史者，其尚參考于斯歟？席君，元丙午同年友也，家多藏書，復屬元錄浙江文淵閣諸秘籍，擇經子史集之佳者，將以次第付梓，洵有裨于儒林之觀覽也。

仁和嚴厚民上舍杰深于經史，精于校勘，在節署及文選樓讀書數年，篤實稽古者也。兄舊曾校《文選》之誤若干條，又集高郵王氏等所校若干條，皆甚精確。戊辰，又得南宋尤袤本《文選李善注》，屬厚民校訂，厚民多所校正。時胡果泉先生克家亦別得尤袤本，屬顧千里廣圻校刻，甚為精核。兄與厚民所

〔註33〕「用」字原闕，今據《雕菰集》卷十五《代阮撫軍撰春秋上律表序》補。
〔註34〕「辨」，原作「韓」，《雕菰集》卷十五作「辨」，今據改。

校與顧校亦互有詳略也。

嘉定張農聞彥曾為兄丙辰督學浙江時幕中之友，少師事其鄉先達錢竹汀先生，通經、史學，工小篆，為文章沈雄壯麗，有王伊人、周宿來之風，而典核過之。

上元談階平泰作《疇人傳》，乃文至，書已成，遂不及梓，茲付錄於此。兄《疇人傳序》亦附錄於此。

《疇人傳序》

古今算氏，代不乏人〔註35〕。推策則愈久而愈精，制器則愈新而愈巧，此非先民之識有所弗逮也。從來有因而成易，無因而成難，循已然之跡，發未盡之奧，前人心思之所竭，正後人智慧之所生。積薪之歎，有自來矣。上古容成、隸首，中天羲〔註36〕、和叔仲，為術家鼻祖，而推步、細草，紀載無徵，三代以來，亦無可攷。漢始有《太初》法，而班《志》不詳，惟《三統》號稱密要，與古多吻合，為中法之權輿。《四分》以後，《大統》以前，皆因之而修明耳。自泰西入中國，始立新法、新名，於是畛域攸分，搆爭頓起，終明之世，莫能是正。不知西土默冬當周考王十四年，所述章歲、歲周與四分等，是古初西法，未嘗不疎，《九執》《萬年》，以次加詳，至利瑪竇而始盛，亦如中土之積漸而精。湯若望謂多祿某在漢時法已詳備，真妄言也。泰嘗謂算學無分于今古，亦無分于中西，惟求其順時合天而已。大抵古之為法也簡，今之為法也煩。古之所無，今之所有；古之所取，今之所棄。中法凢七十餘改，西法亦屢經更定。蓋天道遠，非一手足所能御；天行健，非一朝夕所能窺，必遲之又久，而其差始見。雖有神解，烏能逆睹將來乎？是以列代疇人僂指難盡，載在簡籍，未易鉤稽。方其造法之初，或各守所傳，或獨出新意，或得諸當時實測。人自為說，家自為書，互有短長，勢不能彊之使一〔註37〕。此非一人一傳難以究其顛末也。攷之於史，惟精算之士、專門之裔，始得刮入《方技》《藝術》等傳〔註38〕，而他皆不與。至正史以外，尚有散見襍史暨說部諸書者，脫漏良多，從未有彙輯專書以臻美富者。少司農阮雲臺先生，汲古功深，潛心象緯，公餘之暇，作《疇人傳》若干卷，上自邃古，下迄勝國，而昭代龍興，以算學著名者益眾，與夫遠人慕化、重譯來歸者，各為一傳。惟錄步法、淵源兼及爵里、生卒，而事實不具，所以符體例也。有專肆九章者，有工於象數者，有長於儀器者，有其人久經顯著而亦能運算者，有其人無足觀而數學可觀者，有本傳僅載善算一語而無實蹟可紀者，人可不知天而取其談天之詞者，有僅存算書名目而

〔註35〕「乏」，原作「之」，非，今據文義改。
〔註36〕「天」，據文義，疑為「古」之譌。
〔註37〕「彊」，原作「疆」，非，今據文義改。
〔註38〕「刮」，據文義，疑為「列」字之譌。

原書久佚者。一藝之名，千慮之得，兼收並蓄，善善從長。已傳者，力加表揚，以盡其蘊；未傳者，力為搜捕，以闡其幽，而術數之《志》，槩不登選。傳中採古書成文及近人譔著之語，分注書名於下，傳後附以論斷，間寓褒譏〔註39〕，是是非非，胥歸平允，或旁推餘意，或唱歎終篇，蓋至此而疇人之心庶幾無憾矣。崑山顧氏引《毛詩》《春秋傳》，知三代以上農夫、婦人、戍卒、兒童無不諳星象者〔註40〕。愚謂漢史猶有「疇官」之稱，世習其業。自後代設天文屬禁，不使人知，遂致陰陽家禨祥小數〔註41〕，紛然襍出，得以惑世誣民。推步不明，流弊必至於此。昔明仁宗語楊士奇等曰：「律為民間設耳〔註42〕，卿等安得有禁？」明末范謙亦曰：「秝為國家大事，士夫所當講求，非術士之所得私。律例有禁，乃妄言妖祥耳。」孫轂《古微書》曰：「星曆之學〔註43〕，聖門所首務，後世不第棄置之，而且曰『知星宿，衣不覆』，率用為戒矣。夫士子出戶，舉目見天，顧不解列宿為何物，亦足羞也。」由是以觀，天文之不必禁，前人早見及之。國朝康熙二十三年，特除私習天文之禁。我聖祖揆天察紀，正度明時，定著《秝象攷成》《數理精蘊》上下二編，集千祀之大成，建兩儀而不悖。雍正三年，准令中外臣工重行刊刻。乾隆元年，頒發直省書院所屬各學，以為士子觀覽學習之用。又募坊賈印賣，俾廣流傳。一時人文蔚起，天學盛行，治經之儒亦皆治數，如宣城梅氏、婺源江氏尤為卓然成家。梅主《授時》，江主西法，縱橫博辯，各有所見。然《授時》之歲餘消長，乘距算而數驛多，推古冬至不令，竟以為日度失行。測至元丁丑、戊寅、己卯、庚辰四歲冬至，至辛巳忽多半刻。辛巳造法，越大德三年八月當食不食，六年六月食而失推。是時，郭太史方知院事，則不得云《授時》無弊也。西人推太陽有本輪、均輪，太陰更有次均輪，五星有三小輪，既又改小輪為橢員，專主不同心天，是皆假設形象，隨意便添，以求合於天行者，非七政之輪忽多忽少、忽平忽橢也。利瑪竇與徐、李諸公同譯西書，而不明《測員海鏡》。光啟謂欲說其義而未遑，是借根方必在天元一之後，東來之名，彼亦不能忘本。且借根方頗為紆曲，遠遜仁卿之簡捷。再攷康熙三年十二月戊午朔，湯若望推日食與天象全不合，為楊光先所劾。又若望述歌白尼，謂天動以員，太陽有最遠點、有躔度，是天與日俱動矣。而蔣友仁述歌白尼，復謂太陽靜，地球動，恆星天不動。支離穿鑿，駭人聽聞。安有一人立論而乖異若此者乎？則不得謂西法無弊也。夫欲正其術之是非，則必窮其術之緣起，欲窮其術之緣起，當先考造術之人與造術之時，洞澈本法之所以然，然後可加以論定。傳曰：「讀其書，不知其人，可乎？」泰於學無所獲，而檮昧之

〔註39〕「間」，原作「問」，非，今據文義改。
〔註40〕「兒」，原作「而」，非，今據文義改。
〔註41〕「禨」，原作「譏」，非，今據文義改。
〔註42〕「民」，原作「明」，《日知錄》卷三十《天文》作「民」，今據改。
〔註43〕「星曆」，原作「昱第」，《古微書》卷三十六《洛書甄曜度》作「星曆」，今據改。

質，篤好推步之書。曩從辛楣先生游，於諸術靡有究心，而底滯橫生，未能得其要領。今閱司農此編，絲牽繩貫，粲若列星，遵《時憲》之型模，鎔歐邏之巧算，萃羣言而撰傳，按百代以類從，於以溯七十餘家沿革之源流，於以驗二千餘年躔離之進退，於以校經緯諸儀之體製，於以息中西兩造之訟爭〔註44〕，括而不支，簡而不滿。後之欲從事於斯者，以是書為金科玉律可矣。

《疇人傳序》

昔者黃帝迎日推策，而步術興焉。自時厥後，堯命羲、和，舜在璿璣，三代迭王，正朔遞改，蓋效法乾象，布宣庶績，帝王之要道也。是故周公制禮，設馮相之官；孔子作《春秋》，譏司術之過。先古聖人，咸重其事。兩漢通才大儒，若劉向父子、張衡、鄭玄之徒，纂續微言，鉤稽典籍，類皆甄明象數，洞曉天官，或作法以敘三光，或立論以明五紀。數術窮天地，制作侔造化。儒者之學，斯為大矣。世風遞降，末學支離，九九之術，俗儒鄙不之講，而履觀臺、領司天者，皆株守舊聞，罔知法意。演撰算造之家，徒換易子母，弗憑圭表為合驗天，失之彌遠。步算之道，由是日衰；臺官之選，因而愈輕。六藝道湮，良可嗟歎。甚或高言內學，妄占星氣，執圖緯之小言，測淵微之懸象。老人之星，江南常見，而太史以多壽貢諛；發斂之節，終古不差，而幸臣以日長獻瑞。若此之等，率多錯謬。又或稱意空談，流為虛誕。河圖洛書之數，傳者非真；元會運世之篇，言之無據。此皆數學之異端，藝術之楊墨也。元蚤歲研經，略涉算事，中西異同，今古沿改，《三統》《四分》之術，小輪橢圓之法，雖嘗旁稽載籍，博問通人，心鈍事夢，義終昧焉。竊思二千年來，術經七十改，作者非一人。其建率改憲，雖疏密殊途，而各有特識，法數具存，皆足以為將來典要。爰掇拾史書，薈萃羣籍，甄而錄之，以為列傳。自黃帝以至于今，凡二百四十三人，附西洋三十七人，大凡二百八十人，釐為四十六卷，名曰《疇人傳》。綜算氏之大名，紀步天之正軌。質之藝林，以諗來學。俾知術數之妙，窮幽極微，足以綱紀羣倫，經緯天地，乃儒流實事求是之學，非方技苟且干祿之具。有志乎天地人者，幸詳而覽焉。

吾鄉善天文者，國朝自陳曙峯厚耀以下，代不乏人。今時如焦里堂師、沈方鐘鈁，其錚錚者也。方鐘嘗撰《星球圖說》一篇，質于家兄。文法仿《考工》而語足以達之，有劉原父疑經之精，而無戴東原《割圜》之晦，斯可貴也。

南劉相國文定公之孫申受逢祿者，學問精洽，尤深於《公羊春秋》，著有《釋例》三十篇，《答問》二卷，《禮議決獄》二卷，《申何難鄭》二卷，皆極精確，今錄其《釋例序》一則。

〔註44〕「訟」，原作「頌」，非，今據文義改。

《釋例序》

昔孔子有言：「吾志在《春秋》。」又曰：「知我者其唯《春秋》乎？罪我者其唯《春秋》乎？」蓋孟子所謂「行天子之事，繼王者之迹」也。傳《春秋》者，言人人殊，唯公羊氏五傳，當漢景時，乃與弟子胡母子都等記于竹帛。是時，大儒董生，下帷三年，講明而達其用，而學大興，故其對武帝曰：「非六藝之科、孔子之術，皆絕之，弗使復進。」漢之吏治、經術，彬彬乎近古者，董生治《春秋》倡之也。胡母生雖著《條例》，而弟子遂者絕少，故其名不及董生，而其書之顯，亦不及《繁露》。縣延迄于東漢之季，鄭眾、賈逵之徒，曲學阿世，扇中壘之毒焰，鼓圖讖之妖氛，幾使羲轡重昏、崑崘絕紐。賴有任城何劭公氏，修學卓識，審決白黑，而定尋董、胡之緒，補莊、顏之缺，斷陳元、范升之訟，唯鍼明、赤之疾，研精覃思，十有七年，密若禽、墨之守禦，義勝桓、文之節制，五經之師，罕能及之。天不祐漢，晉、戎亂德，儒風不振，異學爭鳴。杜預、范寗吹死灰期復然，溉朽壤使樹藝。時無戴宏，莫與辨惑。唐統中外，並立學官。自時厥後，陸淳、啖助之流，或以棄置師法，解紘更張，開無知之妄；或以和合傳義，斷根取節，生歧出之途。支窒錯迕，千喙一沸，而聖人之微言大義，蓋盡晦矣！清有天下百餘年矣，開獻書之路，招文學之士，以表章六經為首，于是人恥鄉壁虛造，競守漢師家法。若元和惠棟氏之于《易》，歙金榜氏之于《禮》，其善學者也。祿束髮受經，善董生、何氏之書若合符節，則嘗以為學者莫不求知聖人。聖人之道，備乎五經，而《春秋》者，五經之筦鑰也。先漢師儒，略皆亡闕，惟《詩》毛氏、《禮》鄭氏、《易》虞氏，有義例可說，而撥亂反正，莫近《春秋》。董、何之言，受命如嚮。然則求觀聖人之志、七十子之所傳，舍是奚適焉？故尋其條貫，正其統紀，為《釋例》三十篇；又析其凝滯，強其守衛，為《答難》二卷；又博徵諸史刑禮之不中者，為《禮議決獄》二卷；又推原左氏、穀梁氏之失，為《申何難鄭》二卷。用冀持世之志，犕有折衷。若乃經宜權變，損益制作，聰明聖知達天德之事，槩乎其未之聞也已。

吾鄉凌曉樓上舍曙，性沉篤，績學不倦。吾兄嘗以為《春秋》大義微言，皆在《公羊》，是以兩漢學者多治此經，自唐以後，幾成絕學，及見劉申受《公羊釋例》，大善之。曉樓亦同治《公羊》學，著《公羊辨例》及《春秋繁露注》，今錄其《公羊辨例序》。

《公羊辨例序》

《春秋》之例，何自昉乎？孔子受端門之命而作經，齊人公羊高受經于子夏，高傳與其子平，平傳與其子敢，敢傳與其子壽。至漢景帝時，壽乃共弟子胡母子都著于竹帛，與董仲舒皆見于圖讖。于是言《春秋》于齊、魯自胡母生，于趙自董仲舒。胡母生孝景時為博士，以老歸教授，公孫弘亦頗受焉，其後弟子遂嚴者絕少，而董生為江都相，弟子遂之者蘭陵褚大〔註45〕、

〔註45〕「之」，原作「質」，《漢書》卷八八《儒林傳第五十八》作「之」，今據改。

東平嬴公、廣川段仲、溫呂步舒。大至梁相，步舒丞相長史，唯嬴公守學不失師法，為昭帝諫議大夫，授東海孟卿、魯眭孟。孟為符節令，孟弟子百餘人，唯嚴彭祖、顏安樂為明，質問疑義，各持所見。孟曰：「《春秋》之義，在二子矣。」漢魏以來，公羊經師凡數百，其徒多者各數千人。宣帝時增秩，立博士，唯顏、嚴兩家，其學尤盛，皆仲舒之流派也。任城何休懼孔聖既遠，微言將絕，乃略依胡母生《條例》，多得其正，作《春秋解詁》，覃思不窺門，十有七年。魏時，何休《公羊》之學大行于河北。晉劉兆以《公羊解詁》納經傳中，朱書以別之，即今之所行本也。而胡母生之《條例》已亡，唯何氏之學得列于學官。其餘《公羊》家言不多，槩見今所存董子《春秋繁露》而已。大抵《繁露》多言《春秋》，比通例，而《解詁》乃屬比事，條分縷析，正變既該，錙銖不爽。他如《禮記》《中庸》《孟子》《史記》《白虎通》《說苑》等書，皆足以發明《春秋》之大義，又可輔翼經傳，而無條例可尋者也。竊謂經之可以條例求者，虞氏之于《易》，毛氏之于《詩》、鄭氏之于《禮》、京房之于《易》、董生、何氏之于《春秋》也。《春秋》為六經筦鑰，尤學者所當務。然何氏《條例》散在全經，錯綜變化，自非好學深思，難識全體，淺人少嘗輒止，罔不疑阻，不知其例，又安望知其義乎？乃述何氏之《條例》而分析之，撰《春秋公羊辨例》若干卷，辭顯事明，繙檢即見，治經者庶幾知筆削之義專耳。至若王接、啖助、趙匡、胡安國、劉敞、趙汸，各創體例，以說《春秋》，不盡守兩漢之家法者，無論矣。

東漢人學行誠篤，近于鄒、魯。兄子常生，兄嘗首令其讀《後漢書》，貫串《志》《注》，比方人物，頗有所得焉。至于兩漢人引《孝經》《論語》而釋之者，尤為最近東魯儒風，常舉以教子弟。竊聞兄論「君子務本」一節，據《說苑·建本篇》及《後漢書·延篤傳》，以此節為孔子之言，非有子之言。又謂延篤論仁孝最為篤實，近古程子言「性中曷嘗有孝弟來」，此語雖經朱子極力斡旋，終有語病，不若玩索延篤所論也。

文選樓舊藏宋板王象之《輿地紀勝》一書，後上之於朝，鈔副本藏樓中。竹汀錢宮詹嘗為跋，見《潛研堂集》中。兄又命秋水作一跋。

宋板《輿地紀勝》二百卷，今存一百六十八卷，內有缺卷缺葉，宋東陽王象之譔。其於各府、州、軍、監分十一類：曰府、州沿革，曰縣沿革，曰風俗形勝，曰景物，曰古蹟，曰官吏，曰人物，曰仙釋，曰碑記，曰詩，曰四六，而別列行在於首。稱引該洽，於南宋時事尤足補史志所未備。蓋此書近出，故四庫所貯亦祇有明金石家所取《碑記》一門，而全書未及編錄，且宋人志地理，如《記纂淵海》之類，往往取以成書，則當時已為藝林推重，而後世佚而不傳，良可深惜。今謹按《浙江通志》：「象之字儀父，金華人，慶元元年中鄒應龍榜進士。其志行高潔，隱居不仕。」而陳振孫《書錄解題》又稱其曾知江寧縣，且別有《輿地圖》十六卷。其西

蜀諸郡，為其兄觀之漕夔門時所得。或疑《自敘》所云「仲兄行父西至錦城，叔兄中甫北趨武興，南渡渝瀘」者，觀之即在仲、叔之內。而本書「江南西路江州」下載濂溪書院注云，象之季兄「觀之為德化宰」，則又不在此數矣。且《通志》又載「金華有淳熙十一年進士王謙之，十四年進士王益之，益之終大理司直。」近時錢宮詹大昕以為益之即行甫，則謙之當亦象之弟兄。書前有寶慶三年眉山李壾敘，而《書錄解題》則云眉山李說齊、李允為之敘，似陳氏有誤。又按《宋史》列傳：「王霆，東陽人，嘉定四年中絕倫異等，為沿江制置副使，李壾辟幕下。」不知霆與象之又何屬。且史稱霆嘗撰《沿江等邊誌》一編，嘗貽書時相，乞瞰江審察形勢，置三新城，則東陽王氏一家之學確有淵源。今幸際休明之會，得上塵乙夜之觀〔註46〕，俾《紀勝》一書幽而復光，不特王氏幸甚，學者幸甚。

　　張忠烈公遺命手跡，其裔孫一齋既勒之石矣。此札亦一齋所藏，內有云：「鄭超宗與不佞同觀政，契厚，惜為和解高傑之故，為地方人一槍洞胷而斃，當與殉難並節者矣。」此鄭超宗數語頗有關係，想彼時鄭欲吹散楚軍，事在隱約，不意崑岡之炎，玉石俱焚，又誰復諒其心者。忠烈與鄭同年同官，并相契厚，為表而出之，曰「與殉難並節」，此五字即鄭公死事定案也。天壤間忠臣義士湮沒不彰者，往往而有，鄭公不見白於當日眾庶之口，而猶幸見伸於正人君子知人論世之心，不既多乎？是可以慰故人於九原，補史傳之闕矣，持為之識其後。嘉慶辛酉秋日，錢塘後學梁同書，時年七十有九。

　　自東漢尚節義，而《列女》一志後史氏引而弗替則有之，亦閭里之光也。吾鄉孝女王淑春之事，焦先生循為作墓碑焉。

　　孝女父，儀徵諸生，名法夔，老而貧，肄業安定書院中，月僅得一金，不足以贍衣食，雖有子，不能養也。孝女痛之，誓不嫁，以針黹得錢，供父饘粥，已則時時忍饑。冬月，手凍龜血，出身寒戰，工作不輟，父賴以不餓死。某年月日，法夔病沒，孝女以頭觸壁，額裂得盡孝死。嗚呼！余與法夔同書院者十年，法夔年七十餘，目昏眊，每見其刻苦為文，漏三下，猶以卷就燈下作字，今乃知其戀戀于每月之一金者，誠憐若女心力之竭也。然終以老黜去，自是孝女之境益窘，而所以供之益難。鞠躬盡瘁，死而後已，如淑春者，可謂能竭其力矣，孝之純矣。江都明經袁君世勳，集同人為之殯，葬於法夔墓側，請旌于朝。昔李文公作《高愍女碑》曰：「賞一女而天下勸」，亦王化之大端也。

　　東臺于孝婦者，在中上舍繼室也。姑周疾篤，于刲股療之而愈。上舍沒，孝婦守志二十年，教四子：沼、濱、澗、泗，皆以文學稱。芸楣相國為學使，以「孝範閨型」表其門。士大夫詠歌其事甚備。

〔註46〕「上」，原作「土」，《冬青館甲集》卷五《宋板〈輿地紀勝〉跋》作「上」，今據改。

　　孝婦陳氏，為浙江撫標中軍參將丹徒蔡廷樑子婦。廷樑以辛丑武進士改侍衛為參將，得今官。嘉慶九年冬，廷樑病，孝婦視湯藥惟謹。既而廷樑卒，孝婦亦病。人以為勞瘁所致，然終無所言。迫疾益篤，女侍竊疑其牀第間多腥惡之氣，迫而察之，始知其剖肱以療舅，并匿不使其夫知之，以至於斯也。未幾，孝婦竟卒。噫！異矣。夫剖股療親，例不旌邮，此王者推先聖毀不滅性之旨，特不以為勸耳，不聞以此為懲也。且人不難以死事其親，而士大夫立身行義，至臨大節不能自主，豈趨避熟而忠孝衰歟？抑貞亮明白之節，固不若匹夫匹婦之發憤有如斯歟？爰承兄命，撮其大略於此，并取其生年、籍貫著之：孝婦年二十歲，於嘉慶某年月日卒，父魯瞻，士族也，江南江寧府上元縣人，亦使後之人不至歎世典之咸漏焉。

　　先代陵寢，聖朝多入防護，而荒王廢主之墳每至湮沒，亦可歎也。兄訪得隋煬帝改葬之地〔註47〕，于雷塘之後為伐石誌之。

　　江都顧侯墓在揚州鈔關河之南，淪于闤闠，王聱隅先生墓亦在南門寶塔灣以下，兄與秦敦夫編修等重修復之。

　　秋雨庵額舊為盧雅雨所書，兄既更書而新之，復於其地仿漏澤園為埋骸之舉，暇則與一二朋舊游息於此，而雅雨高風，亦庶幾不墜焉。

　　岳鄂王廟在棲霞嶺之陽，與墓道相近，以視湯陰、武昌、朱仙鎮之供設俎豆者不侔矣。兄《岳廟志略序》曰：「給事中元和馮前輩，於崇文主講之暇，纂《西湖岳廟志》成，屬元序之。余受書，讀之既遂，言曰：『修史之事，昔賢所難。岳王忠節已昭如星日，而史猶或失之。』按，史王傳多取章穎經近之本，今合兩書勘之，殊有紕繆者。穎《傳》王攻虢州〔註48〕，下之。上聞之，以語張浚曰：『飛措畫甚大，今已至伊、洛，則太行山一帶山砦必有通謀者。』此可見高廟知王之深。正史乃刪『上聞之以語』五字，直作魏公語。豈以上文有命飛屯襄陽以窺中原，曰『此君素志』之言而誤會之歟？不知高宗六年手勅有『練兵襄陽，以窺中原，乃卿素志』，則浚語實高宗語。章穎所纂上下文，已涉疑竇，正史又從而實之，其誣甚矣。又朱仙鎮班師之前，穎《傳》自七月一日至十八日，累戰皆捷聞，高廟賜札褒嘉者再。君臣之際，可謂密矣。今史既略不書，至其後賜札有云『得卿奏，言班師機會誠為可惜，卿忠義許國，言詞激切，朕心不忘，卿且少駐近便得利處』，則其辭氣之間，迴非疇昔。不待

〔註47〕「訪」，原作「仿」，非，今據文義改。
〔註48〕「虢」，原作「號」，《宋史》卷三六五《岳飛傳》作「虢」，今據改。

一日，奉金字牌十二，始知其溺志矣。其云上亦銳意恢復者，特宋臣曲筆，乃史官如虞道園、馬石田輩亦不加詳察，僅知刪繁就簡，不亦儑乎？至《宋史》取材於章，而章又取材於王孫珂所纂《金陀粹》《續》兩編，《宋史》既漏略，進本復冗雜，如杜充昨城之捷、吳玠姬妾之饋，皆非《昭忠錄》所載本意。至李心傳《建炎繫年錄》載紹興九年九月，湖北京西宣撫使岳某來朝，而兩《傳》無驗。徐夢莘《北盟會編》載紹興十年五月，上遣李若虛至軍中計事，王已至德安。穎《傳》則但云請入覲，未嘗有進師之言。總之，傳聞異詞，莫可究詰。始則因鄭時中、丁婁明之多誣，繼則由熊克、劉時舉之失實，欲其明白顛末、品酌事例，難矣。茲兩載其詞，不獨有功忠武，亦深得闕疑之旨。不矜奇、不爭博，其得力於史例者甚深。余故舉其一二，以為讀史者告。若夫王之英爽及給事纂輯之勤，則凡例備著之矣。」既而修《志》，王殿亦重加繕葺。兄又以詩落之云：「不戰即當死，君亡臣敢存。猶嫌驢背者，未哭馬蹄魂。獨洗兩宮辱，人傳三字冤。投戈相殉耳，餘事總休論。」直從古人議論中又進一層矣。亨時亦有《謁岳祠》詩云：「廟貌千秋壯，將軍志未平。不辭三字獄，恐罷兩河兵。玉輦何時返，金甌此日傾。南枝松柏在，愁聽鷓鴣聲。」張秋水云頸聯十字尤沉痛。

王新建伯手劄二通，為劉松嵐觀察所藏，吾兄為之跋：「右陽明先生像及手書二通，一為寓都下時寄其父書，一為官廬陵時寄其妹婿徐愛書。先生父名華，成化十七年進士第一，官至南京吏部尚書。其妹婿徐愛，字曰仁，正德三年進士，官至南京工部尚書，為先生高足弟子，或疑其弟者，非也。先生大母姓岑，年踰百歲，卒時華年已七十餘，皆與史合。至正憲者，先生弟之子，即所育以為子者。書中言家國事，皆可矜式。觀此，益歎仁義之人，其言藹如矣。松嵐觀察既以此裝潢為冊〔註49〕，復摹其像於首，屬著所知於後。」

琅嬛仙館藏舊鈔嘉定、至順兩朝《鎮江志》，為世所希覯，並攷之曰：「《嘉定鎮江志》二十二卷，《至順鎮江志》二十一卷，俱不著撰人姓名。《宋史·藝文志》：『熊克《鎮江志》十卷』，陳振孫《書錄解題》：『《鎮江志》三十卷，教授天台盧憲子章譔。』案，克於乾道中任鎮江教授，所譔十卷之本即所稱《乾道志》也。此《志》稱『憲謹釋』者二條，稱『盧憲論曰』者一條，其為盧《志》無疑。若《至順志》，不知出於誰手，則不可攷矣。《嘉定志》中多有注『續補』『增添』字者，攷《至順志》書版，類分列《舊志》《續志》《重修志》三書，

〔註49〕「潢」，原作「演」，非，今據文義改。

其引、續、補各條，皆稱《嘉定續志》。又《志》中所載事蹟，惟史彌堅最詳，趙善湘次之。玟彌堅以嘉定六年九月守鎮江，八年九月請祠；善湘以嘉定十四年二月守鎮江，十七年召還，寶慶二年再任。元《志》學校門載：『教官盧憲，嘉定癸酉謁廟事。』癸酉為嘉定六年，正彌堅守郡之日。憲《志》當成於是時，而善湘續之，其增添各條記及德祐中謝太后手詔，且核與元《志》所引《咸淳志》體例不同，則為元人所補矣。又案，閣本《京口耆舊傳》升之、許晹、譚知柔等傳按語，引嘉定、至順二《志》，又《王萬全傳》末云子遇見科舉類。玟《耆舊傳》無此類，詳其義例，係《至順志》之文混入者。意當時四庫館中實見是書也。竊疑二《志》在明代俱有脫誤，後人掇拾殘賸，意為分合，不能復原袟之舊，故有宋《志》斷爛而以元《志》補之者，有元《志》淆譌而以宋《志》孱入者，有宋《志》缺而元《志》仍之者，有宋、元《志》俱佚而以明事附益之者，有子注而誤為正文者，有子目而混為總類者，有一門而強分二卷者，有一事而前後兩見者，有注明同上而上條不注所出者，有注明已上《嘉定志》而下條仍係宋《志》原文者。今詳加校勘，得其條理。大約宋《志》主於徵文，元《志》重於玟獻；宋《志》旁稽典籍，務核異同，元《志》備錄故事，多詳興廢；宋《志》融洽舊聞而間參案語，元《志》提挈綱要而別為子注；宋《志》為邊防之地，故攻守形勢，綱羅古今，元《志》為財賦之區，故物產土貢，臚陳名狀。至於郡守參佐，宋《志》則近徵唐代，元《志》則遠溯六朝；鄉賢寓公，宋《志》則隋、唐以上蒐輯為詳，元《志》則宋、元以來記載必備。互為補苴，實相輔而行也。鎮江自東晉以來，屹為重鎮，流民僑郡，分併改隸，都督開府，參佐從事，寄治版授，建置紛繁，以及宋之差遣，元之掾屬，讀史者憚於鉤稽，徃徃沿襲紕繆。此獨釐訂考核，別為表譜，文質事詳，一覽瞭如，洵有裨於史學。其所引唐孫處元《圖經》《祥符圖經》《潤州集類》《京口集》，乾道、咸淳二《志》，《元一統志》諸書，世無傳本，藉以存其崖略。採錄宋、元人遺文，不下數百篇，亦取材宏富，足資玟證。至於體例精嚴，言關利病，事寓勸懲，非不知而作者。在宋、元諸地志中，可與《建康》《新安》抗行，《會稽》《四明》遠不能及，洵為罕覯之秘笈也。」亨因謹志於此，以當著錄之一。

　　《明萬曆十二年春季縉紳》為吾嫂孔夫人闕里舊書，其籤題「大字縉紳便覽」六字者，京官也；籤題「全號宦林備覽」者，外官也。其縉紳之首大學士為建極殿大學士、少傅兼太子太傅、吏部尚書申時行，武英殿大學士、少保兼

太子太保、戶部尚書余有丁，文淵閣大學士、太子太保、禮部尚書許國，共三人。內閣、中極殿、文華殿、東閣之下虛無其人。詹事府掌府事、吏部左侍郎兼侍讀學士、教習庶吉士周子義，左春坊掌坊事、左庶子兼侍讀沈一貫，右春坊掌坊事、右中允兼編修吳中行，司經局掌印、右庶子兼侍讀范應期，翰林院掌院事、少詹事兼侍讀學士王家屏。侍讀四人：劉虞夔、徐顯卿、盛訥、劉元震。侍講三人：韓世能、李長春、張一桂。修撰四人：張元忭、陳于陛、劉楚先、朱國祚。編修九人：黃洪憲、史鈳、王懋德、余孟麟、曾朝節、陸可教〔註50〕、馮琦、李廷機、劉應秋。檢討七人：王祖嫡、張應元、沈自邠、敖文楨、余繼登、董樾、徐聯芳。癸未科庶吉士二十七人：季道統、史孟麟、周應賓、胡時麟、方從哲、葉向高、鄒德溥、姜應麟、邵庶、葛曦、舒弘緒、徐應聘、吳龍徵、王笛、劉大武、楊元祥、楊鳳、梅鵾祚、徐大化、梅國樓、楊紹程、王之棟、范醇敬、沈權、陳良軸、鄧宗齡、甯中立。吏部尚書楊巍，左侍郎沈鯉，右侍郎陸光祖，戶部尚書王遴，左侍郎王之垣〔註51〕，右侍郎傅希摯，總督倉場，左侍郎王廷瞻，禮部尚書、太子賓客兼學士陳經邦，左侍郎兼侍讀學士高啟愚，右侍郎兼侍讀學士朱賡，兵部尚書張學顏，左侍郎辛自修，右侍郎陰武卿，協理京營戎政、左侍郎辛應乾，刑部尚書、太子少保潘季馴，左侍郎名闕，右侍郎舒化，太子少保、工部尚書楊兆，左侍郎何起鳴，右侍郎劉志伊。都察院首列都察院掌院事、左都御史趙錦，次協理院事、左副都御史丘橓，次左僉都御史石星〔註52〕，次總督陝西三邊、右都御史兼兵部左侍郎鄭光先，總督宣大山西〔註53〕、兵部尚書兼右副都御史鄭洛，總督薊遼保定軍務、兵部尚書兼右副都御史張佳胤〔註54〕，總督漕運、提督軍務、巡撫鳳陽兼管河道、右副都御史李世達，總督兩廣兼理糧餉、巡撫廣東、右副都御史、兵部左侍郎吳文華，總理糧儲、提督軍務、巡撫應天、右僉都御史名闕，提督軍務、巡撫浙江、右副都御史蕭廩，提督軍務、巡撫南贛汀韶、右僉都御史張岳，提督軍務、巡撫福建、右僉都御史趙可懷，整飭薊州邊備、巡撫順天、右副都

〔註50〕「陸」，原作「崖」，中國國家圖書館藏明刻藍印本《新刊真楷大字全號縉紳便覽》作「陸」，今據改。
〔註51〕「垣」，原作「坦」，《新刊真楷大字全號縉紳便覽》作「垣」，今據改。
〔註52〕「左」，原作「三」，《新刊真楷大字全號縉紳便覽》作「左」；「星」，原作「里」，《新刊真楷大字全號縉紳便覽》作「星」，今據改。
〔註53〕「大」字後原衍一「同」字，今據《新刊真楷大字全號縉紳便覽》刪。
〔註54〕「胤」，原避清世宗胤禛諱作「允」，今回改。

御史張國彥，巡撫保定、提督紫荊等關兼管河道、右僉都御史李巳，巡撫山西、提督雁門等關、右副都御史侯于趙，巡撫江西、贊理軍務、右僉都御史曹大埜，巡撫大同、贊理軍務、右僉都御史胡來貢，巡撫遼東、贊理軍務、右副都御史李松，巡撫宣府、贊理軍務、右副都御史蕭大亨，巡撫寧夏、贊理軍務、右僉都御史董堯封，巡撫延綏、贊理軍務、右僉都御史王汝梅，巡撫湖廣、提督軍務、右副都御史李江，巡撫河南、提督軍務、管理河道、右副都御史楊一魁，巡撫山東、提督軍務、督理營田兼管河道、右副都御史李輔，巡撫陝西、贊理軍務、右僉都御史李汶，巡撫四川等處地方、右僉都御史雒遵，巡撫廣西等處地方、右副都御史吳善，提督軍務〔註55〕、撫治鄖陽、右副都御史毛綱，巡撫雲南兼建昌畢節贊理軍務、右僉都御史劉世曾，巡撫貴州兼督湖北川東贊理軍務、右副都御史劉庠。次十三道御史，次巡按。其為巡按者，順永保河李植、應安徽寧池太張治具、盧鳳淮揚馬允登、真順廣大許樂善、蘇松常鎮邢侗、浙江范鳴謙、江西韓國禎〔註56〕、湖廣涂杰、河南姜璧、山東吳定、福建龔一清、四川赫瀛、陝西陳功、廣東鄧鍊、山西趙卿、廣西黃鍾〔註57〕、雲南崔廷試、貴州毛在、儹運傅好禮，巡按直隸等處督理印馬屯田江東之〔註58〕、巡按直隸督理河道兼巡視京通二倉李廷彥、巡按直隸督理長蘆山東鹽課兼管河道林休徵、巡按直隸督理兩淮鹽課蔡時鼎、巡按山西督理河東鹽課趙楷、巡撫浙江等處督理兩浙直隸蘇松常鎮鹽課羊可立、巡按宣大陳性學、巡按遼東洪聲遠、巡按陝西督理茶法王世揚、巡按陝西甘肅韓應庚、巡視十庫荊州土督理巡青丁此呂、巡盧溝橋馬朝陽、巡視中兵馬司姚三讓〔註59〕、巡視南城原一魁、巡視西城陳登雲、巡視東城兼管盔甲廠劉懷恕、巡視北城兼管九門鹽法吳世賓。此縉紳之大略也。若《宦林備覽》則備載各省地方官，自布政司為始，不與以縉紳之目。

　　家藏五代楊少師《神仙起居法》墨蹟，卷外有項墨林舊卷合貯之，古妙絕比。額鹽使勒布在揚州見之，歎賞不已，為之勒石。其去也，歸石于文選樓，兄曾跋其後。

〔註55〕「務」字原闕，今據《新刊真楷大字全號縉紳便覽》補。
〔註56〕「禎」，原作「楨」，《新刊真楷大字全號縉紳便覽》作「禎」，今據改。
〔註57〕「鍾」，原作「鐘」，《新刊真楷大字全號縉紳便覽》作「鍾」，今據改。
〔註58〕「按」，原作「撫」，《新刊真楷大字全號縉紳便覽》作「按」，今據改。
〔註59〕「讓」，原作「壤」，《新刊真楷大字全號縉紳便覽》作「讓」，今據改。

陳曼生于畫精鑒別，其持論以神韻為主，故其興到，自寫山水花木皆灑然出塵，寧使不工，不容雜以匠氣。最喜奚鐵生畫，嘗以其晚年作，偕方蘭坻、王椒畦合為一卷，家兄為作《種榆仙館三畫記》。論畫、論人兼以記傳之法，不似昌黎專數人物，以筆墨錯落見工也。

《種榆仙館三畫記》

兩宋畫法雖近古，然擅名者，藝院之人為多。元、明以來，化鈎勒皴染之蹟而激以天趣，則非士人不能。予昔謂浙士能畫者，石門方蘭坻薰、錢塘奚鐵生岡，求一鼎足者不可得。惟吾同年友王君椒畦學浩，幾欲參之，而出其上。陳子曼生集三君之畫山水，裝為一卷。卷中蘭坻畫最久，椒畦次之，鐵生則病後之筆，非其佳製。蘭坻，石門布衣，今已卒。賦性高潔，工詩，著《山靜居詩》四卷，所畫山水、花卉、人物，靡不似元人。椒畦與余同榜舉人，所學該博，朱大興師亟賞之。以母老，淡於仕進，至今不出里閈。予延之主金華講席，恐違養，辭不就也。所畫兼三王之勝，且筆鋒斫紙，具馬、夏之大力，而以儒氣出之。鐵生亦布衣，為詩人，兼精山水、花卉，性孤介，不謁官長。予在浙七年，未見其人。嘉慶八年冬十月，病卒。家燬於火，故愈貧。有三子，皆先殤亡。畸士詩傳，非有異行也，而數之奇、命之蹇，乃如此哉？聞鐵生病，須服人蓡，猶力疾作畫，易金以貿之。卒之前，有未畫者，并其金與紙、絹各返之其人。吁！亦介甚矣。其長子殤年十八，聘汪氏女，聞奚子殤，欲歸奚氏，具喪服，母固止之，非其志也。逾二年，鐵生死，乃嘔血入奚氏門，成子婦，服事衰姑，因并記之。

慈谿鄭書常徵士勳，嘗以其祖寒邨老人與朱竹垞檢討倡和詩卷，乞兄題句。既為作詩，徵士又取檢討「別久重逢轉傾倒」之語，作《二老重逢圖》。兄為之跋，因謂徵士：「曷不建堂以祀二老乎？」爰為書其額。徵士博雅好古，述誦先芬，恂恂君子也。又以寒邨老人所遺二研，名其居曰「二研窩」，寄范、喬之思焉。

江虞泉先生藏佳研七，名其堂曰「七研書堂」，後失其二。兄為記之云：「余舅叔祖虞泉先生藏七研，皆端溪佳石，弆之一室，顏曰『七研書堂』。嘉慶元年，公嗣清池先生來浙避暑，于學署之再到亭出其研以示余，曰：『此書堂七研之五也。鴛鴦、荷葉之二已失之矣。』余第而錄之：一曰浴日研，宋琢，背有鸜鵒眼〔註60〕，為柱二十，而一眼鏤其旁為池波，肖咸池也，江冷紅炳炎銘其匣；次曰竹池研，如破竹為簡，初就刀削，面有蠹缺，即以為池，公自銘之；三曰蕉葉研，葉大滿握，仿元人沒骨畫，略得其意而已，陳玉几撰銘其匣；四曰蛾眉研，片石橢若面，額有綠紋弓弓然，月之偃、眉之修也，金壽門農銘

〔註60〕「鸜」，原作「鸎」，非，今據文義改。

其匣；五曰斧研，無刃無銎，形若畫繡，無銘。先生又出數研示余，曰：『此余所藏，子曷為我補其數？』余遂擇其正方無雕鑿者，名之曰玉版研，為第六；擇其破碎暴裂，極似夏禹玉焦墨斧劈皴、刻公銘及蔡松原嘉銘者，名之曰畫皴研，為第七，于是七研復完。先生復曰：『余字清池，今有感于竹池之銘，杯棬之澤存焉，易字為竹池，可乎？』余曰：『善！公固有池之銘矣。因其自然、歸于蕩平、敬爾出笏、脩辭立誠，十六言皆遺教也，不可以賅七研之義歟？』」

兄所藏各研，嘗屬奚銕生為譜研圖。石菴相國為大書卷首，並贈一研，仍作銘研側云：「宗伯文章，如玉如金。繪圖譜硯，寄懷靜悟。匪硯之寶，石友是尋。忠義研磨，二人同心。我往公來，交乃逾深。猗歟久要，學海文林。」全椒吳山尊學士用班書《序傳》例作贊，其辭皆工。

吳江郭海粟元灝，頻伽尊甫也。有獨行君子之風，為學以宋五子為宗。詩不多作，然自抒欲言，不為理語，在香山、劍南之間。頻伽常乞予兄表其墓，黃小松司馬書之。

《吳江郭文學墓表》

君諱元灝，字清源，一字海粟居士。先世籍浙之秀水，前明中葉始遷江南之吳江〔註61〕。蘆墟，其村名也。君幼穎異，喜讀書。先是君父以家累故，不得卒業以為恨，嘗誡君曰〔註62〕：「若第讀書，無問家人生產。學之成不，若責也；家贏絀，不若責。」君以是益專心舉子業。年二十二，補博士弟子員，能為詩、古文詞，旁及百氏之學，師事同里陸中丞燿。中丞之之官也，諸故人往謁者或不滿所欲，退為怨誹。君歲時問訊，言不及他，人以是重君之介也。方中丞以郎中出守濟南，君以讀書所得，可施于政者寓書以獻，中丞內之。人以是多中丞之能受善，而知君之學有本源。惜其不見用于世也。同里郁君文，高才負氣，好陵轢人，然獨心折君，亦時時規切之。師友之間，行誼敦篤，可想見其為人。君屢試不售，諸兄弟又受室分異，家益落。里居授徒以養，束脩所入不足，供甘旨則遠館旁邑，念父母老，不能朝夕侍，恒鬱鬱不自得。善鼓琴，調弦雅歌，往往有激楚之音。曰：「吾以忘憂假日〔註63〕，而憂從中來，豈心有弗平者乎？」遭母喪，哀毀過甚，致疾，以乾隆五十一年七月七日卒，年五十有三。卒之日，父猶在堂。疾革，知不起，謂家人曰：「我死，以墨絰斂〔註64〕，無美材，以暴我養之不終也。」吁！可以哀其志矣。配连氏，箷室翁氏。子二人：麐、鳳；女二人；孫三人：桐、漆、柟。以嘉慶二年十一月卜葬于嘉善之澄湖港。子麐，積學能文，以行略來乞表其墓。爰紀以銘曰：城

〔註61〕「明」字原闕，今據《靈芬館雜著》卷一《先君子行略》補。
〔註62〕「誡」，原作「戒」，《靈芬館雜著》卷一作「誡」，今據改。
〔註63〕「憂」，原作「優」，《靈芬館雜著》卷一作「憂」，今據改。
〔註64〕「絰」，原作「經」，《靈芬館雜著》卷一作「絰」，今據改。

接檇李，水通具區。江山平遠，伊人所廬。梅花水村，楓葉古岸。彈琴讀書，高風雲斷。佳城鬱鬱，魏塘之濱。潛德未耀，曰俟後人。

紫陽書院在吳山之麓，地最清曠，城市中有山林之意。兄即其地上構校書亭，招臧在東鏞堂、顧千里廣圻校定《十三經》。時校書亭落成，楊書巢學博秉初為監院，有詩云：「勝地由來重寓賢，談經腹笥共便便。連雲卷帙心成癖，滴露丹黃手自編。升降風鐙高閣外，紛披落葉小窗前。問奇不載連船酒，但乞綱茶試碧泉。」

杭城同仁祠，嘉慶七年其胡氏後人夢陽重修葺之。嘗以祠記呈家兄，家兄為跋其後曰：「仁和縣武林坊有同仁祠，祀端敏及孫尚書燧。王新建守仁以宸濠之變，孫遇害。王定亂而公實首發其姦，故合祠之。予近編《兩浙祠墓防護錄》，咨部飭官護之，同仁祠其一也。」此亦浙之掌故，故特著於此。

嘉興本覺寺三過堂壁間，有坡公三詩刻其前楹。二方石柱高二丈許，偉材也。予兄題句刻柱上云：「惟寺中唐代二幢，是羑眉山人未過前物。此壁上三律，乃空翠亭僧初夢時詩。」按，空翠亭乃唐時僧初夢建寺時故蹟。寺中唐石幢二，今尚存。坡公三過此堂，見于本集。

碑版之文，權輿東漢。唐人昌黎以前，如權文公、李北海，猶沿習其體，後人改變，純以史傳之法行之，非古法矣。六朝駢儷之文，讀者或至不能知其官閥事功，世以為憾。竊以為古人表志與勒銘鐘鼎同，當與史傳旅常表裏相應，世人耳食八家之言，稍乖其製，即詫為異物矣。

兄嘗言世人汩沒于唐、宋八家之文，以為古人之文全在乎此，沿訛襲謬，習而不察也。即如墓碑、墓誌，古人于首行標題之，次行未有不從「君諱某」起者，而今人無不別冠以死者交情及子孫乞銘不獲辭云云[註65]。又古人送行宴集之序文，皆因同人詩多而為之序也。即《蘭亭序》，亦因《蘭亭詩》所謂「列敘時人，錄其所述」也。今人送行宴集，但有一文，并無一詩，而強名為「序」者，何也？皆明人選八家古文囿之也。兄又云：「時文家每學八家古文，以為文必單行，不用偶句，始為古文。不知言之無文，行之不遠，萬古文章，宜莫逾孔子矣。乃孔子論《易》之言，自名之曰《文言》，至今繫于《乾》《坤》者，多有韻相偶為句之文也。且時文以八比為式，比者，偶也，甚至一比多至一二百字，對比偶之，一字不敢多少，虛實皆須巧對，是時文為偶之最甚者。日在偶中，而人不覺也。」

〔註65〕「獲」，原作「護」，非，今據文義改。

瀛舟筆談卷八

揚州阮亨仲嘉記

兄於丙午鄉試出大興相國之門，故好古愛士，與師實同志趣。己未春，兄副相國為禮部試總裁，其持擇亦大略相近，是以此科得人尤稱極盛，擬之己未詞科焉。兄出撫浙，公送以詩。兄之為政，多遵公訓焉。去年，兄請於相國，得所為《知足齋詩集》選刊之，並為後序。其詩淵深寬博，有包涵一切之度，稱其相業。書成，得邀御覽，復御題七律四首，為大臣詩集所未有之榮褒也。

《送阮雲臺司農署浙江巡撫》

朱文正公

重華咨岳牧，簡試經術良。曰汝佐農禮，徃撫浙一方。阮君初拜命，任重心旁皇。英英淮海彥，踰壯齒未強。致身雲霄上，用作霖雨滂。我昔典浙學，省風猶能詳。況君繼我後，槎傳周諏鄉。浙西困漕賦，浙東急海防。溫台接閩粵，鯨鱷難殄僵。吏婪征倍蓰，蠶食嘉湖杭。害馬豈一途，鞭勒調柔剛〔註1〕。去甚農已活，藥表裏勿傷。治盜先不欲，澄屬廉自將。寬分氓受福，摧關恤旅商。為政多詖言，束溼密網張〔註2〕。戴盈請輕之，鄰雞姑月攘。恕人躬自厚，甘節儉可常。吾言甚平平，無使獄市妨。宦游廿四載，識路今歸航。願君早報政，阿閣來翱翔。

〔註1〕「鞭」，原作「勒」，《知足齋詩集》卷十四《送阮雲臺少司農署浙江巡撫》作「鞭」，今據改。

〔註2〕「溼」，原作「徑」，《知足齋詩集》卷十四作「溼」。按，《漢書》卷九十《寧成傳》：「為人上，操下急如束溼。」顏師古注：「束溼，言其急之甚也。溼物則易束。」今據《知足齋詩集》卷十四改。

《阮雲臺中丞為我選刻知足齋詩作此謝之》

吾性非嗜詩，尤不工於律。少年忝詞館，職當親佔畢。中間多疾疢，不敢究編帙。讀書得大略，泛覽無專切。三十始游宦，吏事紛糾葛。經年廢嘯詠，書味久契闊。重來鳳巢舊，更直龍光晳。丹鉛勤磨研，經籍敬講說。恩際文明盛，學殖敢荒逸。屢膺星槎使，黽勉校甲乙。當年有哲兄，著作蜇弧揭。門牆正敷蕍，中道忽摧折。居然求典型，近似擬蘇轍。自從辛丑後，稍覺積翰札。詩本道性情，心源派流別。巨細各爭鳴，風雲貫蜻蛚。我衰耄將及，豈敢溷剞劂。阮君治經義，政學美兩浙。斐然鈔拙草，阿好愛不割。李陳皆博雅，校讎精雌蜺。授梓竟成編，十存幾六七。覆瓿與享帚，悔多功苦拮。作詩謝吾友，求名疇得失。吾將師老莊，文者盜之竊。

石菴劉相國書法冠冕海內，而詩不多見，所傳誦者，大率從卷軸傳鈔而得，然字字道緊，非深於少陵者不解讀也。兄撫浙出都，曾賦詩，親書為軸，以寵行焉。

《送阮伯元司農撫浙》

甫送文旌卷，旋迎幕府開。湖山重問訊，寮吏舊趨陪。杖鉞風規凜，揮毫氣象回。黑頭論將相，帝簡棟樑材。

密勿青蒲上，論思紫禁中。冰霜堅節操，星宿燦心胸。臨眺蓬壺近，歡顏筍橘豐。農桑逮花柳，興緒古人同。

十月陽和候，南行不畏寒。雲霞千里目，麾蓋萬人看。禮佛為親壽，勞心向聖丹。瑤華隨入奏，頻佇北飛翰。

鐵冶亭先生，予兄座師也。予兄乙卯秋曾請刻其《梅菴詩鈔》六卷，首卷皆應制之作。先生自述其詩境屢遷，由所遭之境使然。又云詩以紀事，紀君恩，緬祖德，申屺岵之思，寫棠棣之樂，篤室家之愛，聯友朋之情，推之山水奇蹤，風雲變態，鳥獸草木，託興適懷，詩存則境存，於以驗少時之性情，證中年之得失，勵晚節之操舍，所關綦重，非徒較章句短長，自附於文人之末也。先生之懷抱槩可見矣。其五言如《秋夕》云：「天近雲低樹，秋疏月到門。」《西郊晚眺》云：「灘聲留雨住，雲影帶山飛。」《晨起》云：「宦情閒似鶴，山面冷於人。」《枯坐》云：「乍閒知夢穩，入靜覺香親。天近涼生席，膓虛月趁人。」七言如《古北口道中》云：「對面馬隨飛鳥沒，上山人帶斷雲來。」《守歲》云：「生計漸於書有債，頭銜合以墨為鄉。」《放歌》云：「頹波怒齧石子母，落木驚撼風雌雄。」《灤陽九日登高》云：「落葉紅時閒客少，夕陽佳處遠山多。」《贈友》云：「僕愛詩依蕭穎士，客逃名喜蔣元卿。」《夏日漫興》云：「聚頭扇狹迴風緩，夾注書多引臥長。」《露坐》云：「更深扁蝠投檐舞，雨後秋螢貼

地飛。」《灤陽寓中》云：「窗近雲坳臨北苑，夢迴冰簟讀南華。」皆清俊絕塵，不染臺閣凡響。又卷末有《贈阮學使伯元》一絕云：「六千髦士彙羣英，半是宗師作養成。我向齊州縣玉尺，門生門下中門生。」蓋先生乙卯主試山左時，兄為學使者，其愛才好士，更可想見矣。

冶亭先生輯《八旗詩集》成，天子親灑宸翰為序，並錫名為《熙朝雅頌集》。兄以刊刻之役，得奉俞旨，恭撰跋語。

天台桃源圖詩自唐人以後，作者爭奇鬬異，更無從著筆。予兄在台州行幕時，曾屬楊補帆昌緒作《天台桃源圖》，脂粉桃花，金碧山水，劇佳製也。兄題長律一首，結句云：「如此好山猶別去，仙源那怪斷人間。」

諸城劉尚書鐶之繼吾兄督浙學，公明愛士，嘗於下車命題試士，曰「較若畫一」，蓋多循吾兄之舊也。兄有古銅印，曰「持衡秉鑑之任」，即以贈尚書。尚書嘗遊天台山，繼吾兄題名於石梁飛瀑之下，亦雅切漢劉、阮故事也。

兄以戶部侍郎來撫兩浙，一時士民皆有喜色。武進陸祁生孝廉繼輅有《司農來》樂府述其事。

《司農來》

雲臺師以戶部左侍郎權浙撫，浙之士民樂公之來，又恐公之速去也。已而有詔實授，皆大懽躍，請予賦詩。

司農來，司農不來。司農方佐天子，用人理財，司農安得來？一解。司農來，驂從不聞聲。一舟泊河干，父老爭前迎。何用識司農，但當問諸生。諸生頓首再拜，別公期年。公亦相慰勞，益復工為文。司農不來，公何人。二解。司農來，司農信來。急走告語懽如雷，勿懽如雷。司農方佐天子，用人理財。暫遣問汝疾苦，行且北歸。三解。司農來，士得師，民得怙恃。官薄賦斂，盜賊知恥。詔授司農巡撫浙江都御史，公自戀闕，民自喜。中一吳民歎不止，恨與司農生同里。四解。

《修書圖》，予兄為學使時屬周采岩所繪，王、錢二先生詩之外，謝蘇潭中丞四律，吳穀人司成一詞，皆工。

謝蘊山中丞，博學好古，在浙藩時，公餘無事，輒采訪金石，晉接賢士，徵圖考史，孜孜不倦，闢麗澤軒以延賓客，移宋淳祐鐵鑊於軒中，作詩紀之，著《西魏書》《史籍攷》。時兄以少宗伯學政任滿入都，有詩留別云：「誰家有此好湖山，況是西風竹閣間。秋水正寬情共遠，賓鴻初到客將還。汪倫潭上舟迎岸，辛漸樓頭酒照顏。為問淨慈古開士，謂玉中丞。再來我可不慳。」中丞

和詩送行云：「螺頭舴子暎秋山，別意湖光浩渺間。青瑣白雲卿月迥，黃花細雨使星還。鴻泥偶爾留新迹，竹柏依然照舊顏。是日餞於柏堂竹閣。白傅重來蘇再至，先生應不恨緣慳。」兄詩所云「再來」者，計典試督學或當再至浙也。後一年，兄奉命來撫浙，竟應再來之約。時公已巡撫粵西，不及相見。

趙介山殿撰文楷、李墨莊舍人鼎元奉命使琉球，道出浙江，家兄以詩送之，二使者皆有和作。

《送趙介山李墨莊奉使冊封琉球》

阮元

同是中朝第一流，雲螺繡鶴降麟洲。狀元風度今莊叔，才子神仙舊鄴侯。四月西湖留駐節，萬人南海看登舟。翰林盛事知多少，如此乘風乃壯遊。

《奉和雲臺中丞見贈原韻》

趙文楷

重臣作鎮自風流，藉甚聲名照十洲。節鉞撫綏秦郡縣，軿輈趨走漢諸侯。巖邊苔蘚留椽筆，海上鯨鯢怯戰舟。繭紙飛紅多暇日，瀛洲亭上紀前遊。

渺渺滄溟萬古流，五回龍節下炎洲。求仙不詣蓬萊島，屬國空慙博望侯。百頃湖光邀過客，四圍山色入扁舟。重來已是探梅候，擬向孤山續舊遊。

李鼎元

傳聞海水接天流，始信乾坤到十洲。故友歡逢仍作客，書生奇遇似封侯。心情自許無波井，蹤跡真成不繫舟。百頃鏡湖容小住，風塵難得是茲遊。

西洋奇器，其精而利用者，鐘表為最。予兄以為即《小學紺珠》所謂「輥彈」，為之說曰：「鐘表之製，精巧極矣。其國人之書，則名為重學，蓋奇器全以輕重為用也。世謂鐘表始來西洋，予謂王伯厚《小學紺珠》載薛季宣說：『晷漏有四：曰銅壺，曰香篆，曰圭表，曰輥彈。』此輥彈以輪為用，至時彈扣以成聲，非鐘表耶？然則此製已古，特西洋人傳而精之耳。」復為一詩紀之，可謂能狀人所難言者〔註3〕。此詩兄於稿中自刪之。

《同人分詠遠物得紅毛時辰表》

西洋製奇器，其學名曰重。去聲。重者漸輕之，如水漏壺洞。時辰表最精，亦以重為用。其中有鐵帶，反卷力為控。控之以何物，輪齒數兼綜。其末為游絲，力弱緩相送。帶卷力求舒，控者遞使縱。如弓漸為弛，如磨互為礱。一日得再周，投鑰有小空。其外為刻盤，雙針右轉共。聯以螺旋釘，入水浸無縫。任爾反與側，針指確然中。趨事慮後時，持此以無恐。可記里馳驅，

〔註3〕「狀」，原作「壯」，非，今據文義改。

可刻燭吟誦。懸之腰帶間，銅史日相從。置之枕函旁，錚錚入清夢。嗟此器實奇，精巧驚愚悫。我曰此輗彈，於書見於宋。

五代金塗塔，兄昔為朱文正公作考及詩，繼而自嫌其為梵夾中事，故自刪之，但張芑堂等已刻入《金石契》中。今錄之云：五代吳越國王錢弘俶金塗塔，自四角至底，高今營造尺四寸二分。據《表忠譜》圖二，有塔頂高三寸，相輪七級，除四角，亦與塔身同高三寸，故彼圖統計高六寸也。以今天平等之，重三十五兩。塔分四面：第一面，像坐，左右各一人，前二虎，佛作割肉伺虎狀。按周文璞詩言「飢鷹餓虎紛相向」，釋德清《記》言「前則尸毘王割肉飼鷹救鴿」，此數版皆無鷹、鴿象。此一面與張芑堂《金石契》所載「人」字編號者無少異。此面之內鑄楷字云「吳越國王錢弘俶敬造八萬四千寶塔乙卯歲記」十九字，下別有一「保」字編號。第二面，一佛坐，右旁二人，一立一坐，左旁二人立，持杵。此面之內無文字。第三面，一佛曲膝俯首，一人持刃加其首，一人承其下，一人掎其後，後有寶樹一株。此當是月光王捐舍寶首事。此面之內有「保」字編號。第四面，佛立象，左右各一人，前有二虎，佛作割肉飼虎狀。此面內亦有「保」字編號。四面下層皆有佛象三，窗鐙形二。上層共出四角，角三稜，稜上外八面，面一金剛持杵象〔註4〕。內成四面，一佛坐象。其上頂平禿。據《表忠譜》，尚有相輪七級，今折去也。塔底四角有銅汁黏合，故世有散成一片者。考錢弘俶字文德，武肅王鏐之孫，元瓘之子，佐之弟。薛居正《五代史》：「漢乾祐元年，胡進思廢倧，迎俶立之。」是為戊申歲。茲塔造於乙卯，為俶嗣立之八年，周之顯德二年也。吳任臣《十國春秋》：「俶本二字名，以犯宋宣祖偏名，史乃單行。」今塔款二名，益可證矣。俶造塔云「八萬四千」者，《南史》云：「阿育王即鐵輪王，王閻浮提，一天下。佛滅度後，一日一夜，役鬼神造八萬四千塔」，此即其一。又《雜阿含經》曰：「阿育王問大布施於諸比丘，尊者云，欲於一日一念之中起八萬四千寶塔，一時俱成。」又《談苑》載錢鏐說曰：「釋迦真身舍利塔，見於明州鄞縣，阿育王所造八萬四千，而此震旦得十九之一也。太宗命取舍利，禁中度寶寺地造浮屠十一級以藏舍利。」據此三說，則俶所造，不過剌取梵典成語，且以闡發先志，未必當時實有此數。此塔與南宋姜堯章所藏及釋憨山所記之二塔不同，亦與周青士所見之一版作「放下屠刀立地成佛」者不合，當別是一塔矣。此塔完好工緻，弘俶名字顯然，一望知為忠懿之物。使朱竹垞見此，必無武肅之惑。乾隆五十七

〔註4〕「金」，原作「經」，《台州金石錄》卷二作「金」，今據改。

年，海寧陳騎尉廣寧以贈安徽巡撫朱石君師。師於次年寄至京師，命元考之如右，並系以詩云：「晉仙居士白石翁，哦詩禮佛書齋中。當年此塔世已罕，何期手掬金塗銅。金塗冶塔合四片，寶象曇花開面面。頂出觚稜窣堵空，款字三方皆可見。國稱吳越王姓錢，敬造塔八萬四千。已從阿育敬三寶，乙卯奉朔猶周年。迄今龍集歲癸丑，物壽八百三十九。黃金剎盡相輪摧，本來面目仍長久。摩挲面目認金仙，珠林崖虎諸慈天。月光寶首尸毘肉，捐舍念比金剛堅〔註5〕。錢唐金錫賤如土，官民造塔多戊午。原注：蕭山夏承厚鑄銅塔，監軍節度使造雙塔，皆戊午，後此三年。不似中原少貨錢，盡毀金身付鑪鼓。原注：乙卯造塔之歲，為周顯德二年，是年周盡毀銅佛象鑄錢。比邱七級頃時成，震旦東南施眾生。一塔即具一功德，如來隨放金光明。梵夾劫塵成往事，可憐鐵券鎪金字。玉冊錦袍歸大梁，惟有浮圖鎮山寺。白蓮詩句采山詞，惜無款識空吟詩。氎槌我喜得全相，欲示小長蘆釣師。」

閩中黃孝廉世發讀書好古，有其鄉林吉人之風。嘗於福州城外得古甎二十有五，因拓其文，裝潢成冊。其甎文作雜花紋者九，作錢文者十。又一錢文反面作古衣冠士帶劍形，甚奇。又一塊有「紹熙三年」四字。大約皆五代王據閩時及南宋時物。己酉，孝廉曾攜其冊入都門，兄仿甘泉瓦例為詩題云：「侯官林氏集古瓦，一時風雅爭流傳。黃君好古亦同癖，手拓廿五閩海甎。此甎雖非秦漢物，五代歲紀將盈千。款曰小方大中斧，楷法古峭餘精堅。瓴甋花繡各異式，雷紋磨暈羊須邊。中有畫像帶劍士，岸幘絢屨神凜然。威武一軍後唐置，觀察節度兵權專。甀人復乃范泉式，五銖半兩相編連。羊不入屋錢入腹，此謠已在龍啟前。最後一甎出南宋，崇陵紀號之三年。我觀拓本重太息，割據僭矣安猶偏。當年拜劍應潮水，皂莢樹下郊南天。三郎麻屬尚節儉，築城運甓保海壖。湖中青泥澄細膩，烏曹作匠督埋壖。千坯萬甃累雉堞，虎節重關通迎仙。豈知寶皇窮侈樂，水晶宮瓦鴛鴦眠。七人騎馬倏來去，長甀大瓶埋蒼烟。孝廉訪古入荒寺，爬搜榛礫求陶甎。奇字識破土花潤，回文刷出苔錢圓。吁嗟乎！小西湖水清且漣，不及西湖歌舞船。銷金窩中錯杭汴，紹熙通大皆滄田。」

胡西梼先生廷森，江都隱君子也。識予兄於髫年，兄嘗為刊《西梼詩草》。先生之詩，陶寫性情，稱心而言，不矜風格。其《夜過彭澤》云：「江帆掛月度花城，醑酒遙傾五柳名。笑問眼前乞米輩，折腰曾否拜先生。」《次李晴山

先生原韻》云：「吐鳳才人骨格清，尚慚北面敢呼兄。青氈任意來新雨，白眼何當憶舊盟。力疾敲詩爭劍戟，探奇問字走公卿。夕陽鳥噪橋西樹，桃李寒雲作倦聲。」《立夏日閩歸郊遊即事》云：「落花風重柳風輕，人趁胭脂隊裏行。十里艷歌新變調，不曾翻換是鶯聲。蘭迳帶香酣舊酒，柳灣和綠試新茶。竹西近日猶風雅，赤腳農夫也種花。」他如《立秋雨後》云：「雨足秋心透，蟬疎暑意鬆。」《山館書情》云：「醉後但須忘夢覺，客前何忍話浮沈。不信幽人盧月旦，竊疑知己在天涯。」《秋花》云：「病餘思婦三分怨，老去詞人十倍才。」皆別有寄托。

　　福建大田令尹林梅谿先生名廷和，兄外王父也。以兄貴，貤贈榮祿大夫。居家時，建雙清閣，積書數千卷，種梅花百本。先生之孫，小谿述曾取宋人「繞屋梅花三十樹」詩意，屬奚布衣岡、王孝廉學浩為之圖，孫觀察星衍篆其首，一時題贈甚多。兄詩云：「家住西山山色裏，更教繞屋種梅花。我思更種新菴樹，結箇梅莊近外家。」且跋云：「小溪林二表弟，於揚州西山陳家集住屋外多種梅花，拈舊句繪圖為卷。吾外祖梅谿公為清白吏，寄情於梅，小谿蓋亦寓意於此。」外此如竹汀錢大昕云：「花與君家有夙緣，橫枝繞屋倍便娟。廣平賦與堯章曲，揮翰多應勝昔賢。髣髴羅浮夢裏身，三間屋外暗香勻。折枝不用遙相贈，江北江南一樣春。」船山張問陶云：「埽盡塵蹤夢亦閒，略容仙鶴守柴關。風迴冷雪花無數，人坐香茆屋幾間。萬首詩來誰絕唱，一枝春到即孤山。驢鞍我久耽幽賞，何日衝寒破酒顏。」東冶陳壽祺云：「東風吹雪上柴關，種徧梅花水石間。一種冰魂共來徃，滿天明月謝家山。遺愛河陽舊不衰，孫枝文采竟葳蕤。清門世上誰能似，嘉樹空誇顧憲之。」其餘蓉裳楊芳燦、山尊吳嵩、荔峯陳嵩慶、尚之李銳，有作皆佳。

《自題繞屋梅花圖二首》

林述曾

手種梅花帶月鋤，雙清閣下讀遺書。愛他冰雪寒如此，偏引春風到敝廬。

孤山香影最清華，訪得吾宗處士家。一自西湖留客住，故園孤負兩番花。

　　林清泉先生名廷岳，梅谿先生弟也。篤於內行，自少無子弟之過。嘗兩割臂肉以救父疾，鄉裏皆推為善行君子。予兄為作傳，述行義甚備。

　　林霏崖先生名開，家兄之舅氏。書法雅健，中年以後客淮陰最久，故所作於羈旅之中為多。掀髯灑墨，一座盡傾，惜不多見。

　　兄母舅林桐江先生名閶，早失怙恃，事其兄霏崖先生尤謹，少年厲志經史，

詩文以唐、宋為宗，平生遊晉、楚，歷兩浙，之豫章，所至吟詠甚富。予總角時猶約略識之。所著有《桐江詩草》四卷，《條山詩稿》六卷，《東歸雜詠》四卷。

林仲雲上舍慰曾居節署最久，嘗出《孤山送別圖》屬題。予有詩云：「孤山空翠落杯中，一曲驪歌聽乍終。攜手亭前愁放鶴，傷心江上有離鴻。故園節近登高日，歸路帆衝落木風。明歲梅花應待客，重來話舊一樽同。」上舍將赴粵東校刻《十三經校勘記》也。

松江三峯老人王硯亭先生祖晉者，余妻之曾祖也。家有知止山莊，係其家囧卿公於崇禎間得董文敏故址，乃擴而新之。及硯亭先生自衛源解組歸田，復重葺之，為山莊二十景，一時名流題詠甚多。其自題如《花嶼聞鶯》云：「啼鶯百囀弄晴春，嫩綠嬌紅照眼新。乞得閒身無所事，朝朝庭畔坐花茵。」《環綠晚涼》云：「綠浮翠滴望嫣然，揮塵閒吟欲暮天。兩面水窗涼入座，分明人在載花船。」《雪堆疏影》云：「十畝園林半植梅，繁華無那藉君開。年來雅慕林高士，盡日清閒臥雪堆。」可想見其風趣矣。

余妻祖父王梅影先生興堯，官兗沂曹道時，案牘盈几，片言立折。因年近八旬，遂返初服，於九峯三泖間葺其家。研亭先生知止山莊婆娑其間，古書名畫，靡不錯置。每當春秋佳日，輒讌集名士，作竟日歡。癸亥冬，陳古華太守與余下榻，數夕而返。先生善填詞，嘗以《前》《後赤壁》二賦譜作南北二曲，付姬人按節歌之，音極清越，近又譜六一居士《秋聲賦》《醉翁亭記》諸篇。華亭張遠春孝廉興鏞有詩紀之云：「周郎赤壁付蘇公，前後清遊作賦工。千載知音誰得似，尋聲譜入洞簫中。」「頻年悶剪讀書鐙，刻羽移宮百不能。艷說瑯琊池館上，眉山唱罷唱廬陵。」

王梅影先生初官山左運河丞時，於署西搆精舍數楹，額曰「疑入天台」，與泇河別駕謝君春畫為吟詠之會，曾繪圖以誌其事。既而以卓異擢福建延平知府，十數年，復以運河道重至沛上，為《天台後會圖》。其改官衛源也，為研亭先生舊治，因迎養於署。研亭先生賦詩曰：「兒童但識新觀察，父老猶知舊使君。」梅影先生性耽吟詠，雖歸田後尚手不釋卷，所著有《列朝女史》。

外舅王荔亭先生錫奎，工書畫，善鐵筆，以翰林出守潁州，愛民好士，清介自持，所著有《嘉藻堂詩集》十二卷，《荔亭文鈔》八卷。先生嘗與張子白大令若采、朱雨香外翰光耀同游濠上，未一月，聯吟成集。張遠春孝廉題其後云：「半月舟居百首詩，暮春濠上絮飛時。山光水色俱惆悵，看闘風前筆一枝。」

荔亭先生弟善香先生如金，觀察山西，亦多惠政，詩詞皆工，人稱「二難」云。

《答黃二秦中見懷之作即和原韻卻寄兼柬陳桂堂》

王錫奎

美人西望隔長烟，一幅瑤章句欲仙。冷淡生涯容我輩，平章佳景羨名賢。二陵風雨開三晉，九曲波濤落半天。安得乘雲度函谷，放懷尋遍好山川。

《支遁菴》

我愛支上人，曠達祛塵襟。買山原非隱，入山不必深。偶焉駐飛錫，結廬茲山陰。我來探□跡，千載宗風欽。尋幽入曲徑，攬勝躋高岑。山本有餘秀，□泉無俗音。雲房積芳草，野樹棲幽禽。盈盈素靄流，嘒嘒秋蟬吟。涼飈戞疎竹，隔水如鳴琴。名山藉人傳，安必昔異今。但覺幽憩久，萬緣空我心。

《九日登橫雲山六首侍家大父作》

雕文一葉浪初分，九日登高掣俊臺。彩鷁帆檣連樹遠，華樓簫鼓隔橋聞。四圍錦甸全迷眼，九朵青芙半入雲。欸乃聲聲烟破曉，溪痕微抹淡朝曛。

負錡橫琴雅嗜遊，每逢名勝便勾留。山林容我常為客，花鳥娛人最解愁。到處攜雲歸袖裏，興來抱月臥峯頭。萸囊菊枕都無藉，一嘯蒼茫赤壁秋。

欲叩松扉晝掩關，更尋曲徑小躋攀。竹扶黛色毿毿上，鳥曳雲光冉冉還。宅到柴桑真勝地，隱如支遁是名山。平原村外攜筇客，可比黃花分外閒。

尚書遺址半蒼涼，無復馳烟到草堂。兩墅風流共尊酒，百年佳境幾星霜。殘碑文淺苔仍蝕，舊履聲沈菊亦荒。閣外橫雲終古在，依然青嶂對斜陽。

勝遊曾記義熙中，今古風流一夢同。峯頂鶴歸山不改，洞中龍化水常空。霜涵秋影沈寒雁，露冷蘋花急暮風。欲向高岡澆塊磊，屏當尊酒共山翁。

小港潮生夜色微，布帆容與櫂謳歸。風開霧幌頻吹帽，月浸秋容欲上衣。花浣已裁魚子膩，酒闌猶挾蟹螯肥。年年此日尋歡會，相對華巔興欲飛。

《遠別行》

壯士不惜別，慷慨就長途。長途一何杳，揚鞭策征車。嗟余望莫及，寸心抱區區。朝行水之湄，夕息山之隅。水闊風濤惡，山深狼虎趨。經此險絕地，勿為耳目娛。長風起天末，冷露霑衣襦。客中鮮藥石，備豫庶不虞。雲山迢且遞，故鄉日以疎。努力幸自愛，善攝千金軀。

《登天馬山望泖湖放歌》

枯山積鐵死土融，渥洼之水天河通。洞㵎萬里精靈鍾，其中產馬皆產龍。雷硠電挈風雲從，六丁盼睇弗敢控。忽然騰躍吳之東，就地化作青芙蓉。驪首崇躅凌雲中，俛瞰三泖神志雄。圓泖如鑑浮璇穹，大泖萬頃波溶溶。長泖百里亙長虹，合流南下趨朝宗。烟驪相望乘長風，運

幹二氣天無功。涼者惟夏溫者冬，上與山氣相流通。山勢兀立如行空，恣跅蹦踏凌入峯。仰視浮圖光熊熊，倒影入泖搖玲瓏。干將已去金謝鎔，石魚池涵青苔封。雙松遺閣埋荊叢，五色剝落嗟琳宮。高士不作山斂容，空酹遺墓希三公。躡屐憑弔情無窮，劃然長歌歌未終，四山一碧烟葱蘢。

《書從祖兩瞻公表忠冊子後》

男兒處世非尋常，要與日月爭輝光。不為朝菌為苞桑，憶昔我祖守建昌。手披荊棘驅豺狼，赫然振弱鋤暴強。孤城累卵迄可康，城中士氣何激昂。一朝烽火焚咸陽，羽騎萬千遙相望。鐵甲將軍走且僵，我祖擐甲嚴巡防，一城雀鼠皆忠良。風蕭蕭兮夜茫茫，但聞刁斗聲琳琅。何圖間諜起蕭牆，捐軀遂與城俱亡。盱江之水何湯湯，麻姑之山何將將。吾祖精魂棲其旁，漠然徒見高且長，千秋博得忠名香。嗚呼！千秋博得忠名香，男兒處世非尋常。

荔亭先生弟蘭垞大令如鈞，弱冠多才，沒于陝西。如《詠菊》云：「涼月暗窺疎影瘦，畫簾徐捲晚風斜。」《詠官柳》云：「曉風殘月初眠起，野店山橋自送迎。」《闌干》云：「漏靜銅籤敲夜月，簾垂銀押倚春風。」《贈別友人》云：「梅花細雨尋遺墓，鱸渚香風話晚秋。」亦清麗可喜。

王文簡公司理揚州，年甫二十七歲。吾兄所藏文簡松泉煮茗小象，是歸田後浼儀徵門生程鳴所製。昌樂閻醇夫觀察學淳嘗題二詩云：「篛笠荷衣楚筍鞋，清泉白石自徘徊。讎山山色明湖樹，又見尚書覓句來。」「白髮門生感故知，魚緘千里索新詩。買絲繡出銷魂句，始識詞人異畫師。」亭亦題一律云：「禊事紅橋六度修，冶春詞筆重揚州。讎山鄉夢秋前到，邗水詩情畫裏留。近郭綠楊新雨過，半江紅樹夕陽收。明湖我已三年住，未敢豪唫狎野鷗。」吾兄宦山左時，曾為文簡重書立墓碑。

「綠楊城郭是揚州」，此王文簡公句也。近得李冠三比部周南《揚州柳枝詞》云：「廿四橋邊初種時，紅樓對舞鬬腰支。吹簫又去空惆悵，可有隋宮舊柳枝。幾樹垂楊管別離，竹西亭外送歸時。劉郎題後留春色，更蘸清波續妙詞。」風景依依，殊有清致。

吾鄉鄭楓人觀察澐，以詞苑尊宿為文章太守，去官後，徜徉山水，寄興豪素，仿佛吳薗次之風。其壻戴竹友上舍延介，近刻其遺詞三卷，皆不為側豔，自發幽情，王述菴司寇以為竹垞、樊榭之嗣音。先生守杭州日，嘗尋姜石帚墓不得，惆悵為詩，其瓣香固有在也。石帚墓當在西馬塍側，予兄亦屬杭之士人訪求其蹤，然迄未得也。

江秋史侍御德量才品高卓，博雅嗜古，經義、詞章並擅長，尤精隸法，惜

中年遽折，詩文皆未成集。昔《淮海英靈集》中搜其詩甚少，後於翁覃谿先生處得《蘇齋作蘇東坡生日》詩一首，今錄之云：「丹元昔示青蓮真，謂仙其游乃非謫。蘇二來還喚謫仙，此語曾徵黃魯直。鳴酬更起三千秋，電注疇能貌芳迹。龍暝山人禿筆拈，慘淡經營求始得。好從星日想精神，歷盡冰霜留笠屐。異代淵源有替人，寶蘇室中瓣香炙。臘筵新篘滿甕雲，古鼎細篆老臍柏。大荒髯髴被髮來，來風軒記穀行宅。弦指疑呼玉潤手，妙耳奇聞詎非昔。響泉聽徹十三弦，再悟前生房次律。鼓琴奉像新稿傳，可亞景文松鶴幅。黃子木杖壽卯君，生日年年老兄特。小詩我愧王郎珠，君本不拈壽金石。詩成一笑聞不聞，千古峨岷亘長碧。」

江氏南圃在揚州城南八里高旻寺之上，江光山影，木瑟水明，極有幽致。江畹香中丞蘭有《納涼南圃》五律數首，有「大江無六月，避暑到南園。座有琴書樂，門無車馬喧」之句。

秦敦父太史恩復，兄嘗延來杭州，寓西湖，為《西湖雜詠三十首》。余尤愛其「細縠波紋打槳輕，嫩涼天氣雨兼晴。閒將錢趁袁韶酒，更覓魚嘗宋嫂羹。」「巢空鳥去剩孤松，我欲談禪識舊蹤。山鬼冷風吹薜荔，不聞僧語但聞鐘。」「敗荷零亂蓼疏紅，古木籈篁夾港通。記取清波門外路，一湖烟雨壓低篷」三首，大似姜石帚。

甘泉黃秋平先生文暘曾館闕里，衍聖公孔慶鎔尚幼，受業焉。凡公府禮器，觀覽最多，所著詩有《掃垢山房正續集》若干卷。其配淨因老人張孺人，吟翰之外，兼善花鳥山水，具有師法，著有《綠秋書屋吟稿》，全椒金教授兆燕為之序。甲子年，余兄迎先生並張孺人來浙署，居之別館，孺人與予嫂孔夫人為閨中詩友焉。

《柳絮和韻》

黃文暘

予少學制藝文於王一齋先生，同研席有張丹崖者，忽以《柳絮》一詩遍索同人和章，予亦漫然和之。越日，丹崖請於師曰：「《柳絮》詩實幼妹所作。弟子素奇秋平，而和詩又獨佳，願以妹歸之，求先生主斯盟也。」師索倡和詩觀之，欣然曰：「此誠佳話，老夫當力成之。」時予父客淮右，師乃走書索幣聘焉〔註6〕。於歸之日，師作《雙美行》，吳並山先生作《柳絮篇》，合書一冊贈予。吳詩中所謂「二十八字媒」者，即謂此詩也。婦原名英，字淑華，予為易其名曰因，字之曰淨因。

〔註6〕原版文字漫漶，「乃」字不識，今據《埽垢山房詩鈔》卷一《柳絮和韻》補。

梅實青黃春意微，吹來柳絮拂人衣。鴛鴦宿處多芳草，化作浮萍不肯飛。

原倡

柳絮飄空風力微，吹來點點欲沾衣。也知時世輕才調，白雪陽春遍地飛。

《觀闕里孔氏所藏先世衣冠作歌紀之》

唐、宋以來，百官服色皆準散官。孔氏在唐、宋時爵錫公侯，而散官未有過四品者，至前明，始登一品，譜牒所載與見於金石文字者，一一可證。今攷所藏者，皆前明一品之制也。

詩禮堂開朝日旭，文楷靈菩香馥馥。廣庭陳列古衣冠，冠鏤黃金帶琢玉。冠上金絲分八梁，繡草五段留春香。貂蟬想見籠巾護〔註7〕，五折四柱何輝煌。配此冠者有禮服，青飾領緣儀肅穆。白紗中單赤羅衣，一色羅裳裁七幅。開篋明明辨等威，垂紳摺笏想風徽。紫綬赤紋黃間綠，白雀軒軒雲四圍。別有紵囊藏佩玉，佩分左右青組束。璜珠瑪琚貫玉珠，叮噹應節衝牙觸。另裁公服繡緋袍，大獨科花織手高。盤領右衽袖三尺，籠頭紗帽帶圍腰。紗帽漆紗兩展腳，一尺二寸雙嶽嶽。匣如帽製漆斷紋，護持有如石蘊璞。便服猶留忠靖冠，世廟頒制師元端。冠頂正方三樑起，兩山後列金緣寬。元端服染深青色，織金製補為衣飾。或仿深衣素帶垂，私室委蛇歌退食。我聞服色準散官，自唐迄明制不刊。孔氏世世守林廟，堦級可以証衣冠。前明太祖崇木鐸，不列散官重公爵。四十襲衣皆上公，金繡龍文何顯爍。況有朝衣惹御烟，牙笏牙牌辨紀年。或紀正德或天啟，大書特書字深鐫。又聞景泰光文治，玉帶麟袍始拜賜。袍織金花帶一圍，今日明明列篋笥。一衣獨異裁紅紵，窄袖禿襟金織組。此衣元朝名只孫，五百年前制已古。篋底靴鞋製特奇，五彩裂帛光離離。靴尖似欲便鞍馬，不敢強解姑存疑。

是日同觀者，聖裔衍聖嗣公慶鎔同其弟慶鑾。二子皆從予授經，遂為略證《輿服志》。

《寄壽淨因》

老去心情與世忘，獨餘辛苦愧閨房。六旬自舉齊眉案，千里遙傾介壽觴。昔日唱酬猶可憶，暮年離別太堪傷。白頭不用吟成句，消受絲絲兩鬢霜。

慚愧經傳小聖人，斳斳洙泗識前津。廟堂禮器摩挲遍，魯國諸生問難頻。詠絮清才名早識，寫生妙手筆同珍。從來才福難兼得，羨爾才名白髮新。

廡下低頭寄伯鸞，十年心事付長嘆。勞卿獨任營巢苦，老我還愁作繭難。綵帨門庭憑想象，長筵兒媳共盤桓。好圖家慶遙相寄，洗眼從容客裏看。

影逐形依四十年，弟兄師友樂相兼。閨中風雅傳詩畫，命裏辛勤累米鹽。老眼未堪成錦字，夜鐙常憶對蘆簾。冬餘歸計我能決，東海攜籌為爾添。

《題阮梅叔泖湖紀遊圖》

〔註7〕「巾」，原作「中」，《埽垢山房詩鈔》卷八《觀闕里孔氏所藏先世衣冠作歌紀之》作「巾」，今據改。

篷底看山愛臥遊，飄飄李郭共仙舟。泖湖可似珠湖好，回首烟波起客愁。

千里歸來一棹俱，采菱曾共入菰蒲。煩君更倩荊關手，再寫鴛湖秋泛圖。

《綠秋書屋吟稿》

黃張因

《題阮梅叔泖湖紀遊圖》

步出雲間城，秋色燦如綺。三五素心人，共泛泖湖水。雲散遠水明，烟凝暮山紫。紅樹透疏林，蒼葭隔遙沚。對之息塵心，臥見沙鷗起。披圖憶尊罏，如坐烟波裏。

平山堂展重陽之會，一時作者各有擅長。最後黃秋平先生題二律，尤極跌宕感慨之致。其序云：「雲臺中丞以嘉慶八年九月十九日招同人集於平山堂，作展重陽之會，予即於十月十日攜老妻淨因氏作西湖之遊。中丞特闢客館，為之下懸楊於節署，贈詩云：『特因梁孟啟高齋，紙閣蘆簾絕俗埃。相近白圭詩館外，兩家書卷一齊開。』一時傳誦，稱盛事焉。此圖予於次年始獲展玩，時又重陽後矣。爰作長句二首紀歲月云：『批圖忽忽起鄉愁，蜀嶺風清憶勝游。佳節不隨流水去，使君特為故人留。豈因白髮羞吹帽，也折黃花插滿頭。客裏無聊頻屈指，登高時候又經秋。伯通高誼最堂堂，老我衰頹愧孟梁。一詠一觴聯舊雨，有花有酒即重陽。西泠湖水標清節，老圃秋容挹晚香。載鞠又來江上棹，風光何處是他鄉。』」時先生方下楊節署也，《展重陽圖》為汪榮裏所寫。

秋平先生詩不專一格，今所錄皆晚年所作為多，其他清詞名語尚多。五言如《鈔詩》云：「本為窮者事，安望世人知。」《落葉》云：「老樹自生意，荒廚空暮烟。」七言如《改詩》云：「可憐紙上三千字，了卻人生一百年。」《即事》云：「欹枕夢來成恍惚，惜書還去想依稀。」《客店》云：「也知小住原為客，說到長途轉似家。」《早發》云：「靜聞鈴語知行緩，屢聽雞聲覺夜長。」皆工。

乙丑正月十六日，為秋平丈七十生日，家兄招飲於積古齋，因以所藏古銅爵酌醇醲為壽，即鑿款貽之。越日，丈以詩報焉。

黃小秋文學金，秋平先生之嗣也。其佳句，五言如「木落山容瘦，天高海氣微。」「月上晚花香，清風自來去。」「涼風弄梧葉，吹落滿庭秋。」「野竹自成徑，夕陽開遠村。」「斷雲含雨去，初日照人來。」「飢烏尋食下，孤鶴逐雲飛。」「露濃花影重，雲漾月光浮。」「鳥多難辨語，花好不知名。」「近水魚爭網，開門綠到窗。」七言如「半天花雨生公座，一抹殘陽短簿祠。」「試弓虎塞雙鵰落，移帳龍堆萬馬齊。」皆名貴可誦。小秋嘗出《秋窗夜讀圖》屬

題，余有詩云：「西風葉落雁南翔，閒坐書窗刻漏長。讀到夜深燈欲燼，一簾花影月如霜。銀河夜靜碧雲舒，彈指三冬月有餘。更為先生添逸興，半房山映半牀書。」

儀徵尤水村蔭，吾鄉老詩人也。吾兄自河南移撫浙江，當過其齋頭，流連半日。水村寄二詩云：「大梁移節撫東南，飛蓋經過竹裏庵。久著待人三握髮，敢勞為我一停驂。」「丹霄威鳳初相見，野水閒鷗快接談。重向吳山開幕府，指揮如意淨烟嵐。」

韓警仙茂才衛勳作《桃花春浪渡江圖》，家兄書其冊首曰：「余題江玉華先生《雪夜渡江圖》有云：『更待他時重畫出，桃花春浪渡江圖。』警仙悅其句，適以桃花時渡江，因為圖屬題。時在錢塘江上，將赴秣陵秋試矣，得二絕句云：『兩岸桃花百里紅，一江春浪受東風。武林溪窄漁舟小，未必能如此畫中。』『潮聲羅剎夜如雷，又為歸舟著意催。料得秋江桃葉渡，桂花風裏峭帆來。』」其餘題者如蘭陵孫淵如觀察云：「兩點金焦霽色開，片帆人渡碧波回。試從春水桃花望，可似乘風破浪來。」全椒吳山尊侍讀云：「作詩者誰？文人武殺賊，親撾海上鼓，筆端濃冶乃如許。杏花春雨雙燕歸，桃花春水雙魚肥，錦袍天上船如飛。春江花月感離別，春波似拓春花色，家在淮南渡淮北。」亨亦次兄韻云：「春帆一葉汎輕紅，淼淼晴江習習風。如此桃花君獨賞，倩誰添我畫圖中。」「潮聲入耳殷輕雷，江上孤篷夕照催。此際正愁吟未穩，忽看紅雨灑窗來。」

余見江鄭堂上舍藩所藏舊鏡銘云：「古鐵頑銀不計年，道袍一拂泠光鮮。分明照得人間事，賣與無鹽不值錢。」詩旨寄託深遠，恐非唐人不能。予嘗出《鴛湖秋汎圖》，屬上舍題詩云：「瀲灩波光滿目秋，釣鰲磯下客生愁。菱塘傍晚花纔放，漁舍初晴網未收。兩岸桑麻開尺幅，一樓烟雨入扁舟。當年曾譜鴛鴦曲，載酒江湖憶舊遊。」

「待剪春心遲帝女，漫拈箏柱問秦娥」，繆善夫承鈞《秋桑》詩句也，為家兄從前課試吳興詩士所無，可謂琢律精切。

甘泉楊鑑亭焰為昭武將軍捷裔孫，嘗以亨祖父招勇將軍《寶刀歌》寄家兄，其起句云：「秋風怒吼秋雲高，將軍躍馬揮輕刀」，意甚突兀。

吾鄉汪小竹全德，劍潭先生令嗣也。與哲昆竹海全泰齊名，人稱「二竹」。壬戌秋，小竹省親粵西，道出武林，留止浹旬。嘗宴集西湖第一樓，有詩三首，卒章云：「九點煙開海岳低，昔年登眺有全齊，謂曾督學山左。一時劍佩同江左，終古雲山讓浙西。銷鐵已澄閩粵路，謂靖海氛事。著書應博漢唐題。勞生苦畏南

中遠，擬學梁鴻卜會稽。」小竹詩才清綺，倚聲是其家學，尤工為六朝之文，有寄余兄一書。後二年，小竹舉於順天，出余兄門生河南吳編修其彥之門，亦佳話也。

《與阮中丞書》

歲月不居，飄忽如流。違侍以來，倏焉三祀。白雲興懷，有深於記室；仁風載□，何殊於舊賓。采山使還，再寓箋素。因參掌錄，得謁興居。蓬心勞勞，惶恐無任。頃枉嘉問，曲贈故言。德音孔昭，大雅宏達。省覽未竟，神意交馳。雖竇叔向之縱橫八行，陳孔璋之紛紜六紙，洪筆巨製，蔑以加諸。全德材慚苴枲，學非肇□。坐挹羣籍，莫辨朱紫。行操一卷，纔記姓名。類宋工之刻楮，三年而不成；登鄰人之削棘，一朝而思遂。比於敬禮，潤□之請未堪；譬以德柔，郊居之音莫判。何圖閣下喻及兩賢，正恐彌月不獻，有惡陳思；集中他竊，貽羞沈隱。來書所論三蔽二難，博參《流別》，妙思《典論》。吳均《文釋》，李充《翰林》。□檢厥章，未睹斯奧。接樂令之趣，雲霧可披；聞謝公之談，河漢非遠。自揆檮昧，有闕窺尋。譬若空桑之流，蛇蠍弗知；大椿之年，蟪蛄何覺。今以獻歲下九，裝橐北征。擊汰湘衡，周輪鞏洛。望天門其不見，涉馬陵以何歸。綿綿遠道，青草之詠未成；湛湛江水，長楓之魂易斷。頃所綴輯，錄為一編。伏冀鴻裁，覽斯寬說。臨發祇悚，卮陋不宣。

江都張老薑鏐，近作益邁上，深得王、柳門徑，如《定光菴》云：「住山不用深，但有住山福。老僧此結茅，繞舍列修竹。讀畫然妙香，烹茶佐黃獨。落月滿四山，孤燈伴雲宿。」又《病中即事》云：「是誰驚夢破，窗竹煮茶聲。一蜨下春晝，眾花開午晴。借書鄰屋便，洗硯小池清。似恐游山倦，天教病養生。」又《游黿光》云：「羣山爭抱寺，一徑曲盤空。野竹仍行密，春泉聽不窮。江光天外白，海氣日邊紅。我有餐霞志，飄然欲御風。」

《春草》云：「莫問流螢迷舊夢，好同新燕報恩暉」，《秋客》云：「雁影江天寒雨黑，駝鳴沙草夕陽紅」，此吾鄉汪叔震茂才光烜句也。茂才尤工倚聲，如《采桑子·題江文叔醉雲樓》云：「嬌多不藉金為屋，拾翠凌空。結綺臨風，十二闌干亞字紅。揚州二月春如海，曉日曈曈。香霧濛濛，人捲珠簾弟一重。」又《新雁過妝樓·秋夜月下聞鄰家琵琶》云：「蛩語聽殘，深院悄，天空夜色微闌。月明人靜，秋思驀起無端。細響琤琤驚入耳，繁音亂點落珠盤。是誰翻忽雷舊曲，花底輕彈。檀槽微侵暗冷，想畫屏燭炧，應怯衣單。調高聲急，餘韻不鎖重關。深幃倩誰顧曲寫，幽怨聲聲眉翠攢。還知否？正有人霜裏，愁倚闌干。」

程燮齋贊和、平泉贊皇，家傳詞翰，吾鄉故家喬木也。燮齋有《燮齋詩存》，

如《煎鹽歌》云：「朝煎鹽，暮煎鹽，煎鹽心苦貪買鹽。價苦廉亭民，無衣又無食。日日亭前淚沾臆，長官鷙吏如火逼。富商大呼寬不得，煎成一粒勝一珠。竈烟日煖炊烟無，炊烟越多鹽越足，莫看亭場看茅屋。」又《上灘謠》云：「水粼粼，石鑿鑿。上灘苦，下灘樂。朝上灘，暮上灘。輕船易，重船難。一灘近，一灘遠。一灘深，一灘淺。灘如天，不可上。舟如山，不可盪。」真得古樂府之遺。其餘如《典衣行》云：「出門苦無衣，到家苦無食。四壁悄無聲，妻孥探消息。無衣一身寒，無食一家飢。充我一家飢，典我一身衣。嗚呼！此衣如故人，寒能衣我飢能殤。衣兮衣兮與我別，一夜寒風吹急雪。」《阮雲臺先生招遊天竺靈隱汎舟湖上即席奉呈》云：「初日散平楚，幽尋出遠坰。泉分千樹翠，山湧一樓青。徑轉疑難到，身閒喜乍經。春風一里路，吟望幾回停。小艇烟波裏，長橋兩岸分。客懷濃似酒，湖影淡於雲。勝跡推前輩，高風讓使君。不教驕從盛，為惜白鷗羣。」平泉詩如《過建隆寺方丈》云：「出郭逢秋暮，荒畦繞幾灣。寺藏黃葉裏，僧在白雲間。掛壁三衣瘦，橫軒一榻閒。欣然茶話久，月上不知還。」其蕭閒古淡之度，正堪伯仲也。

摘句圖始自唐人，然或出於後人編輯者之所為，未必盡係作者得意之語。吾鄉李上舍艾塘斗，則專以摘句寄余。如五言《皂林》詩云：「客鬢經年白，山茶此度紅。」《相思》詩云：「流水春三尺，東風笛一樓。」《病中見菊花》云：「身閒諳病久，花好背人開。」《黃春谷招游》云：「雨輕游屐重，泥淺落花深。」《葛林園訪何夢華》云：「水波浮寺觀，雲氣濕樓臺。」七言《富春》云：「東漢灘聲流水急，南唐山色晚雲忙。」《贛州晚泊》云：「滿郡鷓鴣春叫月，半山薜荔夜搖風。」《博羅紀遊》云：「御史不糾王紫稼，世人欲殺李青蓮。」《滕王閣》云：「名縱易成風要便，筵真難再水空流。」《清遠峽》云：「風飛病葉添山雨，天遣哀猿助峽聲。」《彈子磯》云：「月斜饞虎時一嘯，雲定飢鷹無數來。」《過嶺》云：「雨後亂流鞭馬急，柳梢殘月趁鴉歸。」《湖州》云：「白蘋風起魚腥出，紅蓼花深雁影無。」《掃墓作》云：「紅杏鬧時常夜雨，白楊疏處易斜陽。」一例數十句，皆其得意之作。

康山主人江文叔觀察鴻，橙里先生昉之子，鶴亭先生春之從子，而為鶴亭先生後者也。能文好客，嗣其家風。四方知名之士至邗上者，多主於其家。康山為對山讀書之所。

六飛臨幸之地，園林池館，宏壯幽深，有清華堂、對山樓、數帆亭、鶯花館、秋聲館、隨月讀書樓、七子詩壇諸勝。草堂有流雲榻，樹根槃曲，渾然天

成，上有趙吳興、文衡山題字。

揚州薪蒭皆取給於瓜洲，連船入郡，以供萬竈。吾師汪晉蕃先生光爔有《薪船稀》《川米來》二首，言之甚詳。先生又有絕句云：「不知叢桂在何處，但覺滿山都是香，詩淡於雲人共遠，月涼如水夜初長。」

《薪船稀》

瓜步百里洲，蘆荻紛簇簇。秋來一作花，如雪皓滿目。青山不過江，洲民刈若木。剪縛齊兩頭，卅泉易一束。載之百斛舟，輪供市轉鬻。揚州萬家竈，恃此待養鞠。今春甚雨雪，日夜相接續。半月船不來，各戶囷更速。大戶大屋貯，中戶積小屋。小戶無餘泉，日日市門逐。壟斷坐視此，智巧更翻覆。薪兩而改三，斤紬價無縮。陽應市者求，陰填谿壑欲。小戶肩歸來，飢腸轉鳴轂。何當敗葉多，兼雜冰濕漉。蓺之火不然，炊之穀不熟。復出城南門，引領長河曲。雪裏一船來，爭售手皲瘃。負之冒雪奔，忽笑忽復哭。問者在路衢，趨走不暇告。誰知大戶中，酣歌飽粱肉。賓御及姬侍，紅爐圍煖玉。吁嗟一邑民，哀樂各異族。以之視萬方，疾苦更隱伏。何者待整齊，何者待撫育。須知天地心，一一照如燭。春至霜雪消，炊烟歌果腹。

《川米來》

川米來，其來自蜀都，中經漢沔兼巴巫。蜀都穀米熟，連檣東南輸。一從兵戈阻，夔峽商船不下彭蠡湖。去年楚北飢，今年江右旱。詔發江淮粟，亟徍拯其難。江淮雨少非有秋，江淮穀貴民心憂。忽聞川米來上游，懸知蜀氛近已休。四川米來米價折，江淮穀賤大吏悅。大吏且莫悅，小民紛紛更求雪。

余師焦里堂先生子廷琥，博學工詩，有淵源，如《秋日田家》云：「稻稀湖水見，場闊夕陽全」，《黃葉》云：「寺外鐘聲催早雁，渡頭船影繫斜暉。」

吾鄉近日文人之以詩自見者，不可枚舉。就予所見者，澹香程基有《雅存小草》，其《早雁》云：「江湖瑟瑟荻花開，早雁飛鳴動客哀。幾夜露從簾外白，一聲秋自月中來。漫嗟儔侶今猶少，恐是飄零尚未回。我正懷人益惆悵，背燈搔首立蒼苔。」蔬菴許祥齡《題劍俠傳》云：「愁城恨海一時傾，誰替人間雪不平。便是英雄無異術，若論仙佛但忘情。探驪履虎談何易，璧合珠還事竟成。欲向傳中人問訊，至今長劍尚能鳴。」汪蔻田榮光云：「懷人詩共晴雲活，落紙雅塗凍墨鮮。昨宵微雨傳花信，今日輕烟動柳絲。」江鑄伯鎔云：「花間露重寒蛩泣，樓上涼生宿鳥知。」「兩行紅樹迷瓜步，一路青山過太平。」「愁力可勝千日酒，壯心長謝五更雞。」江佩蘭澧云：「水接川潼爭地險，山連商雒指天戈。」張石橋本宜云：「畫師那怪毛延壽，還是紅顏悞妾身。」鄭周才梓云：「碪杵聲多縈別夢，霜花寒重到單衾。」汪芝伯壽芝云：「流螢高閣度，疎竹早涼

生。」王東楷授云：「雕架睡濃芳鳥夢，石欄吹破美人簫。」「古寺松杉禪榻冷，荒林風雨雀巢驚。」

又吾鄉詩人如李濱石鐘泗、張芰塘維楨、汪慶人榮裏、歐陽製美錦，余皆見其近作。濱石有古今體詩一卷，如《重游靈谷寺》云：「白下知名寺，遺蹤此再經。齊梁空石色，風雨挾山靈。樹落庭陰暗，燈懸佛界青。殘僧有鐘磬，愁思入幽冥。」《同人賦梨花》云：「雪光香滿樹頭雲，寒食風來送幾番。一院畫長侵冷夢，十年春老閉閒門。曾無寂寞梅橫影，只有輕狂蜨斷魂。可許溶溶共楊柳，青絲深縮月黃昏。」芰塘有《石蘿山房詩鈔》上下卷，如《擬周櫟園先生秦淮詩次韻》云：「波痕一抹入青溪，臨水人家路不迷。隔浦雲深沙雁語，開門秋滿竹雞啼。幾聲簫動妝樓近，三尺潮添舞閣低。最是畫船來往徧，淮清橋畔各東西。」又「瀲灩晴光水汎霞，清歌何處不琵琶。芙蓉滉漾層欄色，茉莉黃昏一院花。到眼新涼開戶綺，幾人濃睡夢憁紗。匆匆卻笑垂楊樹，高捲簾櫳尚半遮。」又「寒水籠烟一鏡開，渡頭桃葉小徘徊。滿江明月當頭掛，吹笛吳儂打槳來。八月荷香沾短袖，六朝山色撲深杯。等閒便惹相思恨，浪跡金陵又幾回。」又「吟懷無賴獨撐持，珠箔銀屏自陸離。鸚鵡憐人棲玉鎖，芙蓉引客護青絲。箋傳燕子愁何盡，扇愛桃花倦不支。我亦頻年似孫楚，江樓倚徧總相宜。」慶人有《白門紀游草》一卷，如《橫山磯》云：「巉嵒城上山，淳濚城下磯。空亭對秋水，沙鳥一雙飛。」製美有古今體詩一卷，如《六月五日湖上作》云：「放棹沿城郭，來尋水殿香。陂塘花氣靜，池館竹風涼。兩槳吳娃曲，千金趙女妝。夕陽蓮性寺，鳥影拂紅牆。」並能繼武前賢，別裁偽體者也。

方竹樓元鹿，歙之明經，老居儀徵，所著有《寒衾集》，苦吟雕琢。《題畫菊》一絕云：「西風荒圃日相尋，霜冷花黃色漸深。不是老懷偏戀此，只緣秋似暮年心。」

江都蕭雨垓霖所著有《曙堂詩稿》，其詩抑塞磊落，多幽燕之意，以官終於滇。其未卒之先，頗耳丹徒王柳村豫之名，而未謀面。將卒，因以遺稿數千里緘託其付梓。柳村為人重然諾，遂慨然任其事。因以其詩示余，且乞序。余為誦漁洋山人「君看少谷山人死，獨有平生王子衡」之句。

瀛舟筆談卷九

揚州阮亨仲嘉記

庚申上巳，家兄侍叔父偕諸同人於皋亭山修禊，作圖紀事。先是戊午春，兄為學使，曾攜蔣蔣山、陸祁生、紹聞同遊，各有吟詠，已見《定香筆談》中矣。今錄後遊之作於左。慘綠詞人，不時聚散，臨平春色，則年年歲歲常在也。愛日之心，佳遊之樂，均不可無記云爾。

《皋亭春禊詩》

陳文述

迎眸山色一痕青，修禊人來畫舫停。一種桃花與修竹，皋亭原不讓蘭亭。

折花都向綠環簪，女伴嬰春約兩三。莫倚東風笑遊冶，紅妝小隊正祈蠶。

花下親扶杖履來，花簪華髮笑顏開。羽觴浮向桃花水，都與先生作壽杯。

紅雲白雪問如何，萬點濃香漲綠波。三載春風舊桃李，可知還比此間多。

吳文溥

霏霏旌旆出城遙，灩灩波紋動畫橈。好景眼前拋不得，有詩吟過半山橋。

半山彌望爛成霞，教拓船窗四面紗。同在錦屏風裏坐，老人顏色勝桃花。

樓上人看樓下船，模糊遠水多含烟。折花歸去意不盡，舵尾一枝紅可憐。

孫韶

五日東風三日雨，桃花萬樹春無語。溪光昨夜轉新晴，一片玻璃劃柔櫓。

夾岸桃花引出城，湔裙水暖午風輕。帆從啼鳥聲中轉，人在春山畫裏行。

行行路入花深處，穠李夭桃豔無數。白雪千重暈曉霞，紅香十里籠春霧。

使君欲博親顏歡，緩步相隨橋上看。斑衣熏處香如海，鳩杖扶來花作團。

—199—

紛紛賓從皆名士，流觴齊向桃花水。桃花顏色冶春詞，一樣風前舒豔綺。

我愧羊劉詩後成，如陪羲獻會蘭亭。蘭亭禊後皋亭禊，修竹桃花萬古情。

程邦憲

小雨十日輕寒過，東風吹綠前溪波。盪空紅雲漾春海，一夜染遍夭桃柯。

夭桃無語羞人面，路入繁花人不見。阿誰長帶縚紅霓，團住花光成一片。

初疑赤城霞綺連，又如遠燒騰上前。點點燕支墮紅雪，濛濛旭日浮晴烟。

穠姿冶態看不足，更尋花隖曲復曲。雙橈衝出萬花中，避人驚起鴛鴦浴。

雛姬十五唱春詞，手挽青青楊柳枝。柔波一色膩春影，青山倒浸紅玻璃。

玻璃擊碎眾仙舞，漫天錦幛迷花雨。桃葉桃根總可憐，絳綃抹額爭眉嫵。

斯時座客喜欲狂，清詞霏豔齒頰香。弄花不覺春著手，酌酒空見霞流觴。

使君折花笑向客，無使春光坐虛擲。春風一夜飄繁英，瘦盡桃花肥到麥。

許珩

故人留我錢塘住，兩度皋亭看桃去。十里花光不斷紅，菜黃李白紛無數。

去年放櫂春陰濃，花光淡處烟濛濛。今年雨急舟初轉，兀兀篷窗坐淹蹇。

春風到處能留客，花自乘春弄顏色。似識儂生只解愁，無顏淚漬燕支赤。

今年花老去年新，今年客多非舊人。主人年年作遊主，何人長伴皋亭春。

看花例有贈花詩，詩寫花情更寫時。今年苦憶春江北，根獨鄉心我最知。

我年四十他鄉半，湘水湘山舊遊慣。處處鄉心處處多，年年春色年年換。

主人堂上春暉長，主人行處春風揚。獨憐遊客非年少，辜負桃花醉萬觴。

黃文暘

前年泗濱看紅杏，十里花光照鞭影。今年皋亭看夭桃，花光紅透水三篙。

年來萬事多疎懶，青青只剩看花眼。老翁七十何所求，手折花枝插滿頭。

鬚眉都學李花白，羞見桃花好顏色。坐中慘綠盡風華，我似桃林雜李花。

舉酒酹花還勸客，眼前光景休虛擲。昨日春雨前日風，催綻桃花萬樹紅。

幾灣碧水通歌舫，當面青山開畫幛。菜花鋪地柳拖烟，寫出清明二月天。

多謝春工好點綴，都為桃花添染抹。莫將薄命歎紅顏，結實還能比大還。

我與主人重訂約〔註1〕，秋禊此間應共樂。高堂奉酒祝千秋，不用蟠桃問十洲。

戊午皋亭之遊，同人雖有詩，未及為圖也。兄既屬奚鐵生寫之，甲子歲，王椒畦孝廉復為作第二圖，兄因合裝成卷，復書辛酉、癸亥、甲子各詩於上，

〔註1〕「訂」，原作「可」，《皋亭倡和集》收錄之《庚申上巳雲臺師偕諸同人於皋亭山修禊作圖紀事》作「訂」，今據改。

姪常生亦有作。

《癸亥閏二月海塘廻舟過半山看花作歌》

臯亭萬樹桃花紅，李花三千爭暖風。梨花淡白不相競，菜花滿地黃蓬蓬。

如此花光真爛漫，百二春天方過半。千行錦繡冪山川，一片雲霞落霄漢。

或說林花如美人，燕支金粉鬬青春。又疑花枝似文筆，染出詞頭五色新。

美人文筆俱休說，終是此花擅奇絕。甘邂村前好夕陽，幾年寒食清明節。

年年邀客來看花，好花耐得詩人誇。我今欲歸歸未得，春風渡江先到家。

我家近在春江北，夜月鶯花苦相憶。迎鑾鎮北深江邊，十里緋桃盡春色。

江南江北花孰多，花多花少皆當歌。千紅萬紫不來看，花自春風人奈何。

《甲子春半山看花復題卷中》

春花何處來，消息甚輕捷。一夜臯亭山，綠遍新柳葉。桃李千萬樹，蕚破不能攝。年年看花來，蘭槳復桂楫。出城泛花溪，燦然撲吾睫。平田遠無際，菜花鋪黃氍。眾芳十里餘，枝柯盡交接。上有借巢鶯，下有逐花蝶。照人水亦紅，入衣香更裛。沿溪彩虹長，曲港朱霞疊。譬如金谷園，錦障齊出篋。又如黃荃畫，脂粉調花頰。爛若狄公門，豔若子敬妾。見慣尚無異，新客驚歎輒。艤舟登石橋，俯視情更愜。一朵五色雲，落地何妥貼。山上多松嵐，其勢欲凌躐。萬花雖極妍，為此頗伏厭。乃知歲寒姿，儘與春風涉。春風易為色，歲寒疇不懾。

《侍□祖遊臯亭山看桃花》〔註2〕

阮常生

桃花萬樹臯亭東，菜花掩映千畝同。小橋路轉舟亦轉，紅雲一色開東風。

山南山北二十里，渾似赤城晚霞起。花開古渡招遊人，倒浸紅顏入波底。

船頭破浪侵香痕，堤邊小泊近山村。桃花四面抱茅屋，茅屋無人深閉門。

去年別後逢今日，含笑無言似曾識。最宜宿雨助花光，嫣紅新著臙脂色。

更隨杖履過山前，蕩漾風光二月天。身在仙源最佳處，何須支杭夢遊仙。

更有李花團白雪，相間桃花光皎潔。紅白繽紛鬬豔陽，又添綠柳殊清絕。

正當歡賞卻忘歸，細雨濛濛點客衣。不是催人放歸橈，欲催騷客早成詩。

揚州菊花素不至浙，自家兄駐杭，每九月中，花奴輒載一舟來，軒楹廊檻、膽瓶甆斗，無不粲然。叔父偕予昆弟宴飲其下。兄屬奚鐵生譜《秋江載菊圖》，並為詩四首，同人屬而和之。

家兄既屬奚九鐵生為《秋江載菊圖》，題詩以紀。癸亥秋，入覲灤京行在。

〔註2〕「祖」上一字，因原版漫漶，文字不識。《臯亭倡和集》所收阮常生此詩題作《侍家大父遊臯亭山看桃花》。

九月，還過揚州，游傍花村，買菊數種至杭，復題二絕於其上，一云：「霜滿蒲帆風滿窗，金焦山色碧尖雙。今年添得詩中畫，我與黃花同渡江。」黃秋平云：「秋英滿載最風流，似結泉明作勝遊。江水澄清花意澹，更無琴鶴累輕舟。」「長江東下布帆催，我後黃花一月來。清絕瑯嬛仙館內，晚香獨伴早梅開。」淨因黃孺人云：「輕舟滿載廣陵花，紅紫芬芳粲若霞。從此江關添韻事，高風不數舊陶家。」「璧月含輝照古今，扁舟江上晚潮深。西風似解重陽近，直送黃花到武林。」「移得寒芳節署栽，小池相對即蓬萊。落英原是延年藥，菜綵筵前侑壽杯。」「恥讕披文政事餘，使君風調勝歐蘇。西湖蓮葉半山柳，未見當時繪作圖。」「予家住近傍花村，只隔城闉四扇門。二十年來成往事，低徊花下立黃昏。」此可為載菊添一重詩事也。鐵生此圖，已在丙辰後病中所作，畫金山於江中，傍染小山一角，筆墨清穩深厚，有咫尺萬里之勢。良工已逝，誰識苦心，可惜也。

　　癸亥長至日，署中同人集淡寧精舍，分詠一時之事，得詩八首：曰《搨銘》、曰《洗硯》、曰《苦蕉》、曰《看花》、曰《畫鐙》、曰《飼魚》、曰《測晷》、曰《焚香》。余分得《焚香》，詩曰：「陽回葭灰中，精舍開文宴。寶鼎試龍涎，四座香已徧。頗似韋蘇州，列戟凝清燕。青烟裊畫屏，碧篆催銅箭。簾額透蝦鬚，無風暗相扇。白與月色分，紅並鐙花顫。噓氣如成雲，一顆驪珠見。懷人興益清，得句吟未倦。真味入茗椀，幽翳生雲研。蘭芬斂半時，桂氣爭一線。春風眾妙聞，夜席濃薰戀。靜看池上峯，一圭浸波面。」

　　癸亥冬，余偕陳曼生大令探梅皋亭。越歲，王椒畦孝廉為圖，余首倡一律，同人屬和焉。

《皋亭探梅詩》

阮亨

尋徧峯巔與水涯，不知何處有梅花。吟回官閣春方到。夢入羅浮路未差。風外雲烟香漸度，谿邊冰雪影初斜。此間似比孤山好，一角青螺插暮霞。

張鑑

如海寒香占水涯，山深今又見梅花。瘦同老鶴風情遠，冷入春雲歲月差。坐久但愁篷背滿，歸遲須插帽簷斜。官齋留得冬心在，短笛聲高夢落霞。

林述曾

春風吹雪到天涯，探得寒梅又著花。伴我冰心真耐冷，依人香夢莫爭差。影浮淺水千層豔，路入深山一徑斜。攜共揚州二分月，好隨東閣醉流霞。

童槐

不向山巔便水涯，連宵詩夢繞梅花。春如遠客來無信，香在寒雲認又差。孤鶴出籬迎棹久，瘦筇和月入林斜。歸來東閣親邀笛，吹落遙岑一片霞。

郭麐

信是吾生未有涯，皋亭十度見梅花。時逢埜老留相住，喚作梨雲夢已差。銅井銅坑山犖确，枝南枝北月橫斜。披圖那禁前塵感，為失新宮蔡少霞。

張興鏞

風雪侵尋歲有涯，冷香飛上隔溪花。何即官閣情猶昔，仙子天台路恐差。宿醞易傾山榼小，吟橈好倚一枝斜。勞生似我兼多病，極目皋亭鎖暮霞。

黃文暘

蠟屐尋春問水涯，靜參鼻觀悟非花。前生幾世修能到，舊路三更夢不差。清太逼人姿峭直，瘦真如鶴影欹斜。幽情踏徧山中雪，色界休猜海上霞。

閔志壋

逸興平生詎有涯，衝寒不惜為梅花。關心凍雀聲初啅，屈指春風信未差。幾樹遠藏松逕冷，一枝近出竹林斜。長吟竟日忘歸去，鶴唳空山月映霞。

甲子立春日，風日暄妍，澹寧精舍中，菊花尚有一枝，盆桂益綴小粟如金，與牡丹同賞。予兄以詩記之云：「菊花無恙桂成簇，不論霜中與雪中。共守幽芳過晚節，敢將秋氣入春風。移燈有影寒香動，把卷無言淡趣同。開早固佳遲更好，唐花休鬭牡丹紅。」

甲子鄉試，闈中試帖詩以「試院煎茶」命題。予兄為監臨，擬作一律，兩主試皆有和作。副主試盧南石儀部又作一首見示，兄復用韻和之。兄又有用東坡《煎茶》韻一首，又用《八月十五催試官》詩韻一首，徐碧堂司馬和作俱錄於此。

《賦得試院煎茶得泉字》

阮元

文字五千卷，詩歌七百年。緗茶還共品，試院又同煎。鳳味秋堂月，龍團古銚泉。白袍三燭炧，紅玉一甌鮮。下筆蠶聲急，開爐蟹眼圓。聞香如得韻，解渴比求賢。簾幕松風裏，旗槍穀雨前。卻思春宴日，煮茗句常聯。

正主考少司馬潘世恩

閒吟秋院裏，韻事判杭年。最喜新茶試，頻將活火煎。銀瓶翻細乳，石鼎品名泉。沸候松聲急，香分竹瀝鮮。三條燒燭短，七椀瀉珠圓。月好如當日，詩清愧昔賢。龍團經雨後，鵠立

想風前。那羨沙門戲，閒甌雅句聯。

副主考禮部盧蔭薄

有宋熙寧日，坡公倅浙年。院因監試閉，茶喜得閒煎。篛籠開新馥，甂爐瀹冷泉。龍團飛沫細，蟹眼沸華鮮。春枕秋濤急，當階月桂圓。盧堂仍此景，嗣響定誰賢。花乳餘胸次，蘭蓀滿目前。卻愁飲墨水，七椀沃蟬聯。

阮元

院封魚鑰靜，茶碾鳳團鮮。矮屋星星火，深堂縷縷烟。蚓聲催古銚，蟹眼候新泉。玉銙函初啟，銀屏溜乍懸。迸珠雲腳膩，浮粟雪花妍。肌骨清冷到，薑鹽嗜好捐。色香俱絕品，文字本前緣。佳客知誰是，辛勤手自煎。

《和韻》

阮元

封院評茶事，新詩潑墨鮮。隔簾分竹影，支鼎颺松烟。還對中秋月，來誇第二泉。清如三椀足，明似一輪懸。颺葉頭綱嫩，生花萬燭妍。懷因蓉鏡朗，俗為玉川捐。文字思前哲，鑪鐺共舊緣。會須同李約，好客手親煎。

《試院煎茶用蘇公詩韻》

我聞玉川七椀，兩腋清風生。又聞昌黎石鼎，蚓竅蒼蠅鳴。未若風簷索句萬人渴，湖水煮茶于石輕。封院銅魚一十二，閒學古人品茶意。古人之茶碾餅煎，今茶點葉但煮泉。坡公蒙頂一團自誇蜀，不聞龍井一旗綠如玉。得茶解渴勝解飢，我與詩士同揚眉。開簾放試大快意，況有筆牀茶竈常相隨。今年門生主試半天下，豈似坡公懊惱熙寧新法時。

《八月十五日闈中作用坡公八月十五日催試官詩韻》

八月十五夜，月愛杭州好。西子湖邊似蟾窟，試官堂外如仙島。少年科第不覺難，為歎白袍人易老。八月十八潮，其險天下無。海水驟來高一丈，長隄力護役萬夫。濤聲入院夜春枕，驚夢常繞雙浮屠。世間萬事難預必，三更無雲月始得。我且向東看月背官燭，欲寄羽書招海鶻。

《和中丞韻》

徐聯奎

皓魄日月圓，莫若中秋好。主人前身玉局仙，揮斥十洲並三島。此來監試六蠹開，坐對湖天秋色老。甂舍昔所有，石道昔所無。自今一任蟻封魚，入戶不用霑體塗足如耕夫。名經千佛於斯出，何啻慈氏營浮屠。朱衣點頭那能必，使君之恩忘不得。不見使君與爾坐爐三條燭，期爾同為摩天鵠。

茮堂師館節院五年，甲子冬，將就公車之徵，同幕楊補颿首為《西泠話別圖》贈行，兄題七律一首，於是院中自徐碧堂先生以下，各賦詩贈別。

《西泠話別圖詩》

阮元

一卷新圖好護持，送君應到鳳皇池。邀將金石論交契，付與湖山記別離。談徧五年書裏事，藏來七子集中詩。飛騰頗願諸君去，但惱雲山寂寞時。

阮亨

五年官閣句推敲，繪出西泠見淡交。霽月照人忘久立，新詩脫手喜爭鈔。嶺梅衝雪香舒萼，岸柳縈煙綠破梢。此去東華春正滿，杏花影裏上螭坳。

阮常生

誰寫西泠一段秋，卻因離別話難休。春風回首康成草，江岸縈思祖逖舟。最羨關山偕去雁，轉憐湖海冷盟鷗。三年立雪翻嫌速，未得追隨負笈遊。

方鐵珊大令屬楊補帆畫《銷寒夜話圖》，兄暨余皆有題句。

阮元

疎林老屋夜談詩，街鼓沈沈月影遲。他日相思忘不得，剪燈情緒歲寒時。

阮亨

高會燒華燭，消寒九九時。月明人語細，風靜漏聲遲。旅思歌三疊，離情酒一卮。披圖觸吟興，梅影小窗移。

乙丑二月，得桃花消息，同人復修皋亭之禊。是日，兄以事不果遊，亨因首倡一律，共屬和焉。

《同人皋亭看桃花作》

阮亨

春滿皋亭一水涯，梅花探後看桃花。良時頓覺詩情健，勝引休言足力差。泠浸白雲千頃住，濕飛紅雨半篙斜。年年好與東風約，但有桃花便是家。

黃文暘

維摩耽病是生涯，天女多情為散花。老去情懷原未減，霧中眼力竟全差。半篙問渡溪多曲，幾樹當門影欲斜。我已重來曾識路，還將雞犬認人家。

顧廷綸

淺白深紅暈水涯，一年來看一回花。春如有約期先到，人記重遊路未差。香霧遠迷芳鏡曉，豔枝爭倚綠波斜。不須更覓仙源渡，但傍花村便當家。

張鑑

朱朱白白渺無涯，三度開花一看花。甘遯郊邊春正永，臨平湖上路難差。種當山寺香車滿，紅近江橋酒斾斜。傳語東風好流轉，再來我自認仙家。

阮蔭曾

臯亭十里水之涯，五載杭州未訪花。滿徑不言春自在，隔溪有路認偏差。如聞翠羽谿頭語，好趁餳簫竹外斜。何日扁舟湖上路，卻看紅雨過山家。

家兄以學使涖杭，旋出撫兩浙，任滿入覲，復回浙，不少投贈之作，今略紀數詩。

《寄雲臺同年大中丞浙中四首》

錢楷

詔聞天末破春顏，知遇深隆侍從班。紫陌同年今節鉞，詩人開府舊湖山。從知業在封圻大，未遣才於著作閒。我已裁書欣問訊，定歌來暮滿鄉關。

清白知難易素衿，和平誰似德愔愔。黃扉地望儲公等，絳帳春聲在士林。遠志平生酬出處，盛朝何事贊高深。生憐太瘦今應甚，萬戶都勞撫字心。

讀書報國是常談，經世須由憲節諳。青鬢福培春澤似，繡衣人望歲星堪。政成把卷猶多暇，癖減看山也不貪。祗有輶軒餘贈答，一尊風月健劉惔。謂學使佩循同年。

使堂一別過三秋，忽漫天南賦遠遊。差喜桂林無毒瘴，久離萱草未忘憂。謝公來後吟情健，西子湖頭客夢幽。我未能歸公正去，鶯花無賴賺炎州。

《雲臺夫子重撫兩浙賦詩恭送》

蔡鸞揚

北斗聲名盛，南天閫寄雄。臺懸湖月朗，甲洗海雲空。綠鬢重持節，青山佇勒功。六橋風景舊，花柳導吟驄。

玉尺頻量我，龍門永戴公。由來經國意，祗在愛才中。名士歸前席，騷壇拜下風。平生知己感，目極大江東。

《送雲臺中丞夫子入覲》

查揆

五年觀禮款天閽，中旨頻聞有匪頒。公到始知寒士重，政成惟覺吏人閒。勒銘海上鯨魚靜，按部湖山羽葆殷。願似廣陵三浙水，第三回向浙江還。

舊附龍門百尺枝，朱絃疏越愧彈絲。著書事大才誰及，戀闕情深出恐遲。蕭惠還朝仍御史，韋賢入相本經師。定應溫室前頭語，只許丁東玉漏知。

屠倬

戟門兩度降溫綸，一闋驪歌拜後塵。祖道門生隨笠屐，還朝太史候星辰。孫宏置館徵名士，崔帥留靴慰部民。此去中朝三獨坐，言歸還許吐車茵。

錢唐沈廣文世炘，著《武林事物雜詠詩》百二十首。其自序云：「丞生

康樂，嗜欲寖開。凡夫修物致用，殆有日趨於靡且即於薄者。余自弱冠飢驅〔註3〕，里居日少。歲己未，以司鐸職待銓於鄉，甫細覆夫器具之精奇、服飾之妍麗，繁音縟節，玩極細娛，故詩中皆纖悉風土之事。」卷中涉及家兄治杭諸政事，以隱寓式靡振浮之旨，茲錄之。

《普濟堂》

大中丞阮公於北關隙地建造普濟堂，為收恤窮黎之計，中置義塾，夏施藥，冬為粥，以濟餓者，浙民頌德政焉。

為及矜人飭五材，熙熙如已陟春臺。憂先天下非虛耳，利出仁人信薄哉。

敷錫已教彌壽寓，阜成終要伏鈞台。分明憶別長安路，曾傍晴簷折柳來。

《詁經精舍》

中丞既定敷文講院規條之後，復於湖濱增建詁經精舍，拔能文之尤者肄業其中，捐設膏火以瞻之，俾各究心實學。

背山池館面湖亭，薦有弦匏座有銘。得向鱣堂叨秘解，勝從鹿洞緬遺型。馬融帳列晨飄絳，劉向藜然夜吐青。宗匠不私時雨化，最先被澤是西泠。

《輶軒錄》

浙中耆舊有隱德，而詩足以傳世者，採集為一編，中丞前此親學時所輯也。

誰采風華及隱淪，欣逢大雅頌扶輪。久甘才為郎官屈，何幸詩憑太史陳。簡已鐫青名不朽，衣雖守白道常伸。幽光得被輶車闡，元晏先生認後身。

《兩浙防護錄》

兩浙各邑，帝王、先賢祠墓多半就湮，中丞逐加搜訪，彙刊成編，檄令有司隨時防護。

表閭尚足樹風聲，況復英奇間世生。久著勛名垂竹帛，豈容祠墓委榛荊。酬庸曾許頒金茸，奉法應憑守土偵。輯就一編成掌故，之江遺蹟固金城。

《舞佾》

各學僅存佾生之名，而舞制久昧，中丞為致籥師於曲阜，選童試中之文秀者六十餘人，教之黌舍，朔望偕僚屬往視之。

莫援衿佩賦青青，干戚曾教習妙齡。遠紹真傳從闕里，丕宣文德比虞廷。振民義直符先甲，入學期還習上丁。鼓奏六成行復綴，不妨重倩魏文聽。

《石砌號徑》

貢院號徑向未平治，遇雨則泥深沒踝，如坐塗炭，中丞為致長石，漫砌之，舉子受其福。

誰教矮屋變康莊，白石粼粼雨不妨。已免深泥霑體足，便從大塊得文章。檐憑剡竹橫承霤，

〔註3〕「驅」，原作「軀」，《武林坊巷志》卷五十二《衛所下》引作「驅」，今據改。

洫藉錘松暗設防。席帽九千人袵席，萬間願許少陵償。

《粥廠》

嘉慶乙丑夏，浙西三郡患水，中丞疏聞於朝，奉旨劃留天庾米十五萬石，設廠為粥賑之。

出粟陳陳自太倉，端由宵旰切如傷。地當繩筏叨慈度，天子饘飴任飽嘗。有饁餉同南畝集，其饢黍過北風香。聖人渥澤純臣意，轉盼豐年說降康。

澹寧精舍巨石卓立，皴瘦可愛，予兄名之曰「雲臺峯」，用蘇、黃《壺中九華詩》韻邀諸詩人同作。

淛撫署東偏誠本堂有巨石，以漢慮傂尺度之，高一丈二尺有奇。勢如夏雲初起，卓立成峯。足圍甚小，而要、頂幾兩倍之。峯可望可穿、上下通透者，三十一穴。予於嘉慶七年移立澹寧精舍方池中，以予字字之曰「雲臺峯」，予鄉本有雲臺山也。因用蘇、黃《壺中九華倡和詩》韻題之。阮元識。

雲臺海上有高峯，何日為雲上碧空。隨我南來三竺外，引人遊入九華中。臨池當戶堂堂見，透月穿風面面通。欲與石交商一語，那如鐵壁不玲瓏。

許珩

五丁昨夜攫前峯，曉起當階秀色空。急尋靈鷲天竺外，宛置方壺瀛海中。百金那用清俸買〔註4〕，兩字應有精神通。好寫新詩當碑記，銛椎琢遍玉玲瓏。

王宗敬

分來仙島獨成峯，開府題名矗太空。雲起欲連天尺五〔註5〕，臺高儼配岳居中。骨緣秀削亭亭立，心自虛靈面面通。願學南宮先拜倒〔註6〕，傳經還憶玉玲瓏。

顧廷綸

似從淮海毓奇峯，忽地飛來峙遠空。萬古池通石天外，一條冰在玉壺中。足浮瀛嶠排虛上，頂壓芙蓉入望通〔註7〕。觸處定教出雲雨，慎無輕扣碧玲瓏。

張鑑

晴雲一朵壓羣峯，珠浦重來又碧空。魯直題名輪肘後〔註8〕，南宮結契想圖中。雨餘閬苑仙脾重〔註9〕，花亞朱陵地肺通〔註10〕。誰數錢唐龔主事，宣和舊物玉玲瓏。

〔註4〕「俸」，原作「傣」，《八甎吟館刻燭集》卷一《雲臺峯用蘇黃壺中九華倡和詩韻有序》作「俸」，今據改。
〔註5〕原版漫漶，「天」字不識，今據《八甎吟館刻燭集》卷一補。
〔註6〕原版漫漶，「先」字不識，今據《八甎吟館刻燭集》卷一補。
〔註7〕原版漫漶，「壓」字不識，今據《八甎吟館刻燭集》卷一補。
〔註8〕原版漫漶，「後」字不識，今據《八甎吟館刻燭集》卷一補。
〔註9〕原版漫漶，「仙脾重」三字不識，今據《八甎吟館刻燭集》卷一補。
〔註10〕原版漫漶，「花」字不識，今據《八甎吟館刻燭集》卷一補。

朱為弼

別院移來此石峯，碧螺浮水翠拏空。洞天福地仇池外，瀛海仙山丈室中〔註11〕。詩和蘇黃雙韻合，州誇元白一江通〔註12〕。出雲常願為霖雨，不用雕文禱旱龍。

阮亨

最愛清池碧玉峯，一圭當戶冒晴空。嵐光飛入軒窗裏，瀑布穿來烟水中。不識洞天何處是，卻疑方丈此間通〔註13〕。閒來拄笏延朝爽，捲起湘簾露瓦瓏。

陽湖洪稚存先生亮吉，晚號更生居士，與兄同出朱文正公之門，久相識也。戊辰八月十三日，游曲江亭，用篆書贈予楹帖云：「第五之名齊票騎，十三此夜訂心交。」其謙沖之度有非楮墨所能述焉。

《題阮梅叔珠湖漁隱圖》

珠湖湖畔我曾游，不結閒禽結野鷗。一陣海濱飛雨至，拍波飛上白雲頭。

我交北阮兼南阮，雅識元方與季方。他日晚涼來訪舊，不妨添箇竹匡床。

《西漢定陶鼎歌寄阮雲臺中丞》

右扶風縣隃糜沂，鑄此鼎獻陶陵前。陶陵歲月二千載，此鼎亦已經三遷。渭河寶氣三霄燭，丹鼎初成素靈哭。迢迢沛水留不得，庶壓洪流鎮坤軸。君不見定陶共王元帝嗣，兒亦居然作天子。前殿熊傾帝戚家，後宮燕啄王孫矢。蓋書十五何斑駁，上有三環下三足。法物雖供一帝廚，聖鄉已覆三公餗。王母行籌事已非，漢家臘盡鼎潛移。陶陵何似延陵永，禍水驚同海水飛。遺文軼事誰傳此，空說鼎旁皆有耳。寶氣難從泗水沉，雄文欲共松寥峙。君不見東平立石瑞豈徵，定陶鑄鼎神斯馮。再傳亦盡享天位，可惜末造非中興。一金一石興亡判，咎在先王寡英斷。若使先知漢鼎遷，何妨早法虞廷禪。滄海如今半作田，徒留舊物鎮雲烟。瀰城銅狄如能說，何止相逢五百年。

予兄藏一石，名「五雲石」，顛倒位置，各得其異狀。陳古華太守效其法，名其所藏石曰「八座雲」，作歌以紀。

清中丞安泰為方伯時，於聖因寺之右新建一樓，請家兄題署。兄題曰「望湖樓」，又於內楣書一扁，曰「吳越看經樓」，并跋之曰：「坡公詩云『黑雲翻

〔註11〕原版漫漶，「仙」字不識，今據《蕉聲館詩集》卷四《浙撫東偏誠本堂有巨石以漢慮俿尺度之高一丈二尺有奇勢如夏雲初起卓立成峯足圍甚小而要頂幾兩倍之峯之可望可穿上下通透者三十一穴阮中丞師於嘉慶七年移立澹甯精舍名之曰雲臺峯用蘇黃壺中九華倡和詩韻題之命和原韻》及《八甎吟館刻燭集》卷一補。

〔註12〕原版漫漶，「誇元白一江」五字不識，今據《蕉聲館詩集》卷四及《八甎吟館刻燭集》卷一補。

〔註13〕原版漫漶，「方丈」二字不識，今據《武林坊巷志》卷十四《斯如坊三》補。

墨未遮山，白雨跳珠亂入船。卷地風來忽吹散，望湖樓下水如天。』王梅溪注云：『望湖樓一名看經樓，錢氏乾德七年建，去錢塘一里，今樓址所在不可考。』茲樓落成，即以『看經』『望湖』題之，聊寄古跡云爾。」此樓據全湖之勝，今遊人多集於此。

陳古華太守將赴戲山講席，兄以放翁所書「詩境」二字舊石刻拓本，屬太守橅勒之。太守又於六月八日，率諸生祀鄉先生劉念臺少師於講堂。少師殉難於是日也。太守有序有詩。佘山為九峯之一，秀亦甲於諸峯。予妻之祖父王梅影先生之園，又踞山之勝。甲子冬，予同陳桂堂太守下榻園中，有詩云：「名園依山搆樓臺，閒踏蒼苔緩步回。逕遶脩蛇黃葉下，橋橫冷雁碧波開。貪看山色墻低築，愛聽禽聲樹滿栽。記否聯床風雨夕，梅花香透句頻裁。」

龍井產茶為浙中第一。小雨坼甲，春風微和，鬌男鬌女，提筐盈山。冬孟作花，漫嶺皆碎綠玉，清芬尤絕，然少有詠之者。兄嘗以此命題，試詁經精舍諸君，自作二絕句云：「青松黃葉野人家，龍井西南石徑斜。行盡九溪十八澗，寒山開遍綠茶花。」「吟香寫影有詩人，折向銅瓶勝早春。小閣斜陽茶半熟，不知原是此花身。」伯兄既作《綠葉》詩，因屬楊補騮昌緒圖於扇頭。蒼舊幽深，覺其中枕簟、研几皆有碧色。同人屬和，皆書扇上。吳澹川云：「春風吹老紅，夜雨洗深綠。高齋展北牕，息影對羣木。上有虯籐垂，下有芳草縟。恰看好枝葉，轉覺花粗俗。良時去不遠，蝴蝶暗相逐。清陰落書卷，淑氣含醞釀。小摘梅子青，滿把櫻桃熟。所欣節物多，亦念景光速。載詠嘉樹篇，慰我傷春目。」朱茮堂師云：「春風別我去，歸裝攜落紅。留此萬叢綠，時見陽春功。堂前布蕉竹，屋後森梧桐。開窗一閒眺，四圍碧玲瓏。有時翠雨滴，林外烟濛濛。坐對鏡花發，淺酌玻璃含。攀葉當花賞，朵朵青芙蓉。莫待秋霜下，染作吳江楓。」孫蓮水云：「一雨眾芳歇，閒庭淨如沐。碧雲墮天半，弄影冒羣木。當牕結成陰，隨風散微馥。矧茲西園西，近接吳山麓。晴嵐助深色，覆滿東西屋。坐我萬葉底，几硯一齊綠。時復拈唫毫，幽意洒然足。好鳥和其聲，頗亦樂清淑。」陳曼生云：「新桐漬清露，初篁拂輕烟。柳綿舞不起，落花相盤旋。餘紅引眾綠，葉葉含清妍。甘蕉墨池展，冪作小綠天。苔階淨如掃，不許飛榆錢。有時啼鳥緩，乍覺鳴蟬連。生意藹然足，高詠淵明篇。」陳雲伯云：「芳草遲江南，楊花落江北。一夜萬綠生，瀹作春波色。春雨葉流根，濃陰直到門。萬重深綠裏，中有百花魂。」林小谿云：「孟夏凡豔空，萬綠織成綺。彌漫上層霄，蓄勢殊未已。交柯復下垂，曉陰清似水。散步耽微涼，小摘青梅子。蕉

桐拭露乾，當作題詩紙。」

法梧門先生式善，今之韋蘇州、孟襄陽也。萬人如海之中，處之翛然。憑閣據几，日以吟詠。為事尤喜獎借後進，得一士之名，聞一言之善，未嘗不拳拳也。郭頻迦都中落解南歸，時梧門方為祭酒，以句贈行云：「一輩登科慚李郤，半年太學去何蕃。」其嗟惜如此。比自都中以近作寄示家兄，卷中五古居十之八，清瘦堅蒼，又闢一境。於以見本朝文物之盛，昔賢寄托之高，而先生望古遙集、發潛表微之意亦足可感矣。

錢裴山先生楷，與兄為同年，官京師時過從甚數。兄癸亥述職灤京，先生亦出使西蜀方歸，兄為題《使車紀勝圖》，作長歌以紀其事。先生善丹青，因寫《秋堂話舊圖》贈別，並勝以二律：「承明舊地別於今，述職山莊秋正深。晉畫三霄嘉報最，需雲萬樹樂賡吟。帝隆文武資裴任，人遂鄉邦借寇心。越郡歌聲騰日下，五年德化洽魚禽。」「農桑絃誦共春臺，始信研經體用該。開府功名青鬢少，燕郊風物簡書催。離筵此日無多酌，玉署同年有數才。話到浮嵐餘興在，湖山積翠袖攜來。」

張藥房翰林錦芳，粵之順德人，余兄己酉同年也。工詩善畫，喜金石文字，善作隸字。美須髯，立品雅潔。初，藥房以省解貢禮部，久之，而後成進士，京師之人於是咸知藥房之能詩也。然遇〔註14〕，未幾而卒。甲子冬，始得其所著《逃虛閣詩集》讀之，如《夜發錢塘江口》云：「西子湖邊感舊游，樟亭風起繫扁舟。未圓月趁斜陽早，欲落潮如碧漢流。山色化烟全入夜，客心和鴈各禁秋。六和塔火西興樹，暫許歸人一散愁。」《秋夜》云：「蛩語微微伴寂寥，坐來虛卻可憐宵。殘燈老屋流螢逗，落葉空廊猛雨跳。二十五磬宮點急，八千餘里客心遙。沈郎帶孔潘郎鬢，愁逐荷藂一夕凋。」海康陳觀察昌齊跋云：「和平中正，得詩人溫柔敦厚之旨。」可謂知言。

張船山問陶嘗以聚骨扇書《依竹堂即事詩》四首寄家兄，並為跋云：「數年無詩，甲子初冬，一日晨起，入小園，一黃葉掠衣旋轉，忽得首篇第四語，戲足成之，遂得四律。然趣味枯淡，非復向時豪情逸氣矣。乙丑長夏，寄呈雲臺前輩誨定，並求賜和。」其詩云：「漸覺秋聲老，流光又小春。霜花閑對酒，風葉戲隨人。獨學常疑古，交遊未喜新。何須惜遲暮，往事久因循。」「院靜桑榆冷，牕深竹柏繁。垣衣爭上屋，石髮秀當軒。才退安微命，心平悔大言。任人分宦影，我夢自邱園。」「曲徑礙芳草，枯枝客倦禽。松孤有雲勢，桐小

〔註14〕此句疑有脫簡，句意未明。

亦琴心。孽早聞雷長，花曾冒雨尋。林中仙酒足，無暇作黃金。」「萬事中年定，遊仙倘未遲。為閒開小宴，因夢得新詩。修史留三豕，還書送一鷗。天機清妙否，頗亦畏人知。」四詩格調蒼秀，故具錄之。

　　丹徒王柳村豫，工詩文，閉戶江干，嘯詠自適。其詩和平中正，得唐人之正軌。王光祿西莊稱其清夐古厚，幾欲駕其鄉韋秋山、冷秋江而上。述菴司寇《蒲褐山房詩話》云：「柳村與石遠梅、徐雪廬暨吳楚諸詩人絃詩鬬酒，江湖名士未能或先。」乙丑秋，予歸里門，柳村攜詩過訪，予為長律贈之，詩曰：「朅來雙屐破苔痕，三載神交許共論。海內爭傳詩卷富，人間方見布衣尊。風低竹屋香盈座，月上蕉窗酒滿樽。何日扁舟遠相訪，梅花如雪掩柴門。」柳村所著有《種竹軒詩文集》《惜陰筆記》《蕉窗日記》《荻汀錄》《種竹軒餘話》《瓜洲志》《懷袖集》《羣雅集》，錄京江詩為《耆舊集》矣。

《邗上別張秋水》

王豫

昔歲逢徐幹，言君工四愁。昨宵同阮籍，話別恰三秋。別夢縈瓜渚，花香入選樓。來春應念我，載酒過芳洲。

《題阮梅叔皐亭探梅圖即和原韻》

鼓枻沿緣水一涯，皐亭有客為尋花。遙知雪霽春先定，但覺香來路不差。客意淡隨筇杖遠，詩情濃傍酒旗斜。他時同訪羅浮去，笑倚瓊臺對暮霞。

《雨中過隋文選樓賦呈雲臺梅叔兩先生》

細雨綠楊春，春風畫檻新。文章尊往哲，月旦屬斯人。使節鯨鯢避，官齋鳥雀馴。烹泉閒話久，忠孝自天真。

　　揚州城東南三十里，深港之南、焦山之北，有康熙間新漲之佛感洲，或名翠屏洲，詩人王柳村豫居之。丁卯，余與貴仲符吏部徵屢過其地，兄亦來此，因買其溪上竹木最陰翳之數畝地，構小屋三楹、亭一笠，余與兄曾聯床其中。柳村又從江上郭景純墓載一佳石來置屋中。兄名之曰「爾雅山房」，又名其亭曰「曲江亭」，以此地乃漢廣陵曲江，枚乘觀濤處也。戊辰秋，柳村來遊西湖，出《曲江亭圖》索兄題詩一首，以誌舊遊。

　　長江千里來巴蜀，流到廣陵曲復曲。古時滄海今桑田，翠屏洲漲焦山北。江北橫生十里沙，廣陵濤變千人家。九折清流夾修竹，萬株高柳藏桃花。剡溪本合羲之住，況是惠連讀書處。送暑曾過深港橋，尋秋每喚瓜洲渡。送暑尋秋向柳村，籜牀竹枕宿南軒。千章夏木全遮屋，八月

秋潮直到門。門前月色連清夜，稻花香重荷花謝。記得曾悲北固秋，何緣又結西湖憂〔註15〕。今日披圖似夢醒，濤聲還向夢中聽。錢塘八月西樓臥，錯認揚州江上亭。

　　兄與柳村同留心於江蘇八郡之詩，裒詩集數百家，將仿《兩浙輶軒錄》而為之者也。戊辰、己巳間，柳村已錄成四千餘家，刻於廣東節署。

　　秀水葉兩垞大令維庚，史才、詩學為予兄所賞識，洵詁經精舍翹材也。《新綠》云：「此中肯許抱琴眠，便覺珊珊骨欲仙。紅藕香清剛透月，碧紗聲靜但聞蟬。光分古器凝新黛，影入疏簾破淡烟。記否陌頭楊柳色，倚樓人在杏花天。」《西楚霸王墓》云：「江東一劍起風雲，此處猶留三尺墳。功狗已烹韓國士，血顱空憶李將軍。秦宮漢寢都成夢，紅粉烏騅總不毚。今日行人憐蕉鹿，穀城山外落斜曛。」俊鍊直逼三唐，近宰寶應，頗有惠政。

　　王柳村之友曰蔡芷衫元春。乙丑冬，柳村以其所著《在山堂詩略》見示，其警句有云：「微風交遠樹，落日有橫舟。」「白雲磨鏡影，碧水漾羅衣。」「歸去坐高館，碧雲生夜涼。」

　　丹徒杜楚香薌，王柳村入室弟子也，少有雛鳳之稱，嘗投予一詩云：「丹鳳集梧岡，一鳴如韶護。白鶴翔層霄，卑棲笑鷗鷺。羨君負奇才，詞壇推獨步。三復所著書，展卷深企慕。朗吟散和風，著紙湛秋露。堂堂中丞公，彝倫賴陶鑄。君也為哲弟，素抱濟時具。物望之所歸，江河競奔注。漸子非雅材，輒水三年住。誦詩每懷君，雲山艱會晤。春水正綠波，落日蕪城樹。」予報以一律云：「雛鳳聲名振早年，風流絕似杜樊川。神交已共期千古，詩句爭傳繼七賢。畫槳綠迷楊柳渡，酒帘紅映杏花天。曲江他日親相訪，剪燭西窗對榻眠。」

　　白沙季雲崖耀南工吟詠，嘗以所刊《雙峯閣詩鈔》乞序。予擇其佳句錄之：「寒月澄幽樹，空江流暗泉。」「寒風吹短鬢，客夢冷孤舟。」「孤棹響寒雨，秋山入暮雲。」「詩經關塞壯，潮卷海門秋。」「酒邊遣興聞啼鳥，雨後驚心問落梅。」「南浦春雲低傍水，西津芳澍碧沾衣。」「山館月明聞過雁，畫樓人醉憶吹簫。」「芳草碧連征路遠，晚山青共客愁多。」

　　嚴四香冠嘗題予《珠湖草堂詩》後云：「解暑無方短榻支，借書拚得費三瓻。如何虛室涼如此，高詠珠湖一卷詩。」「蕚君童工部槐索和中秋詠，記得前番疊韻酬。讀到湖光峯斷句，始知崔灝出人頭。」

　　常州劉芙初太史嗣綰，詩才敏碩，學術通明，自都中還，薄遊淮海，浙西

人爭識之。其《廣陵詠古》小樂府尤精警，可匹西涯。

《啄皇孫》

啄皇孫，誰家燕？朝入長安宮，暮宿昭陽殿。昭陽殿裏別築臺，燕燕舞時赤鳳來。赤鳳來，舞不止，燕巢將傾安得子？不生子，空啄孫。延秋烏，啼上門。

《愛敬陂》

廣陵陂，三十六，愛敬一陂漢時築。十丈陂，百尺樓。陳太守，在上頭。太守之氣乃湖海，太守之心一陂水。

《車中閉》

弓絃能鳴箭能叫，快馬如龍逐年少。鼻頭火，耳後風，一朝閉置帷車中。不識兒女悲，但言新婦苦，武臣能文今不武。吁嗟乎！丈夫退走三關兵，當時笑倒夫人城。

《螺子黛》

燕支井底常娥死，殿腳三千賜螺子。日賜五斛不值錢，長眉幾人如絳仙。姿好眉，君好頸，可惜朝朝鏡中影。鏡中蛾綠看幾何，玉鉤斜畔秋螢多。

《界大秤》

宰相之過女主嗔，夢中一秤界婦人。婦人才，量天下，壓倒陳宮袁大捨。誰言沈宋儔，不如江孔流，二十二人詩滿樓。夜珠無價非暗投，君王方點雙陸籌。

《揚州夢》

狂言忽發御史來，罪言一上真烏臺。臣狂當生罪當死，歌吹揚州作詩史。揚州一夢成迷樓，十年夢覺堪千秋，白江州與劉隨州。

《跨木鶴》

迎僊樓，延和閣。著羽衣，跨木鶴。朝迎王母烟霏微，青鳥不來鶴不飛。鶴不飛〔註16〕，誰所使。璠谿君，赤松子，有客驂鸞學蕭史。開門笑揖畢將軍，先王歸去乘白雲。

《黑雲都》

黑雲都來望如墨，黃池夜走孫家卒。皂鵰落，蒼鷹圍。雅兒軍，誰指揮。五千甲士卸鐵衣，楊頭斫盡楊花飛。楊花飛飛猶自可，鯉魚上天愁殺我。

《檀來也》

淮南小兒齊拍手，擘紙紛紛白甲走。雷塘一夜喧如雷，歌聲天上真檀來。檀來歌，周主入。老鸛河邊船艣集，高並江南樓百尺。樓高百尺宴未休，念家山破琵琶愁。

《金帶圍》

〔註16〕「鶴不飛」三字原脫，今據《尚絅堂詩集》卷三十二《廣陵詠古小樂府·跨木鶴》補。

姚黃魏紫開唐花，宰相與花同一家。宋時金帶四花並，宰相與花同一命。廣陵二十四品圖，似此一品花中無。花中宴客客中折，他日黃花誰晚節。

《歐公柳》

桓公柳，金城邊。歐公柳，平山前。官塘楊柳千株植，柳眼曾看幾今昔。醉翁一醉千百年，記得荷花為公折。荷花依舊邵伯湖，此柳得似甘棠無。

《詔諭降》

詔諭降，宋兩宮。謝太后，瀛國公。詔諭降，辱宋國。張思聰，許文德。詔書可焚不可降，臣負此言如此江。江流到海萬萬古，無人降得厓山土。

《葬袍笏》

閣部堂堂好男子，孤軍半壁揚州死。閣部死，城不完，風吹碧血餘衣冠。梅花嶺上愁雲黑，騎鶴魂歸招不得，馬阮凌煙好顏色。

吳蘭雪嵩梁辛酉正月入都，道杭過訪，予兄觴之於西湖第一樓。蘭雪以詩謝云：「餞春人別已三年，重載清尊入畫船。新水綠添湖雨後，梅花白到寺門前。雲山供養歸生佛，樓閣空明倚謫仙。留取瀛舟佳話去，詩成都在鷺鷗邊。」風流跌宕，如其為人。先是蘭雪偕頻迦、夢華、曼生西湖作《餞春詩》，奚鐵生為作圖，並為手書各人之詩，故此詩及之圖今為頻迦所藏。予兄題之，有「湖似詩常好，春如人易歸」之句。

江西吳蘭雪於乙丑復至湖上，先以《奉懷》一律投家兄云：「鼓角轅門靜，書聲白晝閒。飲泉無宦味，行部有僊山。文貴司衡早，詩成破賊還。秀才宜宰相，憂樂最相關。」越日，復以詩四章見貽，題曰：「雲臺先生枉過寓館，賦詩奉呈。明日，即為嶽降之辰，兼用展慶，蓋正月十九日也。」其詩曰：「虎穴鯨波淨掃除，歡聲兩浙徧樵漁。看山興逸先臨海，破賊功成更讀書。快雪銷春滋菽麥，閒雲卓午傍旌旗。中朝公輔推年少，勳業文章並不如。」其二曰：「天上親持絳節回，琅嬛仙館許重開。名山早結無窮願，經國多儲有用才。台斗六星兼將相，門牆一代選鄒枚。孤根自分非桃李，何幸先生亦手栽。」其三曰：「綵衣侍養已公卿，水酌西湖一味清。君實今為中國重，仲淹先以秀才名。江山佳處宜歌舞，仙佛修來有性情。千歲桃花千日酒，平分福壽與蒼生。」其四曰：「卿月頭番弟一圓，嶺梅香透嫩寒天。祠中白傅同生日，湖上歐公有畫船。金戟狂歌容酒後，玉盤新覿出花前。修書若許圍官燭，雅頌熙朝願續編。」

予兄嘗題郭頻伽《水邨圖》，第三首云：「我亦家居璧社湖，三問水閣弄明珠。卻因詩句生鄉思，擬畫烟波射鴨圖。」後遂屬人寫《珠湖射鴨》小照，自

題其上云：「射鴨復射鴨，鴨向菰蘆飛。菰蘆何蒼蒼，秋樹何依依。扁舟泛珠湖，西風吹我衣。湖波清且遠，日莫澹忘歸。昔日俗情少，今時塵跡違。但讀孟郊詩，竹弓無是非。」

頻迦令弟丹叔鳳，少孤力學，以兄為師。頻迦遊道甚廣，跌宕自喜，時或迕物。丹叔恂恂若不出口，專於詩。昌黎所謂「其讀書皆取以資為詩者」，此也。七律標舉性靈，以能道意中語為工。《渡太湖》云：「舟帆穩似浮鷗去，山勢爭如奔馬來。」《郭外》云：「石橋風過野梅落，小港雨晴春水生。」《齋居》云：「詩多頌酒頻中聖，口不言錢竟忤神。」《夏日》云：「見人張蓋能添熱，看客圍棋底用忙。」《露坐》云：「荷擎涼露皆敧立，月到中天作小停。」《夜坐》云：「樹影欲圓知月正，艫聲漸遠覺溪長。」《自述》云：「性本愛間兼善病，天將窮我使工詩。」《小病》云：「病防復發堅除酒，夜恐無眠緩滅鐙。」皆自抒胸臆，不襲前人。

鮑以文廷博藏書甲於浙西，詞章亦不苟，作《夕陽》之詩比於《孤雁》，隨園最稱之。其詠詩四律有云：「撫卷自憐還自笑，輶軒錄上未登名。」注云：阮雲臺中丞新編《兩浙輶軒錄》，采國初以來詩人三千餘家，存者例不入選，故戲及之。

海寧俞思謙嘗以七律寄家兄。家居，其隸事特親切。詩曰：「名賢撫浙六年餘，頌德謳功徧里閭。海外鯨鯢皆遠徙，澤中鴻雁復安居。關無橫索人投稅，學有良規士讀書。自奉行筵江北去，一時悵望意何如。仰止高山那得親，迢迢千里隔音塵。青山但願留蘇軾，赤子還思借寇恂。讀禮有期看漸畢，行春無限待重新。知公最是多情者，應亦時時念此民。」

吳興包果峯明府敬堂，才學辨博，精岐黃、堪輿之術，不屑與流俗爭名。兄撫浙時，屬敬堂訪得湖州劇賊，獲之。乙丑秋，來游揚州，為先叔襄葬事，出《逃禪》小影乞題。予贈以二絕云：「人間清福重三乘，說法談經共服膺。聞道蓮花心淨後，一潭明月一龕燈。」「離筵舊雨感停雲，誓勦鯨鯢淨海氛。他日還期重握手，定知書卷策奇勳。」兄嘗贈以句云：「吳興山水，古來清遠。包咸論語，今尚流傳。」

《梅緣書屋詩鈔》者，青陽陳豹章明經蔚所著也。五言如「岸遠天連水，江空月化烟。」「霞光連樹赤，山色過江青。」七言如：「岸草關心前度綠，野花含雨隔溪紅。」「響屧人沾花外雨，披蓑漁唱柳梢風。」皆可誦。哲嗣熟之茂才塾，亦能嗣家學。五言如：「斜月淡簷影，曉風寒柝聲。」「櫓聲驚短夢，帆影臥寒流。」七言如：「蓮社有僧同榻坐，銀河代月到窗明。」「半山竹影當

窗落，一枕松濤徹夜聽。」

趙雩門大令春沂銳意研經，所居醉經樓，日夕枕葄其間，嘗作《孟子周禮田制異同考》《君氏說一貫論》《重橅天一閣石鼓文攷》，皆精核，而詩能自寫性靈。

會稽顧鄭鄉廷綸，予兄所拔士，在兄浙撫幕最久，潛心經史之學，兼習吏治，所著有《玉笥山房詩文稿》及《經釋》《史學管窺》各書。

《題阮梅叔先生泖湖紀遊圖》

齊拓篷牕捲畫簾，凄清寒色十分添。湖光今日明如鏡，照出峯巒個個尖。

畫舫清游得未曾，聯吟況是盍簪朋。座中亦有鱸魚膾，未必秋風感季鷹。

《鴛湖秋泛圖為阮梅叔先生作即次其韻》

孤篷小艇不禁秋，灩瀲湖光似莫愁。帆影遠銜斜照墮，波痕微帶晚霞收。村簷一一懸魚網，溪鵜雙雙傍客舟。指點傾脂河畔路，教人攜取畫圖遊。

石門方鐵珊廷瑚，予兄試嘉禾時所錄士也。工詩文，善小楷，著有《學吟草》。

吾兄為《秋厓詩》序曰：「武康徐雪廬來，言其邑李廣文鍾老成雅飭，不爭流俗之所慕。其家與姜堯章白石洞天為隣，嘗手操烟墨，登頓巖谷拓其題名殘字，博資考證，撰為《計籌山志》。比年山居教授，足不入城市。夙工韻語，著有《秋厓集》四卷，錄其今體詩百首，呈覽予。觀其詩，有清微恬靜之趣，足以見其為人，知雪廬所言為不虛。夫諷說之士，專務帖括，以習古為大愚。今廣文之詩，頗似放翁而胸次更無芥蔕焉。王右丞云：『非子天機清妙者，不能以此不急之務相邀，然是中有真趣矣。』吾於廣文之詩亦云。」亨因讀《秋厓詩鈔》，摘句附錄於後，如《閒居》云：「買地因栽竹，登山為看花。」《避地》云：「市近親賒酒，村荒寄買魚。」《題宣平黃明府園亭》云：「因貪鳥語多栽竹，為愛山光短築牆。」《客中述懷》云：「野桃臨木度紅影，髠柳出墻交綠烟。」《苜蓿盤》云：「喜酒不嫌妻對酌，看花時許吏同舟。」《書適》云：「刪竹喜邀山入戶，鈎簾怕礙燕營巢。碑尋野寺僧同立，書借隣家手自鈔。」《春日齋居》云：「野渡有船頻載酒，荒園無稅遍栽花。」《閉門》云：「柳外日低遊舫散，酒邊春永落花間。」《夏日寄友人》云：「野雲入座淡無跡，新竹出籬青帶烟。村店醉歸門半掩，山牕夢覺月初圓。」《園亭小春》云：「柳暗欲迷啼鳥路，花深不礙賣魚船。」

華亭姚春木上舍椿，獨身走萬里，至西蜀，窺錦江，目接滇、黔兵事。其

《夜泊醴陵》云：「山勢低連岸，江聲曲抱城。晚霞天五色，新月夜初更。柝斷還鄉夢，帆催去楚程。愁聽笛中調，辛苦怨南征。」

汪西村明經大經，余在松江時始識之，知其工詩詞，兼擅書法。既又知其才子春泉茂才本豫，亦能世其家學。明經所著有《借秋山居詩鈔》，如《自虎跑泉步至理安寺》云：「赤日不到地，悄然秋思深。山陰常覺雨，人靜始聞禽。竹染新涼色，泉流太古音。上方鐘已動，我尚事幽尋。」又《古華太守以桃核石索題石為阮湘圃封公所貽》云：「竊而食者方朔桃，桃核紛向雲中拋。鏗然墮地化為石，淮上仙翁初拾得。傳觀一坐人咸驚，無人識是衡星精。小石果蔬良取義，石不能言以形示。磊砢中含玉液溫，仙翁寶更逾瑤琨。何時瑩然入君手，好向西池奉阿母。君先繪有丹荔圖，合成雙璧圖不孤。只恐驪龍夜破夢，錯認遺珠爪攫弄。題籤我亦思好春，桃葉桃根半化塵。幻想此核種倘活，勞君咒以生花筆。」皆近作也。

華亭張子白刺史若采，為王荔亭先生之高弟。其之官鎮番時，頗不自聊，既而以儒術飾吏治，三年報政，甚有惠蹟。時以書致家兄，必以予為詢。歲庚申，明府至浙署，余尚記其《題春雨樓詩略》二絕云：「詩境清於出水蓮，懷人懷古致纏綿。倉山別後重相見，一杵鐘聲動六年。」「不堪翠繞清谿句，並入伊涼曲譜中。感舊惜春兼錄別，問誰忍對燭花紅。」家兄有《題子白梅屋讀書圖》詩。

《題張子白同年梅屋讀書圖》

先生舊住梅花屋，萬卷圖書抱寒玉。歲寒試香人不知，惟有先生伴花讀。自從名籍入京華，轉恐香林染塵俗。今年同我遊台蕩，手擲明珠滿山谷。閣裏紅蘭歸正開，湖上白蘋葉猶綠。卻將梅屋索我題，此是才人本來福。惟覺清懷戀梅屋，不奈選人苦相促。勸君暫現宰官身，書卷無妨屬案牘。梅花氣味入君骨，定化愚民作清淑。屋中讀書為何事，難學逋仙了幽獨。

張子白初筮仕，得浙之新昌，引見時，改官鎮番。予兄思有以廣之，賦二絕云：「獨攜書劍入西涼，兒女英雄孰短長。試問扁舟行剡曲，何如萬馬出姑臧。」「河隴皆歸控制中，武威西去一城雄。君王自有儲才意，要使書生立塞功。」

青浦王春宇明經紹成，蘭泉司寇之從孫也。詩才、詞筆，迥越恒流，嘗以近作示余，如《高陽臺調西湖春感》一闋云：「蝶逕香殘，鷗波水煖，還來載酒呼船。憑解愁圍，尋芳空憶年年。柳陰深處游絲裊，問飛紅，更有誰憐。最消魂，斜倚篷窗，裛褶拖烟。從今別恨添多少，正風迴小院，雨洗平川。剩粉

零脂，知流弟幾橋邊。東君已遣春歸去，又何人，喚起春眠。望湖樓，一種閒情，付與啼鵑。」一往清折之致，詩詞俱似石帚。

山陰徐碧堂司馬聯奎，以名進士官江西，多惠政，積牘如山，指顧立判。余兄撫浙，延入幕，簿書稍暇，手不釋卷。著《筠心堂詩文集》共若干卷，又有關中陵墓諸錄及《宦篋偶存》各書。

仁和錢謝盦吏部枚，己未進士，嗜學工文，與其弟廣文林，並擅名，皆予兄所識拔士也。吏部補官後，甲子年卒於京師，遺《微波詞》一卷，同人刻之，金匱楊農部芳燦序之，頗寓哀感。余兄云：「甲子秋，與吏部相遇於灤京廣仁嶺上，顏色憔悴，不意其即卒。今見其孤子遺文，殊可哀也。」

甘泉謝佩禾堃，詩筆韶秀，贈予詩云：「四海郵筒寄選樓，爭傳蕭統在揚州。詞場別具千秋業，金粉全銷六代愁。筆固有天參造化，春能無夢兆公侯。明年花踏長安日，擬向珠湖借釣舟。」《畫菊》云：「尋芳曾解杖頭錢，濫醉城南野水邊。欲買又愁無地種，畫圖了我一秋緣。」

江都陳穆堂逢衡著《逸周書竹書紀年註》，極淵博，築讀騷樓，藏書數萬卷。《舊劍》云：「猶有風雷氣，時時出匣中。摩挲忘歲月，磨厲待英雄。繡蝕苔紋綠，腥留戰血紅。太平無用此，休問首山銅。」《秋草》云：「往事榮枯問化工，一年一度又春風。萋萋古道霜華白，莽莽寒原獵火紅。路有陳根雙屐澀，目無新黛四山空。過時不采君休顧，留滯應嗟轍迹窮。」

長白達誠齋榷使三，性情和藹，詩格高渾。《舟中》云：「危橋通絳路，曲港泊漁舟。」《遊秦園》云：「新荷初帖水，老竹欲參天。」《兩間房即事》云：「有山皆掛瀑，無地不噴泉。」《對客》云：「興衰千古事，恬淡百年心。」《南宮晚歸》云：「飲鹿池平波似穀，晾鷹臺迥月如銀。」《自述》云：「世味飽嘗耽梵典，詩才漸老悔香奩。」《居庸關》云：「雲迷古戍人烟少，月落深林虎跡多。」予另錄全詩入《琴言集》。

順德張雲巢廉訪青選，官江、浙時多政聲，帥仙舟座師極重之。嘗記《雨中同遊桃花庵看桃花》詩云：「言尋桃花庵，郭外多春色。春色如流水，催人雙鬢白。花事去悤悤，欲歸言屢食。明年花開時，又作看花客。」

丹徒湯漁村都督攀龍題予《珠湖漁隱圖》云：「兄持旌節封疆重，弟隱珠湖寄釣矼。彩筆縱橫光照乘，雙龍雅望絕無雙。讀罷琳琅萬卷詩，名湖風景綠烟垂。羨君甓社瀛洲上，手拂珊瑚理釣絲。」予因結秦晉之好焉。

錢塘陳小雲司馬裴之著《澄懷堂詩稿》，駿峭沈雄。嘗與予聯吟社，佳句如

「鷗夢湖陰涼入畫，猿啼山暝靜聞鐘。」「空齋踢壁聽疏雨，小閣留人話夕陽。」「芳草池塘無蝶夢，落花禪榻有茶烟。」「客餉碧螺春試茗，童調白鶴夜橫琴。」「天寒雲水鷗無侶，秋老關河雁有聲。」洵爽豔如嚼嶰山紅雪矣。

余在海陵，聞禁兒受知朱虹舫學使入泮，勗以詩云：「驚喜芹香入泮宮，漢家異等本難同。文章未可輕前輩，艱困休教似爾翁。選秀原如鸞出谷，愛才怕說鳳乘風。讀書豈為科名事，莫忘芸窗十載功。」同人多有和者。江都張開虞刺史鴻書云：「準備霓裳詠月宮，門楣有喜笑顏同。世家芹藻添才子，藝苑津梁問阿翁。纔說雀屏成妙選，佇看鵬翮起秋風。紅窗小婦能知否，勉爾雞鳴佐讀功。」錢塘陳雲伯明府文述云：「前身應住蕊珠宮，小阮才名大阮同。奕世鈴韜唐武衛，傳家禮樂漢文翁。高情淮海三秋月，逸氣蓬萊萬里風。珍重天孫織雲錦，登科記裏好程功。」

瀛舟筆談卷十

揚州阮亨仲嘉記

　　吳澹川明經文溥著有《南野堂筆記》十二卷，凡生平遊歷及友朋投贈，皆具記述，耳目所及，名章雋句亦皆紀錄無遺。在節署三年，雅遊歌詠，頗極歡洽。今澹川已逝，每讀其詩及此編，不啻山陽鄰笛。《筆記》中載先祖父招勇公事及余家吟詠，并錄於此，如見澹川縱橫議論，抵掌笑語時也。《寶刀歌》已見前，不載。

　　《南野堂筆記》二則

　　招勇將軍著述行世，《箭譜》《陣法》之外，有《珠湖草堂詩集》三卷，《琢菴詩》一卷，見司農《揅經室文集》。其詩如《江行晚眺》云：「舟行三十里，不覺日西斜。下上依檣燕，參差夾岸花。遠村藏酒市，深火出漁家。唱晚中流急，聲聲入暮笳。」《富春攬篆》云：「野曠山城僻，門臨古岸前。周遭雲接嶺，屈曲水通船。民朴勤農事，官清乏酒錢。莫教嗟薄宦，此處好林泉。」《秋風吟》云：「亭皋木葉起秋聲，紅蓼花寒秋水清。對此蕭條江路永，感人最是故園情。」醞釀深厚，可以覘所養矣。

　　司農弟仲嘉，詩筆清綺，年十六，時在京邸，庭中甘蕉發花，作詩云：「鸚鵡千聲喚曲廊，綺琴彈罷雪生香。小闌干外吟花客，淺碧蕉衫一樣長。」《種花》云：「捲起湘簾倚畫闌，四圍修竹繞琅玕。攜鋤人立花深處，路為花迷欲出難。」又公子長生十二歲詩云：「珊珊漏轉四更餘，自剪銀釭夜讀書。不覺小庭殘月上，一簾花影夜窗虛。」

　　端木子彝孝廉國瑚，詩才清麗，為浙東羣士之冠，予兄最為賞歎。一時從游浙中，登臨懷古之作，已見《定香亭筆談》，今錄其近作數首。

《芸臺中丞視兵甌栝》

飛花滿戰臺，匹馬過江來。講武昇平事，論兵大將才。雲雷兩郡動，風雨萬山開。士氣如臨敵，城頭畫角催。

羽扇麾軍出，雷聲萬馬蹄。驍騰雙陣合，步伐一時齊。海日懸旗正〔註1〕，山雲入帳低。赤心酬壯士，金酒綠頗黎。

《自題太鶴山房》

太鶴主人閒似鶴，蕭然獨息巖之阿。校書午院游絲細，得句秋林落葉多。名士出山猶小草，神仙住世亦南柯。此心卻共溪頭月，長照松門舊女蘿。

甬上袁陶軒徵士鈞，予兄所舉士也。從謝蘊山中丞、秦小峴觀察遊最久。嘗客中丞麗澤軒，修輯《史籍考》。為詩自寫胸臆，不盡規摹古人，而氣格自蒼老。秦川公子，家世中落，故多顑頷婉篤之音。

張鑑字春冶，號秋水，烏程人，頗治推步及六書之學。其韻語在西湖時有《搖碧齋集》，至台州時有《樏谿拾橡集》。其初至京師也，有《過江集》。其被放還山也，有《望雲集》。近在兄節院，則有《冬青庫集》。兩浙詩士為余兄最所賞拔者，每引居幕府，為亨等之師友，前後凡十人：青田端木先生國瑚、鄞縣童先生槐、錢塘陳孝廉文述、錢塘陳明經鴻壽、嘉興吳明經文溥、會稽顧明經廷綸、平湖朱先生為弨、烏程張明經鑑、歸安邵孝廉保初、石門方茂才廷瑚。余兄嘗欲選十子詩，名曰《官齋十子集》，未果成也。

《紫雲洞》

修坂被苗松，窈窕入晴壑。丹梯兩三盤，厓骨一疏鑿。時有白豪光，片片衣裳落。石髓不可期，塵海本無著。未免驚谷神，晞髮岡心諾。

《無門洞》

虛牝開五丁，窅然自太古。蓁蓁石斛華，靈苗曉還吐。我來禮金仙，塵劫浩難數。傳是古龍宮，宿雲莽無主。遺蛻不可尋，時作修羅雨。

《蝙蝠洞》

山行雖忘疲，墜甑畏秋暑。石屋何年開，蒸嵐迷處所。誰然牛渚犀，取徑色先阻。女蘿時一攀，騷屑山鬼語。夕陰起遙岑，一一見仙鼠。

《高家堰》

高郵城下水，盡日向東流。清口淤誰決，淮南事可憂。居人寒伐荻，官驛夜開樓。漕運時

〔註1〕「日」，原作「口」，《太鶴山人集》卷四《阮大中丞視兵甌栝三首》作「日」，今據改。

清重，須知更遠謀。

《南池謁少陵祠》

祠宇南池上，殘年俎豆荒。詩存唐社稷，貌苦蜀風霜。蛤老空潭碧，鴉歸脫葉黃。彭衙今夕感，吟眺獨蒼茫。

《高郵弔秦淮海》

南湖秋水亂寒烟，小庾鄉關感暮年。四海詞名歐柳共，蘇門交誼李張前。醉回遠道藤州夢，山抹微雲學士篇。一樹垂楊枚叔里，西風閒拂酒人船。

《題阮仲嘉先生鴛湖秋泛圖》

放鶴洲空蓼葉秋，漁牀蟹斷足新愁。白魚吹浪寒波重，黃雀啼烟暮雨收。別浦似聞流水曲，有人閒倚木蘭舟。垂虹南去沙鷗熟，吾亦抽帆事遠游。

張秋水子名瀾，嘗以近作就余點定，如《聽鶯》云：「小雨停橈深柳岸，東風繫馬落花天。有人隔院題新帕，何處臨風對別筵。」《秋柳》云：「橋邊鴉點同僧瘦，閣外蟬嘶似水涼。」為能繼其家聲。

程春廬兵部同文，己未名進士也。原名拱，早歲已負時譽，詩詞為前輩所推，後所造益深，抱負遠大。嘗錄近作一冊，詩皆精整不苟。《隋宮詞》亦風美流發，在玉谿、樊川之間。

《隋宮詞》

天子多情解惜花，神傷小賦最名家。如何宛轉青溪上，斷送人間張麗華。

雄心已歇氣難降，衰意先徵樂未央。深夜愔愔螢萬斛，者般臺榭也淒涼。

羽衛深防到阿孩，安伽陀語夢魂猜。宇文公子能輕薄，闖入君王鏡裏來。

珠簾玉箔渺天涯，千里雙行殿腳斜。無力因風歸不得，楊家天子似楊花。

松江張遠春孝廉，四始之外兼擅選聲，其投贈之作皆婉約可風。

《百字令》

阮芸臺先生按試嘉興，從錢氏借觀曹次岳《竹垞圖》〔註2〕，用竹垞先生原韻題詞其上。復屬方蘭坻摹繪一通，以徵題詠，會先生有書見招，亦次原韻寄呈。

圖中彈指，記先生猶在，潞河樓泊。按是圖作於康熙甲寅，時竹垞先生留潞河龔斂事幕中。燕子春來消息斷，有竹千竿誰託。垞南垞北，花開花謝，穩臥江郊樂。「江村穩臥真堪樂」，先生《竹垞題壁》句。鄉心挑逗，呼朋聊醉桑落。

〔註2〕「次」，原作「秋」，下文「乞曹次岳畫竹垞圖」同。按，《遠春詞》卷二《百字令》及《江湖載酒集》所收錄《百字令·索曹次岳畫竹垞圖》均作「曹次岳」，今據改。

誰料百廿年餘，風流未沫，公案重參酌。大雅扶輪今視昔，容我來投蓮幕。博物名齊，填詞筆妙，先後摹邱壑。曝書何處，斜陽還射亭角。

何夢華元錫嘗輯《西湖志逸》一書，凡唐、宋以來，下逮本朝，詩文遺事有關西湖而未載於志乘者，都為一編，搜羅極廣備，有仁和吳東璧廷華《西湖懷古詩》一百廿四首，徵文攷獻，可補杭、厲之道。

勺湖在淮安城之西北隅，為裴園太史讀書之所。家吾山侍郎葵生復繪為圖，以寄其追慕之思，當代題詠者甚多。兄官京師時，吾山先生曾以此卷屬題。

予兄既修曝書亭，為圖以紀，且和竹垞《乞曹次岳畫竹垞圖韻百字令》一闋，時和者甚眾，已具《定香亭筆談》中。後重過此亭，三疊前韻云：「宦三年矣，幸舊時方勺，宅今猶泊。靜志齋荒秋葉冷，此際琴絲誰託。鈿軸多銷，舫醩難遣，付與啼鳥樂。草堂碑在，夕陽無語西落。

又見聯屐吟詩，連筒載酒，畫裏閒商酌。依約垞南三徑好，染筆曾題虛幀。竹樹重鄰，菊泉堪薦，何日還尋壑。秋燈書罷，數聲城上清角。」

儀徵詹石琴肇堂，詩才秀發，嘗和竹垞詞百字令一首。

其人斯在，指搖搖醽舫，葦間閑泊。身是玉皇香案吏，老去鴛湖栖託。琴趣紅牙，詞垣白簡，成就林居樂。垞南垞北，霏霏青玉吹落。

最羨跂馬重關，飛狐塞遠，乳酒歌還酌。磨盾吟成三百首，聲動戍樓戎幕。蓬閬栖神，湖山作主，定不沈泉壑。水仙配食，招魂吹徹清角。

《曝書亭集》以《送曹侍郎備兵大同幕中》諸詩為最。

厲樊榭徵君無後，其墓在杭州西溪法華山下，父母、夫妻、妾，五棺皆在焉。山農將夷之，鬻于人。蔣蔣村學博炯聞之，請於予兄禁之。學博與諸紳士為立祭田，報官立案，歸交蘆庵僧管理。兄為之書墓碑，且刊一詩云：「劉樊窗楣說明州，遺蛻西溪土一邱。多分神仙無子在，但憑天地有詩留。他年碑碣碧苔古，此日墓田香稻秋。記取法華山下路，詞人長與護松楸。」

仁和胡以莊敬，予兄督學兩浙所錄士也。撫浙後命讀書詁經精舍中，乙丑會元，入翰林，刻有《崇雅堂詩鈔》。五言《望含山》云：「路迴疑岸盡，舟小駭波寬。」《破研》云：「半珪蟾月缺，一握麝烟收。」《舊劍》云：「功名書策外，肝膽酒杯前。」《春雨》云：「鴨頭添得半篙綠，螺髻洗開千嶂青。」《晚渡秋江》云：「蘆荻有聲搖岸雪，魚龍無影臥江波。」

海寧陳均字受笙，吾兄所取士。早年為關中、隴塞之遊，畫筆、詩情俱極清壯。其《十三鏡齋詩稿》佳句如《客館大雨》云：「三更雨挾河聲壯，四月

秋從嶽頂來。」《宿文安驛》云：「倦夢依燈影，閒心愛水聲。」《宿魚河堡》云：「山隨新燒出，水掣臣冰來。」《塞上》云：「旱海雪花時墮指，空山風力欲飛人。」吾兄題其集首云：「嶽色河聲太蒼莽，吳山越水劇清柔。合將畫筆兼詩筆，直寫杭州入華州。百二秦關收爽氣，十三古鏡照高秋。奇才舊見吳南野，卻讓陳生隴塞游。」

丁卯冬，吾兄入京，過曲阜，憩鉎山園，賦孔冶山上公慶鎔三律云：「世家喬木三千載，海內斯為第一園。九曲修籐雲偃蓋，十圍老檜石蟠根。蒼苔紋蝕方壇鼎，黃葉聲喧曲徑門。并鉎大峯無數立，平原綠野總休論。」「莫道園林未掃除，略加修飾便堪居。春花五色栽宜滿，秋樹千株種莫疎。勝日娛親常捧酒，他年教子定攤書。儒家不說神仙事，多恐神仙未此如。」「上公弱冠久簪纓，介弟相攜更有情。小象半屏如玉立，新詩一卷似冰清。貌將溫厚歸名教，句掃繁華近老成。愧我風塵無定所，半宵聚首又長征。」衍聖公暨其弟孔敬輿慶鑾皆有和作。

錢子壽寶甫詩有性情。戊辰春季，吾兄撫浙，道過姑蘇，子壽同遊支硎、天平、靈巖諸山，有長歌云：「七年不泛香水溪，溪花笑我顏面黧。三年不入春風坐，自問此心無一可。聞公昨日離征鞍，錦帆截渡江流湍。并土兒童再見李，雍州宣撫重來韓。逆公百里公色喜，從遊者誰詩弟子。紛紛脆管杳入雲，汩汩清談淡於水。橫塘橋畔蘭舟移，打槳劃碎青玻璃。游絲百尺自搖蕩，山壓船頭高復低。篋輿欲上路疑盡，石落泉飛憶支遁。翠崿依然護白雲，娃宮久矣銷紅粉。何人五宿皓月間，縹緲露出雙烟鬟。極目西南合水天，千秋佳麗擁湖山。憑欄且酌黃柑酒，作畫應煩郭熙手。留公少住我曰否，西湖魚鳥懷公久。湖邊樓亦瞰兩峯，峯影倒插晶盤空。蘇堤曾補萬株柳，昔猶嬌姹今蔥蘢。公餘於此盛文讌，腹有甲兵人未見。揮麈從容靖海波，浙東西水歌聲徧。」

陳雲伯文述入都後，久不相見，聞其游道日廣，所著亦日益進，嘗郵寄所作，皆偉麗瑰奇。家兄入覲，雲伯從赴灤陽〔註3〕，不及匝月，得詩百餘首，其下筆不休如此。

《題阮梅叔先生秋山聽瀑圖》

飛瀑下千仞，風織浪花碎。幾縷林杪雲，落向騷人背。

《清河旅店中丞見示新鑄銅劍》

出匣白鷗尾，入手蒼龍精。六丁下爐鞲，鑄此赤堇英。坐客快起舞，虹氣飛華纓。此劍之

〔註3〕「雲」字前衍一「赴」字，今刪。

所自，為我言生平。潢池肆盜弄，哀此蚩蚩氓。交南干國憲，樓船助橫行。銅印作軍符，主者大統兵。千奴聽指揮，螳臂當車撐。中丞初蒞浙，秉鉞方專征。三鎮聽節制，號令嚴且明。一戰摧舳艫，再戰殲長鯨。獲其進祿侯，鎧杖兼麾旌。此印亦就俘，海氣銅花腥。良冶鑄為劍，廣狹中度程。歷歷秋星芒，皎皎銀河橫。中有外國字，突兀蛟龍驚。憶昔從幕府，籌海嘗深更。羽檄捷若飛，弓刀鏗有聲。孫吳出天授，豈不關精誠。撫此三嘆息，頑物亦有靈。昔以佐兇孽，今以助忠貞。應同正威礮，四字鑴佳銘。中丞平艇匪，得大小銅砲八十餘，分隸三鎮，新建海舶，名之曰正威砲，佳砲之去逆歸正，效靈助威也，有《正威砲銘》。豈但千金值，萬古垂令名。

陳雲伯《桐船行》，弔胡將軍振聲也。將軍以二十餘船入閩，帶兵船木料，時蔡、朱二逆初從臺、澎合幫回閩，眾八十餘船，總督檄之擊賊，眾寡不敵，遂死于陣。余兄督兵浙洋七年，調度不失律，四品以上武員無一人死者。其李提督、胡總兵、羅總兵江太之死，皆非予兄所調度者也。雲伯作此詩時，提督李忠毅公尚未亡，而詩之末句若為識者。

龍門之桐高百尺，柯如青銅根如石。造為百丈橫海舟，水底蛟蚪皆辟易。桓桓威望胡將軍，意氣激薄凌風雲。一角突兀成一鎮，伏波下瀨空紛紛。同時孫全謀李長庚皆健者，將軍當之肯居下。風濤浩薄壁壘嚴，海上走船如走馬。頻年海道多鋒烟，盧循竟欲稱水仙。列鎮星羅克期哨，桐船每為諸軍先。檣艫精嚴旗鼓勁，所向成功握全勝。賊中望見桐船來，爭棄弓刀乞殘命。閩海門戶橫鯤鯨，小醜竊發思逞兵。諸將束手捕不得，大府羽檄催如星。將軍偏師在中路，此行非為出師去。國事豈肯分畛域，丹忱激發頳顏怒。修我矛戟呼同仇，眾寡主賓遑所籌。孤軍深入復無繼，西傾一柱天為愁。銅角吹殘海雲黑，不見桐船海門入。風雨年年作怒潮，暮雨靈旗鬼雄泣。十萬樓船渡廈門，已聞臺海靖風塵。雁門太守今飛將，一樣孤忠報國人。謂李將軍長庚。

嘉應州宋芷灣編修湘，余兄己未門人。詩法韓、蘇，下筆洋洋纚纚，負聲有力，有《李忠毅公死事詩》一首，悲壯沉鬱，不可多得，詩曰：「入海斬蛟，登山射虎。壯士出門，甘心報主。生也臣不敢知，死也臣不敢辭。臣知殺賊而已，焉知生歸死歸。汝賊蔡牽，汝何幺麿。海水四晏，無風鼓波。汝賊蔡牽，汝何多狗。猖猖血人，千里牙口。汝賊蔡牽，我來將軍。將軍飛來，汝聞不聞。汝賊蔡牽，汝何不柂。上天入地，將軍殺我。汝賊蔡牽，汝何不弓。出日入月，將軍如風。汝賊蔡牽，汝何不死。罪大海小，將軍守此。迷迷離離，將軍之旗。歌歌舞舞，將軍之鼓。將軍曰刀，蒼天晝高。將軍曰矢，怒潮夜死。吁嗟乎！臣不滅賊，臣甘死賊。臣且滅賊，臣竟死賊。海水無情，天風盡墨。臣北面稽首，謝天子聖德。天子無悼臣，臣死臣之職。大海蕩蕩天所圍，雲車風馬臣靈來，上帝許我梟厥魁。明年蔡牽死，戰士休徘徊。龍宮開，雲風回。」

戊辰除夕，兄因剿辦蔡逆，在甬東。是夕，舟泊姚江，始見二毛。蓋不在家度歲者，已四年矣。曾紀以一律云：「大亭古堠接餘姚，除夕停舟待暮潮。迴憶家庭非往日，轉宜兒女避今宵。鏡中霜薄鬢初染，篷背春寒燭易銷。屈指四年同此夜，雷塘菴冷大梁遙。」自註云：「乙丑、丙寅除夕，在雷塘，丁卯在河南。」又渡江勘蕭山塘，夜宿六和塔院，有句云：「月黑山空已半宵，燈昏古寺對殘膏。風催夜氣將成雪，水落江沙不起濤。詩思覓來禪榻畔，夢魂騰上塔輪高。出門翻得荒寒趣，絕勝城中俗事勞。」

曼生弟仲恬鴻豫，見人語粥粥不出口，而中夜篝燈讀書不輟，詩亦婉約和平，有愔愔之德，如《春草》云：「南浦羈愁綠一灣，天涯別去掩重關。烏健穩臥斜陽冷，紅蜻雙飛舊夢閒。細雨池塘春又到，落花庭院客初還。征塵回首輪蹄杳，漠漠平鋪山外山。二月風吹屐齒香，六朝幽恨入微茫。燒痕依舊隨春綠，寒食何人送別忙。生意不除周子宅，書聲常在鄭公鄉。可堪重訊仙源路，不見桃花已斷腸。」予亦有詩云：「無端新綠滿窗前，彈指流光又一年。楊柳春風調馬地，桃花細雨賣餳天。魂銷南浦情偏切，夢繞西堂句好聯。踏遍蘇堤歸未晚，裙腰一道碧如煙。」

屠琴隖太守倬，弱冠登第，賦才卓犖，兼工書畫、篆刻，嘗以詩就正余兄，兄題其首簡云：「藁中諸詩皆有宗法，清思雋句，頗自不凡，年力正富，所願進而不已，烏知其所至極耶？」琴隖之詩，自抒性靈，不專派別，有《是程堂集》。繼入詞館，為名翰林矣。

《阮棨未先生命題鴛湖秋泛圖》

晚涼添得幾分秋，人似閒鷗不解愁。風片雨絲隨意好，渚青雲白一齊收。聽來蓮葉田田曲，放出瓜皮小小舟。記送八驄臨水驛，展君圖畫當重遊。原注云：「倬送中丞師入覲，曾遊此地。」

查梅史揆又名初揆，詩文皆擅勝場。詩主滄浪，持論以如鹽著水，味在無味，雖極鎔鍊，要歸自然。刻有《菽原堂詩文初集》十卷，文皆駢體，以氣韻勝，不以塗澤為工。集初刊成，京師人爭傳之。法梧門先生自都中移書，極相稱賞。先是，錢竹汀宮詹以博學高文，領袖後輩，於梅史有「二百年無此作」之歎。前輩愛才弘獎之盛心，可為感激，亦梅史之才有以致之也。甲子科，舉於鄉，嘗與屠琴隖太守倬、胡秋白學博元杲偕同人讀書於清平山麓之拂塵庵，以文史相劘切。所居之室曰「小檀欒」，奚鐵生岡為作圖，梅史為之序，秋白為之記。

雲臺夫子闢精舍於西湖孤山之麓，以浙東西為訓詁、詞賦之學者舍其中，得三十二人，揆

亦與焉。同舍孫文學作《詁經精舍圖》，屬題其後。

開府東南盛，傳經許鄭祠。樓高青嶂合，波暖白鷗知。漢相魁材館，昌黎薦士詩。只今圖畫裏，廣廈萬人思。

《綠陰二首》　詁經精舍課作

分得新陰一碧含，袷衣乍換又江南。討春纔覺紅情嬾，買夏方憐綠意酣。三月房櫳飲穀雨，一邨桑柘浴吳蠶。如何老鈰花游曲，鶯板飄零已不諳。

上河圖子過清明，又見新烟與水平。花似徐妃留半面，詩如杜牧怨三生。夕陽翠幙寒猶嫩，涼雨銀牀碧又晴。遮盡曲欄干十二，不曾遮得玉簫聲。

《詠牡丹四首》　詁經精舍課作

朱霞捧出蕊珠宮，只恐徐熙畫未工。不是萬花中第一〔註4〕，一般誰得近薰風。

桃花李花相間飛，舊家姚魏事全非。莫愁利市襴衫破，昨夜東皇已賜緋。

婪尾深盃近麥秋，殿春芳訊尚淹留。年來儘著梅花笑，消受東風在後頭。

那得紅闌面面開，玉川老屋委荒苔。花間別有樓臺起，似向披香殿裏來。

與梅史、琴隖同讀書於拂塵庵者，范小湖崇階、攴積堂三慶。小湖以四明寄籍錢塘，詩有骯髒之色，如其為人。積堂恂恂少年，顧影偶語，有洗馬清羸之疾。詩亦婉約風流，嘗出《桐陰覓句圖》屢題，余題一絕云：「秋梧枝老掛寒烟，滿地蛩唫薄暮天。淺碧羅衫窗外立，不知疎雨滴吟肩。」

《安瀾園紀遊圖為阮公子壽昌題》

攴三慶

瀕海孤城越絕天，隅園一角舊平泉。閒來未得支筇往，畫裏還思選石眠。千里風濤隨顧盼，百年喬木老雲烟。羨君第五橋邊路，橐筆從遊正少年。

《題阮梅叔先生皋亭看桃花圖即和原韻》

詩酒年年未有涯，梅花吟徧又桃花。可憐是處春無價，誰說重來路已差。夾岸暖風霞爛漫，滿身香霧蝶低斜。風流令占偓源福，輸與農桑住作家。

嘉興李香子富孫，予兄《定香亭筆談》中所謂「禾中三李」之一也。文筆、詩才俱有家法，洵不媿秋錦後人。近得其《竹南榆北山莊藳》，如《過吳明經滄川南野草堂》云：「翩翩戎幕佐奇謀，萬里歸來未白頭。海內羣推一名士，座中傾動五諸侯。揚鞭橫槊胸尤壯，抵掌銜杯語更遒。正喜息機共還往，南湖烟月晚涼秋。」

德清邵東匯孝廉保初，溫潤如璧，文章清麗，兄督學時所取之士。少有異

〔註4〕「花」，原作「化」，《簣谷詩集》卷八《詠牡丹四首》作「花」，今據改。

秉，日誦五六千言，覆書不失一字。庚申，以選拔應省試，兄復延之入幕。辛酉冬，將就試闕廷，劉佩循侍郎挈之入都，旋以丁外艱南歸，不及預試。甲子，以第二人舉於鄉。近聞其公車至清江，染時疾，誤投參、朮以歿。才人無命，是可歎矣。生平著述，不自收拾，無從著錄。今略存數首，非其至者，庶幾傳其人焉。

《題董北苑山水應阮梅尗先生命》

一境造幽棲，山光樹色齊。雨紅爭曉日，風綠散春荑。杖策尋芳徑，行雲度小溪。不愁歸路迴，詩思夕陽西。

桐鄉徐月巖明府光照，博學工詩，嘗以《小瓏玲山館詩》見示，如：「東風曾夙契，流水又前盟。」「酒帘歌扇影，飛絮落花天。」「勾留紅杏塢，搖曳綠楊天。」皆不失唐人正軌。

嘉定錢同人以近作見貽，內有《題徐學博祖鎏秋江觀濤圖五十韻》，與古人爭廣陵引古樂府，尤有據，因具錄之，詩曰：「昔觀錢塘潮，潮頭劇濟湃。匹練導其前，後引萬馬隊。憑闌一決眥，已詡此游快。今年過揚子，大塊正怒噫。扁舟溯江心，如杯納纖芥。四顧天蒼茫，浩歌眾驚怪。稍焉狂飆息，長年坐相話。云當暗潮長，適與風水屆。水石交舂撞，乃覺就下沛。脫非子午時，淳流等涓澮。始嘆造物藏，奇境萃吳會。錢江迎海波，衁赭束之帶。譬如久壅川，迅激在初潰。曲江江水平，其來鮮拗背。譬之黃河瀉，千里了無礙。形勝本皆同，貌視判明晦。若論江潮勢，寧許彼此殺。所以枚郎中，為文肆情慨。試誦七發篇，能令疾起廢。自從善長流，著書誤支派。曲江錢塘江，方志混記載。我家思復翁，作賊亦瞢昧。兩江合為一，此說頗辭害。邇來竹垞詩，亦復相傅會。謂古廣陵侯，其廟今尚在。持論如長城，萬古堅不壞。豈知長干曲，語足破疑械。古樂府《長干曲》：「妾家揚子住，便弄廣陵潮。」況有子顯書，州郡志疆界。《南齊書‧州郡志》：「海陵與京口對岸，江之壯闊處也。南兗州刺史，每以秋月出觀海陵濤。」以之注水經，差勝采野稗。徐君昔筮仕，秉鐸莅江介。攬勝披圖經，稽古息羣喙。冷笑吳太子，壯觀志未逮。及此晴和天，擊檝賦行邁。蒲駵葉葉風，迴翔若征斾。遙睇山蒼蒼，金焦簇螺黛。浪陶弔興亡，清醨滿觴醑。因之得佳什，淋漓雜悲喟。息影早歸來，鴻泥托寶繪。示我尺幅圖，題字盡珠琲。賤子慙諛聞，而顧一言丐。感茲虛已懷，忘醜轉緣愛。惟君大雅林，才敏船下瀨。即今鬖髮宣，朝冠久高掛。詞源尚橫流，鄒枚信堪配。飛書草檄人，清時亦攸賴。他日召蒲輪，金門竚遷拜。置身蓬萊頂，所見益當大。觀水古有術，願言歌以

誶。」

蘇州楊補帆昌緒，工楷法，客節署，每日晨起必摹鍾、王書一二十行，寒暑無閒。又善繪事，凡名人畫幀有所見，亦必摹仿數四，如其臨池。補帆於詩不多作，而得句甚工，嘗作《西湖新柳詩》，和者甚眾。補帆詩云：「踏青人向大隄行，聽得黃鸝第幾聲。搖曳乍禁風月夜，纏綿催起別離情。郵程朝雨愁寒食，畫閣斜陽媚晚晴。擬向陽關問消息，生機無限到蕪城。」費新橋丙章云：「不須大道訪瑯琊，有客江南感歲華。離恨也應憐芍藥，風流秖合伴桃花。浪翻別墅王維畫，春在西泠蘇小家。最羨曲江池畔宴，幾行排列已成衙。」予詩云：「記得西泠春可憐，如絲一路裊寒烟。誰家白舫多羅綺，何處紅樓不管絃。眉影淡描流水岸，腰支新舞夕陽天。關心遮莫傷離別，慘綠吟情感昔年。」

汪選樓家禧，讀書力學，經經緯史，旁及百氏諸子、名物象數，罔不悉心研究，古文亦簡鍊有法，武林好古之士未能或之先也。肄業詁經精舍，為孫淵如觀察所重。見人粥粥不出口，謙下若無所容，而胸中條理明辨。顧視清高，詩不多作，要皆從性分中流露，非僅為風雲月露，連篇累牘者也。

嘉興丁小鶴子復，好學工詩，尤善古文，為家兄督學時所賞拔。前歲北遊，應京兆試，失意而歸，以書抵兄兼寄其途次所作，自言竊取樂天「文章合為事而著，詩歌合為時而作」之義。其中《潞河吟》數首，髣髴《長慶集》中《秦中吟》三首，庶幾不媿其言也。

蔡浣霞儀曹鑾揚，詩文清麗，實東南之秀。兄於諸生時，即識拔之。後己未會試，兄亟賞其詩，魁之，以為絕似端木國瑚，及拆榜，乃浣霞也。近得其在都下倡和詩一卷，如《夜坐感懷》云：「年來結客到幽并，小坐都傷去住情。樓閣月沈昏似夢，關山星落凍無聲。琴心漂泊青絲老，錦字銷磨白蠹生。詞賦在不妨，憔悴庾蘭成。」又嘗與劉芙初、汪竹素同日南下，賦贈二首云：「同來京國感風塵，草長鶯飛又一春。四海誰懸徐孺榻，中原難著管寧身。華年不定浮生計，末路偏逢絕代人。我亦征袍怨憔悴，那堪傷別更傷貧。」「草草天涯悔別辰，大隄一曲盡沾巾。牽衣中夜燈如夢，罷酒空堂雨似塵。淮海書來仍見雁，汝陽客散更無人。南朝詞賦飄零甚，珍重江關別後身。」又《秋草》云：「吹斷蘼蕪路，涼星照露�。羅衣歸楚苑，銅輦閉秦宮。綠淚辭金蝶，紅心怨玉驄，王孫催別後，貽佩託途窮。」又《綺懷》四首，清靈婉約，真得義山之神。其一云：「寒城烟月總天涯，錦瑟弦弦感歲華。我記白衣曾失路，人傳碧玉尚無家。分明薄命占條脫，漂泊春心託琵琶。今日綠苔紅雨地，有人彈淚葬

秋花。」其二云：「小樓曲苑上燈遲，楊柳春魂喚不知。北里人來仍背鏡，東堂雁去枉牽絲。竹枝迢遞傳湘瑟，花蕊淒涼譜蜀詞。一別青門消息斷，口脂眉媚未逢時。」其三云：「靈鎖森沉起夜烏，怕開憔悴十眉圖。生逢韓重緣猶淺，晚嫁王昌命已孤。後夜心情歌玉樹，舊時蹤跡隔銅鋪。再來棖觸鍾陵感〔註5〕，但向秋山種綠蕪。」其四云：「吹竹彈絲罷後庭，斷腸聲到合歡鈴。斜箋錦字修花史，小冊金函注佛經。閒理玉衣銷豔雪，自迴紈扇數春星。年年河上傳柑節，烟雨移家總淚零。」

詁經精舍第一層屋祀許叔重、鄭康成兩主，其第二層屋尚空閒。己巳夏，朱文正公門下士許宗彥等，請于二層屋祀朱文正公木主。七月六日，凡在文正門下者二十餘人，同來送主入祠。事畢，兄與諸公湖樓小憩，時江西清江黃賁生郁章亦在杭，同與斯集，有詩四律紀事。黃君以翰林為縣宰，詩筆清老，不為纖艷之詞。

《阮雲臺師招集詁經精舍送朱文正公栗主入祠事畢坐望湖樓》

十頃湖光一鑑圓，萬荷花裏奏冰絃。雨過精舍蒼苔靜，風閃靈旗翠幛連。蜀郡文高宜立室，漢儒許鄭合隨肩。焚香忽下鮸生淚，記別西華已八年。英靈河嶽與星辰，說到西湖意更親。光燭絳霄依御宿，氣涵滄海轉洪鈞。故鄉東指佳山近，使節南來化雨春。一盞清泉公笑飲，不徒感泣遍儒紳。

濟濟衣冠靜不喧，中丞迎立謝朱軒。儒林道學原同派，經史文章在一門。馨俎豆惟明德遠，傳衣缽比昔賢尊。公忠矩矱當前是，忉悵清時答聖恩。

坡公詩句足清游，七百年來在一樓。坐擁湖山秋到眼，經傳吳越日當頭。泠泠水樂環仙洞，歷歷沙禽傍釣舟。歸去崇祠回望處，白雲明滅水中流。

天長林庚泉道原少年時頗事游俠，琴樽絲管，有五陵裘馬之風。其在浙江時，吟詠日出，以詩律、書法自豪。既而文園倦游，寒山偕隱，然湖海之氣，未盡消除。兄嘗索其近作，報以詩云：「自笑龍鍾嬾作詩，妻孥憐我剩支離。何期舟楫鹽梅客，翻索風雲月露詞。龍藏固應收馬勃，雞皮終怯畫蛾眉。嗜痂逐臭從心好，莫在茶甘飯軟時。」可以想其風趣。

兄嘗於署中食瓟兒菜得句云：「秣陵秋老鋤寒雨，陋巷人來味古風。」上句蓋寓開平王灌園之意。時上元孫蓮水明經韶方在幕中，賦律詩一首，兄甚誦之。「嫩葉如瓟飽露華，白門佳種勝黃芽。鋤當顏巷三秋晚，來趁吳帆一幅斜。小雪時光人中酒，故園風味客思家。使君淡泊甘如許，海玥江珧未足誇。」曼

〔註5〕「棖」，原作「振」，《證齠齋詩集》卷六《綺懷》作「棖」，今據改。

生即用兄句足成二首云：「十里秦淮菜甲肥，霜畦一片綠雲飛。可宜巷裏尋詩去，卻趁谿邊洗耳歸。世上愁余瓠落久，尊前如爾筍班稀。箇中滋味能參否，珍重調羹侍紫扉。」「憶罷尊鱸譜晚菘，一瓢如玉滿烟叢。秣陵秋老鋤寒雨，陋巷人來味古風。竟有天漿斟斗北，可無詩卷壓江東。平生雅抱薑鹽志，不敢輕嗤賣菜翁。」曼生於庚申後詩不多作。

蓮水近客遊歸金陵，以詩□□見寄，其《重九前一日海州城遠眺》云：「烟嵐縹緲認雲臺，落日孤城畫角哀。秋少稻粱無雁到，地當溟渤有潮來。時清兵亦歸農畝，歲歉官方見治才。太息膏腴荒欲盡，幾家明日酒盈杯。」《彭城懷古》云：「自昔風雲爭戰地，有人書劍薄游時。英雄事過青山在，歌舞樓空燕子知。弔古先尋彭祖墓，登高誰續長公詩。西風落日河聲急，百感蒼茫到酒巵。」《瞻園晚步》云：「幾番花落後，三日雨晴時。苔滑妨行屐，泉鳴解和詩。窺人憐鶴傲，抱石笑雲癡。林木新陰滿，翻嫌月上遲。」《同家淵如觀察過虎邱》云：「使君萬卷總隨身，每獲遺編當異珍。裁向姑蘇城外泊，上船先有賣書人。」他如《瞻園》云：「古木滴殘雨，新荷香暮天。」《雲龍書院》云：「古苔繡石色微紫，寒菊貼籬花半黃。」《莫愁湖雅集》云：「幾時勝地人重聚，從古良宵月易低。」《富陽江上》云：「淺瀨數重翻雪浪，幽禽十月作春聲。」皆性靈灑灑，自暢所言者。

嘉興張叔未解元廷濟，頗結金石之癖，下至破錢殘瓦，罔不搜羅，洵好古之士。茲得《清儀閣詩鈔》一冊，平正通達，殆非自詭于詞者可比。

朿未所居，名「新篁里」，嘗以里門請家兄題署，兄因系之以詩。

《題張解元新篁里》

詩人舊事傳梅里，名士新居在竹田。解得楚辭篁字意，清陰滿地綠如天。

放梢新竹密圍樓，金石奇文自校讎。若學齊桓陳栢寢，也應權拜小諸侯。

華亭劉春橋煦，嘗以詩冊投家兄，如《秋水》云：「連朝雨過白蘋洲，漠漠烟波渺渺秋。客思蕩搖千里外，寒潮初長五更頭。荻花風急朝迴櫂，別浦人遙晚倚樓。最是長天杳無際，葭蒼露白起離愁。」《秋草》云：「秋原極目易蒼涼，無數亭皋舊迹荒。九十芳辰隨逝水，六朝廢苑自斜陽。綠波南浦成前夢，繡陌東風記昔狂。愁絕天涯游子意，青袍色黯又經霜。」詠物詩妙得不脫不粘之旨。

高惺泉日濬，為詩自出機杼。《早梅》云：「近岸水初活，憑窗客已知。」《春柳》云：「二月春光偏旖旎，一春心事易黃昏。」《和陳桂堂秋柳》云：「城

上角聲催馬勒，橋邊簾影冷魚箱。」《送春》云：「客中事事多相左，未到春深見落花。」風調婉約，頗近元人薩天錫，廼易之一派。

「但空裏疎花數點」，此宋人詠梅詞也，可以想畫中三昧。余向在京師，每值花時，輒想見「嫩寒江店」。兄亦有《題陳肖生畫梅》云：「畫梅我見楊補之，疎花數朵三疊詩。楊無咎《梅花三疊圖并詩》今在內府。又見元章及憲章，千花萬蘂丈幅長。古今疎密各有法，天資學力爭豪芒。陳君畫梅今稱首，風雅欲繼辟疆後。閉門二日為我圖，題句空香不沾手。八年不見江南花，得披此幅重咨嗟。平山堂下步春月，香雪玉水何橫斜。橫斜真態入君筆，銕榦瓊葩交茂密。海中七尺青琅玕，萬顆真珠綴明瑟。昔讀子固論畫詩，鼠尾鹿角蜂須垂。點椒圓暈分正背，檀心側側東風吹。趙子固《論畫梅詩》有「枝枝例作鹿角曲」「珠暈一圓工點椒」「糝綴蜂鬚凝笑靨」「穩拖鼠尾施長條」「盡吹心側風初急」諸名句，以之奉質，當有會心處。此畫與詩若相助，筆花墨雪飛春絮。況是君家有道昇，蘆簾紙閣拈豪處。肖生夫人善畫。畫中花意無榮枯，得此如栽梅百株。知君山水亦能事，更索琅嬛仙館圖。」

詩涉梅花，每多佳句。宋人詩云：「剛道近來全俗了，略無一語及梅花」，近人黃退菴詩云：「梅花消受好詩多」，皆可謂知言。陸季海元溥有《題梅花冊子》詩云：「竹樹娉婷雪乍晴，淡香飛破冷烟輕。不嫌月色清寒甚，慣為梅花坐到明。」詞意俱清絕。又有《塘栖道中》一絕云：「雪消春水快揚舲，小驛經過第幾亭。行到塘栖帆乍轉，夕陽爭出亂峯青。」亦工。

西溪本以梅花得名，近梅樹已稍稍變為桑田矣。而葭蘆烟水，彌望十餘里，花時積雪，嚴霜炫晝，縞夜微波，遠渚小岫，平林如入畫圖，此則西湖所無也。有交蘆、秋雪二菴，當西谿之勝。交蘆菴，舊董香光書額為「菼蘆」。余兄以內典辨其訛，為作《交蘆菴記》，以付其主僧梅嶼。乙丑春季，廉夫倩楊補帆作《西溪看蘆圖》屬題。余有詩云：「萬頃涼雲入畫圖，勝遊人盡愜清娛。何如秋雪菴前坐，也向烟波作釣徒。清夢閒鷗繞釣臺，波光如鏡一奩開。還期月白霜寒夜，飽聽秋聲放櫂來。」

孝豐吳蘅皋應奎，振奇之士也。家貧力學，刻意為詩，有《讀書樓詩集》六卷。其詩嘔心銥腎，在長吉、東野之間，古樂府尤為擅長。先以詩呈予兄，然未見其全，後卒以窮死。其友人陳白雲進士斌、屠孟昭太守倬為梓行之。集中愁苦之音過半，亦其偃蹇厄塞所致。五言如《病樹》云：「吾生真鹵莽，此樹已婆娑。」七言如《後古艷曲》云：「初日卷衣荷作鏡，十年待字鳩為媒。」

《感懷》云：「平生不解主臣語，半世多逢客氣人。」郭頻迦題其集一律云：「蜀鵑悽惻峽猿哀，細字昏燈一卷門。並世不曾教我見，多生何苦帶愁來。世無知己寧非命，窮到奇時亦損才。多謝諸君為流布，應憐馬骨重燕臺。」

蘅皋弟應保亦工詩。《雨雪》云：「寒聲沈鼓角，花片上刀環。」《關山月》云：「征人看太白，中婦怨流黃。」《長安道》云：「鐘聲長樂館，樹色小平津。」《春晚有懷》云：「桃李落俱盡，菰蒲如許長。」

郭頻迦麐移家嘉善，與黃退庵懰鈞游最密，言其灌園郊居，怡然自得，嘗以詩呈于予兄。之前退菴二子霽青安濤、思未芳濟皆能詩，亦各以所著來。予兄取其佳篇名句，為之標置，題曰：「嘉善三黃詩」。退菴詩七言最佳，在劍南、石屏之間，如「鴨頭乍漲三篙水，蠶豆偏宜一面花。」「魚子多生新雨後，蛙聲催作熟梅時。」又《詠闌干》落句云：「太息古今為爾伴，不知閒煞幾多人。」亦復寄託深遠。

退菴女夫汪芝亭繼熊，年初弱冠，刻意學古，出語清雋，其佳句如《早春》云〔註6〕：「窗因雨暗呼燈早，梅為春寒索笑遲。」《納涼》云：「風閃星光還照水，月移桐影恰當頭。」《初夏一絕》云：「雨過閒庭淡夕陽，卷簾桐影落銀牀。新篁暗透隣牆出，翻比儂家老竹長。」尤妙。

海鹽吳茂才修，作詩自云得籜石宗伯衣缽。嘗見其《思亭近稿》，如《贈周大》云：「白日下高樹，故人江上來。」《早春游望》云：「細雨梅花邨店酒，夕陽芳草渡頭船。」《寄友》云：「細雨連江白，疏燈入夢寒。」抑何神似青邱。

錢塘吳更生茂才引年，博學工詩，嘗以《益壽室詩稿》寄余，如「春水綠迷寒食路，桃花紅入酒人船。」「仙洞尋雲閒踏葉，石梁聽瀑倦扶藤。」「醫鶴方新人乍乞，澆花課熟蝶先知。」殊不墜正聲。

胡若邨寶琨，華亭老詩人也。予自壬戌冬游雲間，即聞若邨名，而未謀面。丙寅冬，若邨以詩集寄兄，予得讀之，五言如：「一隄花壓帽，十里水湔帬。」七言如：「暮雲一角辭茅嶺，曉日三竿過晉陵。」皆可誦。

海寧楊芸墅文蓀、錢塘張麗生孟淦，皆詩人也。楊有《述鄭齋詩略》一卷，如《山齋秋夜》云：「夜悄碧天高，月出眾峯頂。林鳥半歸巢，羣籟亦已靜。蘿徑清風來，蕩碎長松影。」《齋居》云：「清晝落花深，高齋過新雨。夢覺無人聲，綠陰一鳥語。」張有《雲齋詩草》，其《聞鴉》一律云：「一燈蕭寺夢難安，況聽羣鴉噪夜闌。返哺有心霜雪重，上林無路羽毛寒。譜完樂府情猶鬱，

〔註6〕「佳」，原作「家」，非，今據文義改。

棲穩枯枝近亦難。想見紅閨更惆悵，中宵聽徹淚汍瀾。」頷聯托興深遠，得詩人之遺。

程君恩澤詩翰翛然遠俗，清介可風。《寒江》云：「月從京口白，天入海門青。」《錦瑟》云：「綠尊槐葉竈，紅袖棗花簾。」《寒山》云：「石根齊到地，風力自生潮。」《趙北口》云：「魚聲在水都成雨，帆影依天欲化雲。」又云：「傍柳人家春放鴨，落花時節女湔裙。」

海寧王海邨鸒，詩才清拔，著《秋塍書屋詩集》〔註7〕，集中有《阮雲臺先生持節浙江詩以誌喜》一律云：「望深鈞軸佐絲綸，玉尺方收節鉞新。韓范到今傳將略，功名終古屬詞臣。樓船鼓角三秋靖，詩屐湖山一徑春。我亦公門桃李末，半含春影待芳晨。」其詩警策處極多。吾兄則賞其《讀南宋史》云：「車駕虛還汴，英雄恨渡河」，《七夕》云：「如何千古客，憐此一宵秋」，《除夕》云：「身有餘閒頻中酒，夢忘是客竟還家。」尤為渾脫天成。

如皋女史熊淡仙，詩詞皆工，以所適非偶，鬱鬱不自得。東臺于秋渚賦《女遊仙詞十首》以廣之，有云：「一領雲衣製水田，采芝常到翠微顛。山靈認得芙蓉髻，已在蓬壺五百年。」淡仙和云：「鶴帔飄搖兩袖風，步虛來往碧雲中。蓬壺別有閒天地，懶問蟠桃幾度紅。」

顧荻洲德言，少孤力學，事母至孝。余游雲間，荻洲嘗出節母葉太夫人《鼓瑟樓詩稿》見示。太夫人，忠節公曾孫女也。茮堂師有《鼓瑟樓詩稿題詞》。

予兄輯《兩浙輶軒錄》，皆采已故之作，中有嘉善閨秀金文沙淑之詩。文沙故尚存，蓋外間聞選詩，則錄以來，予兄誤錄之也。文沙見《輶軒錄》，後以詩寄謝，中有云：「未亡人合從寬例，文選臺應被誤傳」之句，立言有體，吐屬名雋。頻迦以詩寄和，有云：「即事又添嘉話在，此才原合古人看。似聞妙繪兼三絕，試畫天風蘿屋寒。」蓋文沙兼善寫山水也。文沙得詩，畫《天風蘿屋圖》贈之，并題二絕云：「春來海燕寄珊瑚，屬寫天風蘿屋圖。自是詩中兼畫意，不知畫意入詩無。」「禿盡千林見遠峯，只留蒼翠兩三松。有人屋底寒如此，黃葉堆門過一冬。」二詩蕭然遠寄，不愧林下之風。

《雲臺中丞輯兩浙輶軒錄例選已故淑以未亡人謬預此選賦二章》

未忍焚如未暇刪，便教一字落人寰。羞生謝女班姬後，垂老蘆簾紙閣間。題畫偶然親翰墨，

〔註7〕「塍」，原作「藤」。按，王斯年，一名鸒，字海村，浙江海寧人，撰有《秋塍書屋詩鈔》八卷，《秋塍書屋文鈔》二卷，國家圖書館藏有清嘉慶十七年（1812）刻本，今據改。

—235—

停針聊復寄幽閑。批雲抹月今休矣，開卷無端淚自潛。

合組居然彙一編，求珠乃爾到深淵。未亡人得從寬例，文選臺應被誤傳。誰道聰明多自惜，試看福慧幾人全。就中差勝諸名媛，眼見青瑤字字鑴。

詩人王柳邨之妹名瓊，字碧雲，善詩，著有《愛蘭書屋詩選》，與其兄之女迺德、迺容同見稱于時。碧雲詩如「殘春人中酒，斜日獨吟詩。」「雨浮芳草外，風過落花餘。」「鷗鷺託清興，篇章生古春。」「去年蘭棹期江上，三月春濤隔郡來。」極清靈婉約之致，而一門風雅，有吳江葉氏之風。迺德字子一，著有《竹淨軒詩選》，如「倚樓看碧樹，入座有青山。」「樹密忽成雨，江深易入秋。」「窗間啼鳥倦，竹靜夕風涼。」迺容字子莊，著有《浣桐閣詩選》，如「春潮到門住，溪與桃源通。」可謂不媿家學。子一有寄予內子詩數首，今錄之。

《春日寄松江家凝香夫人》

憖予詠絮乏仙才，開過梅花句懶裁。幾日懷君閉芸閣，不知春雨長莓苔。

《曲江亭納涼》

明月散清暉，隔竹透疎影。偶步曲江亭，愛此幽棲境。念我同心人，寸衷殊耿耿。_{謂凝香、淨因兩夫人。}何日慰相思，活水烹新茗。

仁和高閨秀祥，字蘭亭，姚文學炳室也。所著《繡餘草》，規模唐律，自見性情，不失溫厚之旨，如《詠南天竹》云：「寒焰豈容風雨滅，丹心應共雪霜俱」，《白蝶》云：「絕少瑕疵深羨爾，一般貞潔卻如儂。」可以見其節槩矣。

江寧女史王德卿貞儀，宣城詹文木秀才室也。食貧偕隱，工於詩文，嘗題《素心蘭》畫幅云：「謝庭幽種託根殊，似此孤標絕世無。素質宜陳青玉案，東風初啟碧紗幮。蕭騷帝子三閭賦，零落王孫九畹圖。一自江皋遺佩後，年年烟雨怨啼鴣。」「看花作畫亦精神，傳得雙鈎楚澤春。燕尾魚魷差後乘，光風霽月認前身。交從至澹方稱契，品到無瑕始見真。裁我瑤箋慚報語，不教青眼誤埃塵。」二詩偶然鳴筆，寄託幽懷，殆即以自況歟？又唐倩雲女士佩珍，錢塘汪茂才菜室也。詩詞如《竹簾》云：「燕入春風搖翡翠，人當秋雨憶瀟湘。」《聞雁》云：「塞外影迷天萬里，衡陽聲斷月三更。」《櫓聲》云：「蘆花十里月初上，楊柳半帆風乍停。」又吳興女史談花君韻蓮，及女娣月香韻梅，皆擅詩。韻蓮《蓼花》云：「夾岸開紅蓼，參差入暮愁。清香依蟪蟈，疎影土漁舟。縹緲江湖夢，蒼茫水國秋。烟波三十里，何處是汀洲。」韻梅《秋夢》云：「華胥一枕儘逍遙，繡閣新添被幾條。月上小樓何處笛，夜闌孤館半江潮。劇憐寒

雁聲初起，更有誰人酒未消。寄語世間尋好夢，階前先要翦芭蕉。」亦楚楚有致。

舒嗣音女士姒，薛上舍炳室也。才而早夭，《春曉》云：「海棠宿雨未全乾，細柳如絲搭畫闌。齊向東風倚沉醉，不知昨夜十分寒。」殊有神韻。

當湖孫蓀友女史湘畹，著《茜窗詩課》，清麗纏綿，有古名媛風。張雲齋嘗為予誦其佳句《雨窗即事》云：「遠山濃似染，近水淨於揩。」《聞鐘》云：「黃葉隱荒寺，白雲堆亂峯。」《湖東春望》云：「鴨頭平漲三篙綠，燕尾斜拖一抹紅。」

木蘭院僧誦苕實乘，詩境清絕，五古直湊單微，有齊己、皎然之風，七言才力稍遜，亦能擺脫塵俗。予兄曩輯《淮海英靈集》，其詩竟不見錄。甚矣，採訪之難也。既而得《蔗查集》於其弟子心平，因急付梓，五古不能具載。其近體如「鳥聲當落日，帆影趁歸風。」「石磨千古月，鐵鎖六朝磯。」「屋破留雲補，楓寒帶日紅。」「暮烟生遠樹，秋色老東籬。」「黃鳥催春去，青荷破夏先。」「榻靜雲分臥，茶香客過遲。」「風連荷片捲，鳥帶雨絲飛。」「泉脈知山大，雲根搆屋牢。」「樹花迎雨落，林鳥避人啼。」「月斜花影瘦，霜重鳥聲寒。」「窗分鄰樹月，樓面隔江山。」「對經寒月白，埽雪佛燈紅。」每出一語，令人尋味。

天台僧曉雲達本能詩，吾兄識之最久，嘗呈一律云：「曾借名山十笏居，別來松桂久應疎。駒塵隙影年俱往，鴻爪春泥迹本虛。傳鉢已教同委蛻，談禪真欲等籧廬。何能更跨弩隆磴，多謝青鸞遠賜書。」時吾兄欲命曉雲還天台主持，故末句云然。

瀛舟筆談卷十一

揚州阮亨仲嘉記

兄官學政、巡撫時，留意于東南祕書，或借自江南舊家，或購之蘇州番舶，或得之書舫，或鈔自友人，凡宋、元以前為《四庫》所未收、《存目》所未載者，不下百種。為兄訪求、購借者，浙之鮑以文廷博、何夢華元錫、嚴厚民杰之力為多。丙寅、丁卯間，兄奉諱家居，次第校寫，共得六十種，每種皆倣《四庫》書式，加以提要一篇。丁卯冬，服闋入覲，進呈乙覽，蒙賜披閱，獎賞有加。戊辰、己巳復撫浙，續寫四十種進呈，亦各為提要一篇。其書亦間有副本，藏于文選樓中。今錄其書目提要于後。

《琴操》二卷提要

漢蔡邕撰。邕字伯喈，陳留圉人，事載《後漢書·列傳》。案《唐史·藝文志》有桓譚《琴操》二卷，無蔡邕《琴操》，然《桓譚傳》云：「譚好音律，善鼓琴，著書號曰《新論》。《琴道》一篇未成，肅宗使班固續成之。」今《文選注》引《琴道》甚多，俱與此不合，則非譚書可知。又隋、唐兩《志》有孔衍《琴操》一卷，《宋史志》作三卷，《崇文總目》曰：「晉廣陵相孔衍撰。述詩曲之所從，總五十九章。」《書錄解題》曰：「止一卷，不著氏名。」《中興書目》云：「晉廣陵守孔衍以琴調《周詩》五篇，古操、引共五十篇，述所以命題之意。今《周詩》篇同而操、引財二十一篇，似非全書也。」與此頗相近。茲從徵士惠棟手鈔本過錄。上卷詩歌，五曲、一十二操、九引；下卷雜歌二十一章。今《文選·長笛賦》李善注引《琴操》曰：「伏羲作琴，以修身理性，反天真也。」又《演連珠》《歸田賦》注引蔡邕《琴操》曰：「伏羲氏作琴，弦有五者，象五行也。」俱與此同。則在唐世已然，其為舊題無疑。雖中引事實，間有如「周公奔於魯」之類，未免似沈約之注《竹書》，然《越裳操》見于《大周樂正》，《思親操》見于《古今樂

錄》，其遺聞佚事均足與經史相證，非後世所能擬托也。

《陸士衡文集》十卷提要

晉陸機撰。案《隋書‧經籍志》載機《集》十四卷。又云：「梁四十七卷，《錄》一卷，亡。」《唐書‧藝文志》云十五卷，較《隋志》反贏一卷，殆傳寫之誤。《郡齋讀書志》《書錄解題》《文獻通考》《宋史‧藝文志》皆云十卷，則即此本也。宋慶元庚申，奉議郎知華亭事信安徐民瞻曾合刻《二陸文集》〔註1〕，取張華之語，目之曰《晉二俊文集》。此即影鈔民瞻之本，與七閣所收《陸士龍集》相合。計賦二十五篇，為四卷；詩五十八篇，為二卷；樂府十首、百年歌十首，為一卷；演連珠一首、七徵一首，為一卷；頌、箴、贊、牋、表、文、誄、哀辭共十五篇，為一卷；議、論、碑五首，為一卷，共一百七十四首。案晁公武云：「機所著文章凡三百餘篇」，今存詩、賦、論、議、牒、表、碑、誄一百七十餘首，厥數正同，則民瞻所刻，即公武之本也。公武又云：「以《晉書》《文選》較正外，餘多舛誤。」今案卷末《周處碑》中有「韓信背水之軍」一段，乃以他文雜廁，文義不相屬。公武所指，殆謂此類。其他文句譌脫，未容枚數，然北宋時已如此，而機集之傳于今者，亦莫古于此本矣。

《支遁集》二卷提要

晉釋支遁撰。遁字道林，姓關氏，陳留人，或云河東林慮人。太原王濛甚重之。案《隋書‧經籍志》云：「《支遁集》八卷。」注云：「梁十三卷。」《唐書‧藝文志》則作十卷，《宋志》不著錄，《讀書敏求記》及《述古堂書目》作二卷，知缺佚多矣。是編依毛扆汲古閣舊鈔本過錄，上卷詩凡十八首，下卷書銘及讚凡十五首。錢遵王跋稱：「支公養馬，愛其神駿，胸中未必無事在。」皎然云：「山陰詩友喧四座，佳句縱橫不廢禪。」云云。晉代沙門，多墨名而儒行。若支遁，尤矯然不羣，宜其以詞翰著也。

《華陽陶隱居集》二卷提要

梁陶弘景撰。弘景字通明，丹陽秣陵人也，自號華陽隱居，事蹟詳《南史》本傳。其雜著如《真誥》等已著錄，此其生平雜文及與武帝往復論書之劄。據集中《尋山誌》云：「先生去世後，久無人編錄文集。至陳武帝貞明二年，敕令侍中、尚書令江總始撰文集。先生以梁大同二年解駕，至是五十二載矣，文章頗多散落。」云云。然考《隋書‧經籍志》，梁隱居先生《陶弘景集》三十卷，又《內集》十五卷。至宋人作《唐書‧藝文志》，僅載《陶弘景集》三十卷，則疑其所作《內集》已佚。自是以後，傳述愈微。晁公武、陳振孫皆不見序錄。是本從明《道藏》

〔註1〕「瞻」，原作「贍」，《挈經室外集》卷一《陸士衡文集十卷提要》作「瞻」。按，宋慶元六年（1200）信安徐民瞻將《陸機集》與《陸雲集》合刻，題為《晉二俊文集》，有明正德十四年（1519）陸元大翻刻本。宋本今未見，正德翻刻本今中國國家圖書館有藏，《四部叢刊》即據以影印。今據《挈經室外集》卷一改，下文重複出現者逕改不出校。

本錄出，卷首載「昭臺弟子傅霄編集，大洞弟子陳栯校勘」，蓋亦道家者流。惟集前有江總序一首，似尚存其舊，餘則存什之一二而已。若夫殘膏剩馥，實足以沾漑後人。蓋弘景在道家亦號學者，其著述與抱朴抗衡，所謂列仙之儒也。

《五行大義》五卷提要刻

隋蕭吉撰。吉字文休，梁武帝兄。江陵陷，遂歸于周，為儀同。及隋受禪，進上儀同。煬帝嗣位，拜太府少卿，加位開府。事迹具《隋書‧藝術傳》。是編日本人用活字板擺印，前有自序，稱博采經緯，搜窮簡牒，略談大義。凡二十四段，別而分之，合四十段。二十四者，節數之氣。總四十者，五行之成數云云。考《隋書‧經籍志》《唐書‧藝文志》均未著錄。本傳述吉所著書，亦無是冊。然史稱吉博學多聞，精陰陽算術。今觀其書，文義質樸，徵引讖緯諸籍，有條不紊，且多佚亡之祕笈，尤非隋、唐以後所能偽為也。

《羣書治要》五十卷提要刻

唐魏徵等奉敕撰。徵字元成，魏州曲城人，官至太子太師，謚「文貞」。事蹟具《唐書》本傳。案宋王溥《唐會要》云：「貞觀五年九月二十七日，祕書監魏徵撰《羣書理要》上之。」又云：「太宗欲覽前王得失，爰自《六經》，訖于諸子，上始五帝，下盡晉年。書成，諸王各賜一本。」又《唐書‧蕭德言傳》云：「太宗詔魏徵、虞世南、褚亮及德言，裒次經史百氏帝王所以興衰者上之。帝愛其書博而要，曰：『使我稽古臨事不惑者，卿等力也。』德言賫賜尤渥。」然則書實成于德言之手，故《唐書》于《魏徵》《虞世南》《褚亮傳》皆不及也。是編卷帙與《唐志》合。《宋史‧藝文志》即不著錄，知其佚久矣。此本乃日本人擺印，前有魏徵序，惟闕第四、第十三、第二十三卷。今觀所載，專主治要，不事修辭。凡有關乎政術、存乎勸戒者，莫不彙而輯之。即所采各書，並屬初唐善策，與近刊多有不同。如《晉書》二卷，尚為未修《晉書》以前十八家中之舊本。又桓譚《新論》、崔寔《政要論》、仲長統《昌言》、袁準《正書》、蔣濟《萬機論》、桓範《政要論》，近多不傳，亦藉此以存其梗槩，洵初唐古籍也。

《文館詞林》四卷提要刻

唐許敬宗等奉敕撰。敬宗字延族，杭州新城人，官至太子少師，咸亨初，以特進致仕。事蹟具《唐書‧姦臣傳》。案宋王溥《唐會要》云：「顯慶三年十月二日，許敬宗修《文館詞林》一千卷上之。」與《唐書‧藝文志》總集類卷帙合。《志》又云：「崔玄暐注《文館詞林策》二十卷。」又《雜傳類》載《文館詞林文人傳》一百卷，《宋史‧藝文志》載《文館詞林詩》一卷，《崇文總目》載《文館詞林彈事》四卷，皆全書中之一類。是編亦僅存六百六十二及六十四、六十八、九十五四卷，皆漢、魏以來之詔令。日本人用活字版擺印者。《會要》又云：「垂拱二年二月十四日，新羅王金政明遣使請唐禮并雜文，令所司寫吉凶要禮，并于《文館詞林》內采其詞涉規誡者，勒成五十卷賜之。」是當時頒賜屬國之本，原非足冊。此雖斷簡殘篇，而詔

令則皆甚古，且全書之體例，亦可得其一斑矣。

《臣軌》二卷提要刻

唐武則天撰。《唐書・藝文志》及《崇文總目》、鄭樵《通志・藝文略》所載卷帙並同。《宋史》不著錄。案《唐會要》云：「長壽二年三月，則天自製《臣軌》兩卷，令貢舉人習業，停《老子》。」又云：「中宗神龍二年二月二日，敕文天下停習《臣軌》，依前習《老子》。」書分《國體》《至忠》《守道》《公正》《匡諫》《誠實》《慎密》《廉潔》《良將》《利人》，凡十章。是編著錄久佚，此冊日本人用活字板擺印。卷末題「垂拱二年撰」，乃日本人妄增也。

《樂書要錄》三卷提要刻

唐武則天撰。是編《唐書・藝文志》著錄十卷，《宋志》即未見，闕佚久矣。此日本人用活字版擺印，僅存第五、第六、第七三卷。其中所引古籍，如《月令章句》《五經通義》《三禮義宗》，信都芳刪注《樂書》、蘇夔《樂志》，皆世所罕覯，未賞不藉是以存其崖略。至所列旋宮之法、十二相生之圖，尤足以備參考。則天尚有《紫宸禮要》十卷，當時與此並行，今亦未見其書矣。

《膳夫經》一卷提要

唐楊煜撰。煜官巢縣令。是書成于大中十年，詳西樓跋。《唐書》《宋史・藝文志》並作《膳夫經手錄》四卷，《通志・藝文略》同，王堯臣《崇文總目》亦作四卷，「手錄」則作「手論」，為轉寫之譌。此從舊鈔本依樣過錄，書僅六葉，似後人掇拾成編，惟所載茶品甚詳，分所產之地、別優劣之殊，足與《茶錄》《茶經》資考證也。

《岑嘉州集》八卷提要

唐岑參撰。參，南陽人，為文本曾孫，天寶三載，趙岳榜第二人及第，累官右補闕、起居郎，出為虢州長史及嘉州刺史。杜鴻漸表薦安西幕府，拜職方郎中兼侍御史。事蹟詳《唐才子傳》。案岑詩律健整，非晚唐纖碎可比。方回云：「學杜詩當先觀工部集中所稱詠敬歎及交遊倡酬者〔註2〕。其稱詠敬嘆則如蘇武、李陵、陶潛諸人；其交遊倡酬則如李白、高適、岑參之類。」杜確序亦稱岑每一篇絕筆，則人人傳寫。雖閭里士庶，莫不諷誦吟習焉。其卷帙之數，《唐書・藝文志》及《崇文總目》《通考・經籍考》《通志・藝文略》、焦竑《經籍志》並云十卷，《文淵閣書目》則云四冊，闕。是編與杜確序合，然如《瀛奎律髓》所載「同崔十三侍御灌口夜宿報恩寺作」為此本所佚，疑非唐人舊冊矣。

《列子注》八卷提要刻

唐盧重玄撰。重玄，范陽人，官司勳郎中，為思道玄孫。詳《新唐書・宰相世系表》。《列

〔註2〕「集」，原作「禁」，《孳經室外集》卷二《岑嘉州集八卷提要》作「集」，今據改。

子》注本甚希，伏讀《四庫全書總目》云：「《老》《莊》二子作注者，不下百家。《列子》今尚僅存注本之行于世者，張湛、殷敬慎以外，惟林希逸《口義》及江遹《解》而已。」是編唐、宋《藝文志》皆未著錄，鄭樵《通志》、焦竑《經籍志》始見其目。此則從《道藏》中和光散人高守元《沖虛至德真經四解》之內錄出發刊。依張湛注分卷，足以羽翼湛注。即所徵引各籍，亦多與古本相同。惟《楊朱》一篇，注佚其半，惜無別本可補耳。

《讒書》五卷提要

唐羅隱撰。隱有《兩同書》，《四庫全書》已著錄。晁公武《讀書志》所載卷帙與此同。陳振孫《書錄解題》云求之未獲，蓋佚已久矣。是編依舊抄本影寫。方回跋稱隱在京師舉進士，留七載不第，咸通八年丁亥著《讒書》，皆憤悶不平之言，不遇于當世而無所以泄其怒之所作。今觀是編，益信回言之不虛，然隱既仕吳越，能請舉兵討梁，勸伐無道，侃侃大義，又豈僅以文士見稱哉。

《千金寶要》十七卷提要

唐孫思邈原本，宋郭思采錄刻石。案《舊唐書》思邈本傳止載《千金方》三十卷。葉夢得《避暑錄話》稱其作《千金方》時已百餘歲，後三十年又作《千金翼方》。《郡齋讀書志》《書錄解題》並載兩書，云各三十卷，今俗閒傳本《千金翼方》九十三卷，兩書淆溷，不復可別，不知何人所定也。郭思刻石在宋宣和間，其所依據，當是思邈原本。刻石在華州公署，明正統、景泰閒，又重刻石本，又有木刻本。至隆慶時，燿州真人祠復有石刻。案《酉陽雜俎》謂昆明池龍宮有仙方三十首，思邈以療龍疾得之，乃著《千金方》三十卷，每卷置一仙方，信為方書中之最可寶貴者。書中稱豆瘡為小兒丹毒，即元人《奇効良方》所謂痘疹也。或謂此疾出自近代者，殆不可從。今從石本錄副，以備唐人方書之崖略云。

《一切經音義》二十五卷提要 刻

唐釋玄應撰。釋智昇《開元釋教錄》稱玄應以貞觀之末〔註3〕，捃拾藏經，為之音義，注釋訓解，援引羣籍，證據卓明云云。案齊沙門釋道惠為《一切經音》，有《宋高僧傳》云唐釋慧琳為《大藏音義》一百卷，二書今皆不傳。是編《唐書·藝文志》著錄名《眾經音義》。此從《釋藏》本刊印。其中所引羣籍，如鄭康成《尚書注》《論語注》《三家詩》，賈逵、服虔《春秋傳注》，李巡、孫炎《爾雅注》以及倉頡《三倉》，葛洪《字苑》《字林》《聲類》，服虔《通俗文》《說文音隱》，多不傳之祕冊。玄應通曉儒術，著書該博，惟昧漢人之通轉假借，泥後代之等韻，是其所短也。

《古清涼傳》二卷《廣清涼傳》三卷《續清涼傳》二卷提要

〔註3〕「末」字下原衍「較召參傳」四字，今據《揅經室外集》卷二《一切經音義二十五卷提要》刪。

唐釋慧祥撰《古清涼傳》，宋釋延一撰《廣清涼傳》。《續清涼傳》，宋張商英、朱弁所撰。《廣》《續》二編，藏書家多未著錄，惟《古清涼傳》見《宋史·藝文志》。凡方域名勝及高僧靈跡，莫不詳載。延一收招故實，推廣祥《傳》，更記寺名勝蹟以及靈異藥物。其中多涉及儒家，且有六朝人文，如晉釋支遁《文殊像贊序》，又殷晉安《郊濟川讚》，并世所希見，而遁《序》尤足補本集之所佚。若王勃《釋迦如來成道記》《釋迦佛賦》，今《四傑集》《文苑英華》俱無之。是編或以為金大定時寺中藏板，末附《補陀傳》《崀嵋讚》，乃元人所集，明釋又從而附綴之也。

《通玄真經注》十二卷提要

唐徐靈府撰。靈府號默希子，錢塘人，為玄宗時徵士，隱修衡嶽，注《文子》之書上進，遂封通玄真人，名其書為《通玄真經》。見杜道堅《通玄真經讚義》及《全唐詩傳》。又《西天目志》載靈府由天目趨天台，憩雲二十餘年，作言志詩，辭武宗之徵，著《玄鑑》五卷及《三洞要略》，則靈府又嘗作天台道士矣。案《唐書·藝文志》有「《注文子》十二卷，徐靈府著。」而《崇文總目》又云：「《文子》十一卷，徐靈府注，闕。」則徐注在宋時傳習已少。茲從明《道藏》本過錄。題曰「默希子注」者，據晁公武《讀書志》、王應麟《玉海》皆云「墨希子」〔註4〕，即徐靈府自號，「墨」與「默」通也。今觀是注，清靈婉約，而《文子》正文亦尚是舊時之本。其自序云：「默希以元和四載投蹟衡峯之表，考室華蓋之前，迨經八稔，夙敦樸素之風，竊味希微之旨。」則是書當成于居衡嶽之時。據錢曾《讀書敏求記》曰：「《子彙》云吳中舊刻僅十餘葉，近得墨希子本，始覯其全。」不知原書翻刻何以又盡削靈府之注，殊所不解。此是太原祝氏依宋板摹寫，亦希有之本也。是明時尚有倣宋刊本，今則舍此無從考核矣。

《道德真經傳》四卷提要

唐陸希聲撰。案希聲，吳郡人，景融四世孫。《唐書》本傳稱其善屬文，通《春秋》《易》《老子》，論著甚多。此書見于《唐書·藝文志》，卷帙相符。趙希弁《讀書附志》、陳振孫《書錄解題》皆不著錄。凡儲藏家亦皆無之，唯見于《道藏》必字號。明白雲霽《道藏目錄詳注》稱其以事理元會，通變機宜，探至精之賾，可謂神解。其稱許如此。今攷此書，發明老氏之旨，條達曲暢，視宋人之援老入佛者，大不侔矣。唐人遺書，傳世日少，今從《道藏》校錄，卷帙完善，洵可寶也。

《南華真經注疏》三十五卷提要

唐成玄英撰。玄英字子實，陝州人，隱居東海，貞觀五年，召至京師，永徽中，流郁州。書成，道士王元慶遣文學賈鼎就授大義，嵩高山人李利涉為序。考《唐書》，無玄英傳，其見于

〔註4〕「墨」，原作「默」，《蟄經室外集》卷二《通玄真經注十二卷提要》、《郡齋讀書志》原本卷十一《墨希子注文子十二卷》及《玉海》卷五十三《藝文·諸子·文子》均作「墨」，今據改。

《藝文志》者如此。諸家著錄，卷帙多寡不同，《唐志》十二卷，《書錄解題》三十卷，《郡齋讀書志》《文獻通考》皆三十三卷，《宋史・藝文志》十卷，《讀書敏求記》二十卷。今依明《道藏》本抄錄，為卷三十五。據《敏求記》，錢曾所藏為前明南京解元唐寅家北宋槧本。蓋當時單行之書，不與《道藏》本同也。唐人著書，傳世日少，此唐初之書，至今首尾完具，尤為罕得。疏之所本為郭象注。象注掃除舊解，標新領異，大半空言，無所徵實，不免負王弼注《易》之累。玄英此疏，則稱意而談，清言曲暢，實足與孔穎達之疏相上下。至序文云「莊子字子休，生宋國睢陽蒙縣，師長桑公子，受號南華仙人」，殆出《真誥》之類，殊可以廣異聞。玄英于貞觀中加號西華法師，見于《讀書志》〔註5〕。

《道德真經集解》八卷提要

唐岷山道士張君相撰。君相事蹟不可考。此書舊本皆題為吳徵士顧歡述。考顧歡，齊時人。《隋書・經籍志》載《老子義綱》一卷、《老子義疏》一卷。又《唐書・藝文志》有《道德經義疏》四卷、《義疏治綱》一卷，不特書名、卷數均與此不合，不應齊時人而先引及陶隱居、成玄英諸人。唯晁公武《讀書志》、王應麟《玉海》有岷山道士張君相《三十家道德經集解》：一河上公，二嚴遵，三王弼，四何晏，五郭象，六鍾會，七孫登，八羊祜，九羅什，十盧裕，十一劉仁會，十二顧歡，十三陶弘景，十四松靈仙，十五裴處恩，十六杜弼，十七節解，十八張憑，十九張嗣，二十臧玄靜，二十一大孟，二十二小孟，二十三竇略，二十四宋文明，二十五褚糅，二十六劉進喜，二十七蔡子晃，二十八成玄英，二十九車惠弼。公武又言：「書稱三十而列名止二十九，蓋君相自為一家言，並數之爾。」今以其言考之，頗與是書合，則為君相所集無疑。至書中兼有引唐玄宗御疏，則又為後人所竄入。而所稱「陳曰」「榮曰」者，殆杜光庭所云任真子陳榮也。茲從《道藏》本錄出，與天一閣所藏相同。究系唐人所纂，六朝人遺說，賴以不墜，著錄家往往失之，為可惜也。君相不知何時人。晁氏以為成玄英為皇朝道士，則天寶以後之人。案杜光庭《道德經廣聖義序》引著述人名，有岷山道士張君相《集解》，在玄宗御疏之前，則不在天寶後矣。且晁氏之言，書中亦不見，未知何據。

《泰軒易傳》六卷提要

宋李中正撰。中正字伯謙，清源人。案《宋史・藝文志》不著錄，諸家書目亦未載其名。是編日本人用活字板擺印。凡言《易》者，非泥陰陽，即拘象數。此則專明人事，于起伏消長之機，隨事示戒，非空談者可及。惜《繫辭》以下本闕，卷首《乾》卦九三以上及卷二之《觀》卦亦闕。然宏綱巨指，尚可推尋。如解「否之匪人不利君子貞」云：「『不利』作一讀，而君子則無往而不貞也。」于《益》卦六二云：「或益之十朋之龜，龜弗克違，天助之也。天人兩助，

〔註5〕「志」，原作「堂」，《揅經室外集》卷二《南華真經注疏三十五卷提要》作「志」，今據改。

而能永貞，以盡臣節。」錄存其說，以備讀《易》者之參考焉。

《尚書要義》三卷提要

宋魏了翁撰。了翁《尚書要義》，《宋史·藝文志》本二十卷，其十七卷《四庫全書》已著錄，此即所佚之三卷。考了翁在靖州時，著《九經要義》，凡二百六十三卷。近惟《周易要義》十卷、《儀禮要義》五十卷，尚為全書，其餘如《春秋左傳要義》三十一卷，內缺二十九卷；《尚書要義》十七卷，內缺三卷。蓋自明張萱重編《內閣書目》時，載《九經要義》止存七種：《儀禮》七冊、《禮記》三冊、《周易》二冊、《尚書》一冊、《春秋》二冊、《論語》二冊、《孟子》二冊，已率非全本。《論語》《孟子》尚未見著錄，而《禮記》已得三十三卷，較明人所見卷帙，已不啻倍之矣。此本從舊鈔傳錄，第七卷自《甘誓》至《胤征》，八卷自《湯誓》至《咸有一德》，九卷自《盤庚》至《微子》，與七閣中原載山陰祁氏所藏本悉合，洵足以補從前之缺佚。不特其書採摘注疏中精要，可為讀經之助，而了翁諸經《要義》，從此珠聯璧合，亦可以備熙朝之掌故焉。

《詩傳注疏》三卷提要

宋謝枋得撰。枋得事蹟詳《宋史》，所著《疊山文集》《文章軌範》，《四庫全書》已著錄。是書《宋史·藝文志》及近時目錄家多不載，唯元人解經如劉瑾《詩傳通釋》、朱公遷《詩經疏義》、胡一桂《附錄纂疏》、徐與喬《初學辨體》中互相徵引〔註6〕，多所采掇。茲本通計三百零一則，分上、中、下三卷，似系後人編輯而成，已非原書卷帙。考枋得生丁板蕩，故其說詩見志，每多《小雅》憂傷哀怨之思。然據理解經，亦絕無橫發議論，若胡安國之《春秋傳》可比。今書中如《無衣》之「與子同仇」，隱然見高宗南渡之失。如《皇父》之「不遺一老」，輒復刺似道誤國之姦。至于《蓼莪》四章，尤詳明愷切，令人讀之欲淚。然則《禮》之所謂「溫柔敦厚」與《論語》之所稱「興觀羣怨」者，于枋得實無愧焉。

《禮記要義》三十三卷提要

宋魏了翁撰。《宋史》本傳稱其有《要義》百卷，據《藝文志》，實二百六十三卷〔註7〕。訂定精密，先儒所不及。方回跋了翁所撰《周易集義》云：「前丁酉歲，以權工部侍郎忤時相，

〔註6〕「辨」，原作「解」，《擘經室外集》卷一《詩傳註疏三卷提要》同。按，《光緒崑新兩縣續修合志》卷三十一《文苑二》云徐與喬：「歷數年，成《初學辨體》一書，為藝林推重」，同書卷五十《著述目下》云徐與喬著有《經史初學辨體》，《纂修四庫全書檔案》所收錄《熱河總管世綱等奏查明文津閣並園內各殿宇書籍摺》云：「《初學辨體》一部，二十卷，徐與喬刪定，蘇版。」《訂補海源閣書目五種》云海源閣舊藏徐與喬輯評《初學辨體》清康熙易安齋刻本一部，《天一閣書目》云天一閣藏有徐與喬輯評并序《初學辨體》十部，《伏跗室藏書目錄》云馮孟顓伏跗室藏有徐與喬《初學辨體》清刻殘本一部，據此，徐與喬所著當即《初學辨體》，「解」乃「辨」之誤，今改正。

〔註7〕「二」，原作「一」，《擘經室外集》卷一《禮記要義三十三卷提要》及上文《尚書要義》三卷提要均作「二」，今據改。

謫靖州，取諸經注疏摘為《要義》。」《宋史・藝文志》分載其書，而《讀書附志》《讀書後志》《書錄解題》《文獻通考》皆不著錄，明時已無全本。內閣所藏，据張萱所述，已闕《毛詩》《周禮》。其餘七經，按其冊數太少，知亦殘缺之本。今《四庫全書》所采，有《周易》《尚書》《儀禮》《春秋》四經。《周易》系天一閣舊鈔本，已蒙純皇帝親灑宸翰，昭垂卷首，流傳永久，嘉惠藝林，洵奇遇也。其自《周易》《儀禮》外，率非足本。此書明《聚樂堂藝文目》有之，《經義攷》云未見。此本從宋刻影鈔，存者三十一卷。《曲禮》上下兩篇，亦已遺佚為憾。然較諸《春秋》之所存者，固已勝之。案虞集《九經要義序》云：「取諸經注疏正義之文，据事列類而錄之。」與方回之言合，而張萱則謂攷究《九經》中義理制度。今案其書，刪節注疏，存其簡當，去其繁冗，每段之前，各有標目，以便讀者之省覽。了翁初無己說，萱之所言，蓋未嘗詳核也。諸經注疏，自宋遞傳至今，脫文譌字，不可勝舉。了翁所據，猶宋時善本，足資糾訂。而《禮記》大經孔疏，文繁義富，未易得其厓略。了翁刪汰過半，頗為精允，可以為研經者之津逮。書中第五卷《王制篇》分上下，實三十四卷云。

　　《春秋集傳》十九卷提要

　　宋張洽撰。洽有《春秋集注》及《綱領》，《四庫全書》已著錄。洽為朱子門人，《宋史》載《道學傳》。伏讀《四庫全書總目》云：「《集注》遺本僅存，而所謂《集傳》，則佚之久矣。」是編元本二十六卷，元延祐中，李教授萬敵刻于臨江路學，洽曾孫庭堅校正者。卷首有宋端平二年繳省投進狀。《經義考》載庭堅後序云：「副使臧公移文本路總府下學，刊刻《集傳》《沿革》二書。《集傳》雖成，而章卷倒亂，文字差訛。迨癸丑，江南諸道行御史臺行移各路，《春秋》用張主一傳。延祐庚寅，詔興科目，而遠方士友講求者眾。李廣文補刊《集傳》，始為全書」云。惜此本缺卷十八至卷二十，又卷二十三至二十六，共七卷。然全書厓略，尚可推尋。如云魯公朝聘之禮不行于王室，及論眾仲言樂之失，當以劉氏之說為宗；論聖人書初之旨，當以《公羊》程氏之說為正；云文公不會伯主，以取晉怒；云諸侯不得越境親迎，辨《穀梁》言恆事之非。能集眾家所長，討論歸于至當，固《春秋》家所不廢也。

　　《左氏摘奇》十二卷提要

　　宋胡元質撰。元質字長文，吳郡人，官給事中。考《宋史・藝文志》于史部下載《西漢字類》五卷，注「胡元質撰」，而于《經部・春秋類》下載《左氏摘奇》十二卷，則注「不知作者」，此疑當日或傳刻者失之。惟陳振孫《直齋書錄解題》中載此稍為詳悉，其姓氏爵里，實與今本相合。此本從吳中藏書家影宋鈔錄，卷後有元質自記一條云：「《左氏摘奇》皆手所約，鋟木于當涂道院，與同志者共之。乾道癸巳元日書。」當系原刊所識。書中摘錄經傳一二字，必兼採杜預《集解》。其謹嚴處視林鉞《漢雋》、蘇易簡《文選雙字類要》為勝。《宋史志》入之經類，似不為過。至《文獻通考》，竟列于類書之中，猶未盡此書之要也。

《九經疑難》四卷提要

宋張文伯撰。文伯字正夫，樵陽人，時代未詳。朱彝尊《經義考》列之錢承志之後，疑宋末人。是編《千頃堂書目》《經義考》並作十卷。此從澹生堂鈔本依樣過錄，僅總序及《易》《詩》《書》三經，餘皆闕佚。自序云：「嘗取《五經》《三禮》，與夫《語》《孟》，究其大概。凡平日得于先儒之議論者，寸長片善，靡有不錄。」又云：「開卷一覽，《九經》大旨，瞭然胸中矣。」雖其書專為場屋而設，然唐、宋諸儒說經之文，捃拾不少，可以廣見博聞，足資考訂也。

《爾雅新義》二十卷提要

宋陸佃撰。佃有《埤雅》二十卷，《四庫全書》已著錄。伏讀《四庫全書總目》云：「《爾雅新義》僅散見于《永樂大典》中，文句譌闕，亦不能排纂成帙。」案朱彝尊《經義考》則云未見，陳振孫《書錄解題》云：「頃在城南傳寫，凡十八卷，其曾孫子遹刻于嚴州者為二十卷。」是編從宋刻依樣影抄，凡二十卷，殆即子遹之所刻歟？陸宰為其父作《埤雅序》云：「注《爾雅》畢，更修此書，易名《埤雅》，言為《爾雅》之輔。」然二書體例，絕然不同。此則不若《埤雅》之貫穿諸書、旁通曲證也。而自序以為雖使郭璞擁篲清道、跂望塵躅可也。陳振孫云：「以愚觀之，大率不出王氏之學。」至句逗亦多不同。如《釋木》：「樸枹者謂櫬采薪」，佃則以「謂」字絕句，注云：「謂之而後知。」《釋蟲》：「�蛡蜸蚕」，佃則以「蚕」字連下「莫貈」為句，注云：「蚕老而後眠。」不知《經典釋文》讀「蚕」為「他典切」。又「莫貈螳蜋蛑」，佃則連下文「虰」字為句。雖本之《方言》，然刑昺已引《說文》辨其失指。惟所據經文乃當時至善之本，如《釋言》：「揞拄也」，則作「楮柱也」；「皇華也」，則作「華皇也」。《釋天》：「四時和謂之玉燭」，則作「四氣和」；「河鼓謂之牽牛」，則作「何鼓」。《釋丘》：「堂途梧丘」，則作「當途」。《釋水》：「河水清且瀾漪」，則作「灡漪」。《釋草》：「萍蓱」則作「苹蓱」；「莩麻母」則作「荸麻母」；「蕭荻」則作「蕭萩」；「卷旆草」則作「卷施草」；「樓橐含」則作「欔橐含」。《釋木》：「座接慮李」，則作「痤接慮李」。《釋鳥》：「楊鳥白鷢」，則作「鸉白鷢」；「鳥鵲醜」則作「烏鵲醜」，並足以資考訂，亦讀經者之所不廢也。

《集篆古文韻海》五卷提要

宋杜從古撰。從古字唐稽，里居未詳。陶宗儀云：「從古官至禮部郎。」自序稱「朝請郎、尚書職方員外郎」，蓋指其作書時而言。是編藏書家未見著錄，此依舊鈔影摹。從古以郭忠恕《汗簡》、夏竦《古文四聲韻》二書，闕佚未備，更廣搜博采以成之。序云：「比《集韻》則不足，較《韻略》則有餘。視竦所集，則增數十倍矣。」案《書史會要》云：「宣和中，從古與米友仁、徐競同為書學博士。高宗云：『先皇帝喜書，設學養士，獨得杜唐稽一人。』」今觀其書，所譽良不虛也。

《資治通鑑釋文》三十卷提要

宋史炤撰。炤字見可,眉州人,嘗為右宣義郎,監成都府糧料院。嘉祐、治平間,其曾祖清卿為縉紳所宗,蘇軾兄弟以鄉先生事之〔註8〕。案《資治通鑑釋文》在宋時舊有二本:一為司馬公休注,刻于海陵郡齋者,名為海陵本;一為史炤撰,為成都府廣都縣費氏進修堂版行,以釋文附注本文之下者,名為龍爪本。自龍爪本行而海陵本廢,自胡三省本行而龍爪本又廢。《直齋書錄解題》稱公休名康,為溫公之子。史炤之書與公休大略同,而加詳焉,炤蓋因其舊而附益之也。則炤書本是康注,宜得涑水著書遺意。乃三省作《辨誤》,摭其一二缺失詆史者,且以詆康,未免太過。今以炤本與三省本參校,如秦之「范雎」本「千餘切」,而胡改音「雖」;唐之「李芃」本「蒲紅切」,而胡改「居包翻」,遂使「雎」「睢」莫別,「芃」「芁」互淆,豈非以不狂為狂乎?三省以地理名家,而小學不甚究心,大率承襲史氏舊文,偶有改易,輒成罅漏。此本近代藏書家鮮有著錄,茲從吳門蔣氏影宋本鈔出。前有紹興三十年三月左朝散郎權發遣黎州軍州主管學事縉雲馮時行序,與《書錄解題》及《宋史·藝文志》卷數相同。《玉海》稱其紹興三十一年上,則當日固進之于朝,不可以胡氏一家之言而絀之也。

《太常因革禮》一百卷提要

宋歐陽修等奉敕撰。案宋自太祖始命儒臣約唐之舊,為《開寶通禮》。至仁宗初年,禮官王皥復論次太宗、真宗兩朝已行之事,名曰《禮閣新編》,止于天禧五年。其後,賈昌朝等復加編定,名曰《太常新禮》,止於慶曆三年。嘉祐中,修奉敕重定此書,至治平中上之于朝,英宗賜名《太常因革禮》。見于修之自序如此。然書後有淳熙十五年李壁跋,以為此老蘇先生奉詔所修。攷歐公為老泉墓誌云:「會太常修纂建隆以來禮書,乃以為霸州文安縣主簿,使食其祿,與陳州項城縣令姚闢同修典禮,為《太常因革禮》一百卷。」則此書雖為修所上,其體裁出于蘇洵居多。書中分《總例》二十八卷,《吉禮》三十三卷,《嘉禮》九卷,《軍禮》三卷,《凶禮》三卷,《廢禮》一卷,《新禮》二十一卷,《廟議》十二卷。《總例》內子目二十八,《吉禮》子目三十七,《嘉禮》子目十七,《軍禮》子目六,《凶禮》子目二十五,《廢禮》子目九,《新禮》子目三十七,《廟議》子目二十六,計共百卷、八門、一百八十五目。《郡齋讀書志》《直齋書錄解題》不載此書,儲藏家亦絕無著錄者。茲從舊鈔本影寫,失去五十一至六十七凡十七卷。書中亦多闕文,無從訪補。其書所采擇者,自《開寶通禮》《禮閣新編》《太常新禮》三書之外,復有《會要》《實錄》《禮院儀注》《禮院例冊》《封禪記》《明堂記》《慶曆祀儀》等書,至為賅備。蓋治平之際,正宋室最盛之時,而又出于名臣、名儒之所訂定,汴京四朝典禮,粲然具備,足以資考鏡者,固不少矣。

〔註8〕「其曾祖清卿」五字原脫,今據《揅經室二集》卷七《史炤通鑑釋文跋》及《稿本宋元學案補遺》卷三十九《蘇氏蜀學略補遺》「史清卿,眉山人,東坡兄弟皆師事之,子炤,字見可」補。

《皇宋通鑑長編紀事本末》一百五十卷提要

宋楊仲良撰。案李燾取北宋九朝事實，倣司馬光《長編》之體，編年述事，為《續資治通鑑長編》，成書一百五十卷，卷帙最為繁重。仲良乃別為分門編類，以成此書。每類之中，仍以編年紀事。太祖七卷，太宗七卷，真宗十四卷，仁宗二十四卷，英宗四卷，神宗三十四卷，哲宗二十六卷，徽宗二十八卷，欽宗六卷，共一百五十卷。各有事目，目中復有子目。汴京百七十年禮、樂、兵、刑之沿革，制度、政令之舉廢，粲然具備，可以案目尋求。李燾而後，陳均之前，繁簡得中，洵可並傳。而今所傳《長編》足本，徽、欽兩朝皆已缺失，藉此得以攷見厓略，尤可貴也。仲良之名，不見于書中。卷端有寶祐丁巳廬陵歐陽守道序，亦不言著書人姓名，而陳均《九朝編年》引用書目中有之，云：「《長編紀事本末》，楊公仲良」，故知此書出仲良手。然其書不見於《宋史·藝文志》，而趙希弁、陳振孫、馬端臨諸家亦皆不著錄。近代藏書家惟季振宜、徐乾學兩家有之。《徐目》云：「闕一百十四卷至一百十九卷。」今此舊鈔本亦缺此六卷，又缺六、七兩卷，而五、八兩卷亦非完袠，較乾學藏本蓋又多缺佚矣。據守道序，此書寶祐元年刻于廬陵郡齋。貢士徐琥重為校刻，則寶祐五年也。

《中興兩朝聖政》六十四卷提要

此書不知編集人姓名。起建炎元年，訖淳熙十五年。書內標題謂之「增入名儒講義皇宋中興兩朝聖政」。其所采《中興龜鑑》《大事記》等書，各低一格附後，所謂「增入講義」是也。其書編年紀事，禮例一倣《資治通鑑》為之。卷端有分類事目，列十五門：興復一，任相二，君道三，治道四，皇親五，官職六，人才七，禮樂八，儒學九，民政十，兵事十一，財用十二，伎術道釋十三，邊事十四，災祥十五。每門各有子目，共三百條。案《書錄解題》典故類有《高宗孝宗聖政編要》二十卷。陳振孫云：「《高宗聖政》五十卷，《孝宗聖政》五十卷，乾道、淳熙中皆有御製序。此二袠，書坊鈔節，以便舉子應用之儲者也。」據振孫所述，知此即彙合兩書，而冠以「中興兩朝」之名者。所有御製序亦不復存。蓋亦書坊所刻，故有增入講義，非進御之原本也。此書流傳絕少，今借宋刻本影鈔。自三十卷至四十五卷惜已闕佚，無從訪補矣。

《漢官儀》三卷提要

宋劉攽撰。晁公武《郡齋讀書後志》以為劉敞所撰，非也。《宋史·藝文志》亦沿其誤。此書有攽自跋，謂幼年時所為，仲原父為之序，至為亳州守，因復增損之。此可以證《讀書志》之誤。案《宋史·劉攽傳》，攽自京東轉運使出知兗、亳二州，守亳時年逾六十，而自言嬉戲不異昔時。攽與兄敞皆熟精《漢書》，此雖適情之作，而西京職官之制度大備，可以資讀《漢書》者之參考。以之較司馬光《七國象戲》，似為勝之。宜公武稱其書為「雅馴」。其法，先置盆入金，以象口錢；非劉氏不得王、為宗正及尚公主，以象一姓；漢為土德之運，其數五，五五二十五，故率二十五擲，乃一終局；有免貼例，有納貼例，有得盆例，有雜例，而遷資、降資、

賜爵比視之道備也。末附亡是公、翰林主人二傳。又案《遼史·國語解》「堂印」「博采」之名，此書亦有之，則知「堂印」不獨為遼人語矣。此從影宋鈔本繕寫。書後有一行云：「紹興九年三月臨安府雕印」，知為南宋初刻本也。

《續世說》十二卷提要

宋孔平仲撰。取宋、齊、梁、陳、隋、唐歷代事跡，依劉義慶《世說》之目而分隸之，成書十二卷。見于《宋史》本傳及《藝文志》小說家類，卷袠相同。《書錄解題》《文獻通攷》皆錄其書，而近代儲藏家罕有著錄者。王士禛《居易錄》曾道及此書〔註 9〕，云已失傳，則士禛亦不得見此書也。此書平仲無自序，有紹興戊寅長沙秦果序。序言平仲書成未刊，從義郎李敏得善本于前靖守王長孺，相與鏤版。王親受于孔，知其不繆。丁丑之春，雒陽王濯來守沅之明年，李氏以其書版來售，即加是正鑱刻，以補其不足云云。後有沅州公使庫總計紙板數目，并印造紙墨標褙工食錢數目。後又有右廸功郎司法兼監使庫翁灌、右從事郎軍事判官閔敦仁、右廸功郎州學教授胡搏、左朝奉郎通判軍州事秦果、左朝散大夫知軍州事王濯五人題名，皆沅州官也。此從宋沅州刻本傳寫者，卷袠完整無缺。特書中部次錯雜，有兩條合為一條者，抑且時代先後，往往倒置，蓋校勘之時，不免有私為竄改之弊，必非平仲元本之誤也。

《九國志》十二卷提要

宋路振撰。案《宋史》本傳，振字子發，永州祁陽人，淳化中登甲科，真宗時知制誥，嘗采五代僭偽吳、南唐、吳越、前後蜀、東南漢、閩、楚九國君臣行事，作《世家》《列傳》，未成而卒。王應麟云：「書凡四十九卷，其孫綸增入荆南高氏，于治平中上之，詔付史館，實十國也。」《書錄解題》則云：「末二卷為北楚張唐英補撰，合五十一卷。」《文獻通考》《宋史·藝文志》總題為路振《九國志》五十一卷，俱不及綸。蓋綸雖經增輯，而當時所傳播者，則唐英所補也。此書世久失傳，唯曲阜孔氏尚有舊鈔殘帙，用以重錄。得《列傳》百三十六篇，編為十二卷，而《世家》之文已不復見。卷帙叢殘，缺佚過半，然藉此以裨《五代史》之漏略，已不少矣。

《嘉定鎮江志》二十二卷提要

宋盧憲撰。《宋史·藝文志》有熊克《鎮江志》十卷，而無憲此書。《書錄解題》云：「《鎮江志》三十卷，教授天台盧憲子章撰。」《文獻通考》亦著錄之。此書中稱「憲」者四條，稱「盧憲」者一條，故知是憲之書。書中所載事蹟，唯史彌堅最詳，趙善湘次之。考彌堅以嘉定六年九月守鎮江，八年九月請祠；善湘以嘉定十四年十二月守鎮江，十七年召還，寶慶二年再任。案元《至順鎮江志》學校門載教官盧憲嘉定癸酉謁廟事。癸酉為嘉定六年，正彌堅守郡之日，書當成于此時也。此書不見于近代藏書家著錄，所存卷數與《書錄解題》不同，中間脫文錯簡，

〔註 9〕「禛」，原避清世宗胤禛諱作「禎」，今回改。

往往而是。案其目錄，似于體例間有未協，蓋由原本已多譌脫，經後人重為編次，小有牴牾，固所不免。然宋人地志之存于今者，十不得一，而鎮江自六朝以後，遞為重地，南渡以前之遺文墜典，如唐孫處元《圖經》《祥符圖經》《潤州類集》《京口集》之類，世無傳本，藉此以存厓略，零圭碎璧，尤可寶惜，今從舊鈔本校正繕寫之。

《建炎筆錄》三卷提要

宋趙鼎撰。鼎字元鎮，聞喜人，登崇寧五年進士第，官至右僕射、同中書門下平章事，安置潮州。事蹟詳《宋史》本傳。是編藏書家目錄未見，此從舊鈔本過錄。所記自宋高宗建炎三年正月車駕在維揚起，訖于紹興七年十二月十二朝辭上殿，本末粲然。蓋鼎耳目所親，見聞自確，宋南渡雜史中之最有典據者也。

《寶祐四年會天曆》一卷提要

宋荊執禮撰。執禮字里未詳。是編藏書家未見著錄，此從曝書亭舊鈔依樣影寫。卷首有寶祐三年十月中書省劄子，末載造算各銜，自荊執禮、楊旂、相師堯而下凡六人。案《宋史·律曆志》，稱南渡以後繼作曆者凡八：曰《統元》《乾道》《淳熙》《會元》《統天》《開禧》《會天》《成天》是也。又云：「今其遺法具在方冊，惟《會天》之法不存。」此則譚玉等依《會天曆》推算，故朱彝尊云：「由丙辰一歲推之，曆家可忖測而知其故已。」

《辨誣筆錄》一卷提要

宋趙鼎撰。鼎有《建炎筆錄》，已抄錄。是編前有自序，稱學術迂僻，與眾背馳，所上前後數千章，其間寧無傳播失實、風聞文飾之誤，不得不辨，其他細故，無足深較云云。所辨張邦昌僭竊，干王時雍權京畿提刑，有新奉玉音之語，即史所稱檜惡其逼己，徙知泉州。又諷謝祖信，論鼎嘗受邦昌偽命，辨盜用都督府錢十七萬，即史所稱檜忌鼎復用。諷王次翁，論其乾沒都督府錢十七萬，謫官居興化軍，辨資善堂汲引親黨，即史所稱封瑗為建國公，就學資善堂。薦范沖為翊善〔註10〕、朱震為贊讀，朝論謂二人極天下之選。蓋定國本莫先于教，徽、欽以前，未見史冊，並足以資考證，雖篇帙寥寥，亦讀《宋史》者所不能廢也。

《南嶽總勝集》三卷提要

宋道士陳田夫撰。田夫字耕叟，居南嶽九真洞老圃菴。是編從明人影宋本依樣過錄，首卷列總圖一、分圖五及五峯靈迹，又洞天福地以至歷代帝王，為類二十有七；中卷敘寺觀及所產珍禽、雜藥、異花、靈草、靈禽、異獸，纖悉畢載；下卷敘唐、宋異人、高僧，末附以隱逸之士。徵引博而敘述簡，深有體要。前有隆興甲申拙叟序，稱耕叟居南嶽，往來七十二峯間三十餘年，訪求前古異人、高僧靈蹤祕迹，考其事而紀之云云。案宋世地志傳者頗希，此則較唐李沖昭《南嶽小錄》更為詳備，尤足以證《文淵閣書目》作「南嶽集三冊」乃轉寫脫誤耳。

〔註10〕「沖」，原作「仲」，《宋史》卷三百六十《趙鼎傳》作「沖」，今據改。

《回溪史韻》二十二卷提要

宋錢諷撰。諷字正初，本錢塘人，為吳越王之裔，後卜居于嘉禾之回溪，故自號「回溪」。其書為近時著錄家所罕見，惟宋趙希弁《讀書附志》以為依《唐韻》分四聲，以《十七史》之句注于下，而陳振孫《書錄解題》亦云其「附韻類事，頗便檢閱。」蓋宋人《兔園冊》，類摘雙字編四聲，以便尋檢，而回溪獨采成語，多至三四句，未嘗割裂原文，洵著書之良法也。秀水朱彝尊跋此云：「予嘗見宋時鋟本于京師，僅存七冊，嫌其殘缺，未之錄也。歸田後始大悔之。從琴川毛氏、長洲何氏訪其所藏，合之才十七卷，亟寫而存之篋。天下之寶，離者會有合時，安知後來所求不適少此十七卷耶？」茲從影宋本傳錄。卷首祗存「慶元五年四月既望郡人鄭僑」一序，而《讀書志》所云錢文子序，已無從復得。據《明成祖實錄》，纂《永樂大典》時諭解縉等稱：「嘗觀《韻府》《回溪》二書，事雖有統，而採摘不廣，紀載太略。爾等其如朕意，凡書契以來經、史、子、集、百家之書，備輯為一書，無厭浩繁。」則此在明時曾入祕府。今書平韻自一東至四江、七之至十一模，共四卷；上聲一董至三十六豏，共八卷；去聲十四泰至五十九鑑，共六卷；入聲十二昔至三十四乏，共四卷，通計二十二卷，較彝尊見時已多五卷。安知後日不更有多于此者。是可以寶也。

《自號錄》一卷提要

宋徐光溥撰。光溥，錢塘人。是編依錢遵王所藏元孫道明鈔本過錄，有淳祐丁未譚聞友序。凡宋時墨客、騷人以及名公、鉅卿之號，彙為一書，自處士以及村莊，分類三十有六，附雜類于卷末，事涉瑣屑，然亦有資考鏡也。

衢本《郡齋讀書志》二十卷提要

宋晁公武撰，姚應續編。應續，公武門人。此書在宋時已兩本並行。淳祐庚戌，鄱陽黎安朝守袁州所刻，謂之袁本，《四庫全書》已著錄。是編淳祐己酉，南充游鈞知衢州時所刻，其所收書，較之袁本幾倍之。馬端臨作《經籍考》，全據是冊。如《京房易傳》《宋太祖實錄》《太宗實錄》《建康實錄》之類，悉與之合，其文亦多至數倍。伏讀《四庫全書提要》云：「衢本不可復見。」此從舊鈔依樣影寫，經凡十類，史凡十三類，子凡十八類，集凡四類，次序有法，足為考核之資。

《友會談叢》三卷提要

宋上官融撰。融，華陽人，其字未詳。陳振孫云「不知何人」。案書中稱其父嘗宰建之浦城縣。是編前有天聖五年自序，卷帙與《宋史·藝文志》《通志·藝文略》、焦竑《經籍志》並同。觀《文獻通考》所載，則作一卷，疑轉寫之譌。但序稱記在人耳目者六十事，此則僅及其半，非有缺佚，或「六」為「三」之誤字。核其所紀，皆宋代故事，多言報應，示勸戒，纖悉臚載，間傷猥雜。然如紀呂端出使高麗，與《宋史》端本傳合；紀太平興國三年以定陶地建為

廣濟軍,與《宋史·地理志》亦同,要非絕無依據者可比也。

《孔叢子注》七卷提要

舊本題曰孔鮒撰,宋宋咸注。咸字貫之,建陽人,天聖二年進士,仕至都官郎中。詳何喬遠《閩書》。是編依宋巾箱本影鈔,與公武《郡齋讀書志》、陳振孫《直齋書錄解題》卷帙相合。以世所傳三傳之本校之,夐然不同。如《小爾雅·廣言》俗刻作「俘,罰也」,此作「浮,罰也」。《禮記·投壺》:「若是者浮」,《正義》所引可據也。咸注亦典核簡潔,卷首載自序併進書表。王伯厚《玉海》稱咸上所注《揚子》《孔叢子》,賜三品服。今所注《揚子》更不可得矣。

《孫子十家注》十三卷提要

宋吉天保撰。天保字里未詳。《孫子》一卷,《四庫全書》已著錄。伏讀《四庫全書總目》云:「此書注本極夥,如《隋書·經籍志》《唐書·藝文志》、馬端臨《經籍考》所載諸家,然至今傳者寥寥。應武舉者所誦習,惟坊刻講章,鄙俚淺陋,無一可取。故今但存其本文,著之于錄。」是編依華陰《道藏》本錄出。十家者,魏武一,梁孟氏二,唐李筌三,杜牧四,陳皞五,賈林六,宋梅堯臣七,王哲八,何延錫九,張預十也。十家之內,多出杜佑,乃佑作《通典》時引《孫子》而訓釋之,非為《孫子》作注也。案自魏武後,注者莫先于孟氏,《隋志》可考,而晁公武則誤以為唐人。《道藏》原本題曰「集注」,明人所刊,又作「注解」。此作「十家注」,依《宋志》改。末附《孫子遺說》,乃鄭友賢所撰也。

《聱隅子》二卷提要

宋黃晞撰。晞字景微,蜀人。嘗聚書數千卷,學者多從之遊。案趙希弁《讀書附志》:「晞好讀書,著《聱隅歔欷瑣微論》。石介為直講,聞其名,使諸生如古禮,執羔鴈〔註11〕、束帛就里中聘之,以補學職,固辭不就。故歐陽文忠為徂徠先生詩有『羔鴈聘黃晞,晞驚走鄰家』之句。嘉祐中,韓魏公為樞密使,薦之以為太學助教。」而朱子《近思錄》中亦嘗稱之為「聱隅黃先生」。洵乎儒者之流也。《書錄解題》嘗載此書,至《宋史·藝文志》雜家類又有《歔欷子》一卷,亦疑即此本。此從宋刻本影鈔,國初時曾收藏于泰州季振宜、崑山徐乾學兩家書目。書凡十篇,曰《生學》,曰《進身》,曰《揚名》,曰《虎豹》,曰《仁者》,曰《文成》,曰《戰克》,曰《大中》,曰《道德》,曰《三王》。每篇冠以小序,卷首又有自序,述十篇相承之旨。晞之文學,在宋初能見重于名臣、大儒,其辭受不苟,殆有足稱者,故書中言論不詭于正,體裁、文句皆規撫楊雄《法言》。王應麟《玉海》直著為儒家,似可無愧也。

《難經集注》五卷提要

周秦越人撰。越人即扁鵲,事迹具《史記》本傳。明王九思等集注。九思字敬夫,鄠縣人,弘治十才子之一,丙辰進士,由庶吉士授檢討,調吏部主事,陞郎中,坐劉瑾黨,降壽州同知,

---

〔註11〕「羔」字原闕,今據《揅經室外集》卷一《聱隅子二卷提要》補。

尋勒致仕。事迹附《明史・李夢陽傳》，餘則未詳。《難經》雖不見于《漢藝文志》，而《隋》《唐志》已著錄。凡八十一章，編次為十三類，理趣深遠，非易了然。九思因集吳呂廣、唐楊元操、宋丁德用、虞庶、楊康侯各家之說，彙為一書，以便觀者。案宋晁公武《讀書志》云：「德用以楊元操所演甚失大義，因改正之。經文隱奧者，繪為圖以明之。」然則書中圖說，殆德用所為。是編日本人用活字版擺印。呂、楊各注，今皆未見傳本，亦藉此以存矣。

《脈經》十卷提要

西晉王叔和撰，宋林億等校定。叔和，高平人，官太醫令。甘伯宗《名醫傳》稱叔和博通經方，精意診處，尤好著述。是編從宋嘉定何大任刻本影抄，前有宋國子博士高保衡、尚書屯田郎中孫奇、光祿卿直祕閣林億等校上序，卷末載熙寧二年及二年進書銜名，又紹聖三年六月國子監雕版札子及各銜名。案林億序云：「臣等博求眾本，據經為斷，去取非私。」又云：「今考以《素問》《靈樞》《太素》《難經》《甲乙》、仲景之書并《千金方》及《翼》說脈之篇以校之，除去重複，補其脫漏。」云云。用力可為勤摯。世傳叔和《脈訣》一卷乃後人依託為之，與此絕不相同也。

《嚴氏明理論》三卷《後集》一卷提要

宋嚴器之撰。取寒證分為五十門，詳為之論。又取仲景一百二十方之中，擇其世人所常用者二十方，各係之以論，別為《後集》一卷。其說類多精詣，可為讀仲景書者之津筏。《讀書志》《讀書附志》《書錄解題》《文獻通考》皆無其書。諸家著錄，唯見于《讀書敏求記》。案錢曾云：「此書尾斷爛。序作于開禧改元，稱成公當乙亥、丙子歲，其年九十餘，則必生于嘉祐、治平之間。成公不知誰何，蓋北宋時人也。」曾之言如此。今此書首尾完好，無斷爛處，而失去開禧中之序，蓋曾所藏本非宋刻也。案《宋史・藝文志》醫家類有嚴器之《傷寒明理論》四卷，書名、卷數若合符節。此本從宋板影鈔，雖不著撰人姓名，其為器之書當無可疑。成公與器之之名，厥義相配，殆即器之之表德也。

《類編朱氏集驗醫方十五卷》提要

宋朱佐撰。佐字君輔，湘麓人。前有咸淳二年眉山蘇景行序。是編分風寒諸門，采掇議論，詳盡曲當。凡所載宋代醫書〔註 12〕，多不傳之祕笈，又皆從當時善本錄出，如《小兒病源方論》長生丸、塌氣丸，較影抄本為詳。

《史載之方》二卷提要

宋史載之撰。載之字里未詳。是編傳本甚希，此從北宋刊本依樣過錄。上卷之末附載跋語，其文不全。《宋史新編》作《史戰之方》，乃形近之譌。施彥執《北窗灸輠錄》稱其治蔡元長疾，

〔註12〕「代」，原作「氏」，《孳經室外集》卷三《類編朱氏集驗醫方十五卷提要》作「代」，今據改。

以此得名。案所作《為醫總論》，闡發甚明，各推其因證主治之法，精核無遺，較諸空談醫理者，固有別焉。

《嘉量算經》三卷提要

明朱載堉撰。載堉，鄭恭王厚烷世子〔註13〕，所著《樂律全書》及《聖壽萬年書》等已著錄。其《律呂精義》內有據「栗氏為量，內方尺而圜其外」之文，謂圜徑即方斜，命黃鍾正律為尺，而用勾股法相求。此書蓋即其意而推衍之。其所異者，《正論》則主縱黍，《算經》則主橫黍，其實亦互相發明也。首載《算經答問》〔註14〕，上卷先著圖說，次乃推明周徑、容積相求之理；中卷由開方以及十二律通長、面冪、容積、周徑；下卷則因旋宮而兼識琴調。大旨謂聲生于器，而以度定量，以量定權，必參相得而後黃鍾之律可求。數學之妙，出于天地自然，非由人力所能杜撰也。載堉學問，已詳于《樂律全書提要》之內。此其成于庚戌，在載堉二十三年進《律書》之後。成書較晚，足與前書相輔而行。茲本卷數與《明史‧藝文志》及《千頃堂書目》所載相同，猶是原本。其設術皆得諸心解，固非空言無徵者所能及也。

《分門纂類唐宋時賢千家詩選》二十二卷提要

宋劉克莊撰。克莊有《後村集》五十卷及《詩話》十四卷，《四庫全書》已著錄。茲其所選唐、宋時賢之詩，題曰「後村先生編集」者，著其別號也。是書為向來著錄家所未見，唯國朝兩淮鹽課御史曹寅曾刻入《楝亭叢書》中，前後亦無序跋。案《後村大全集》內有《唐五七言絕句選》及《本朝五七言絕句選》《中興五七言絕句選》三序。或鋟版于泉、于建陽、于臨安。則克莊在宋時固有選詩之目。此則疑當時輾轉傳刻，致失其緣起耳。書分時令、節候、氣候、晝夜、百花、竹林、天文、地理、宮室、器用、音樂、禽獸、昆蟲、人品十四門，每門附以子目。大致如趙孟奎《分類唐詩歌》，所選亦極雅正，多世所膾炙之什。惟中多錯謬，如杜甫、王維、趙嘏諸人傳誦七律，往往截去半首，改作絕句，甚至名姓不符。然考郭茂倩選古樂府，如「風勁角弓鳴」一律，截其上四句，題為《戎渾》；「莫以今時寵」一絕，加作八句，題為《簇拍相府蓮》。則古人多有此例，不足以掩其瑜也。

《三術撮要》一卷提要

不著撰人名氏。案陳振孫《書錄解題》云：「《三術掇要》一卷，無名氏。又一本名《擇日撮要術》，大略皆同。建安徐清叟真翁云，其尊人尚書公應龍所輯，不欲著名。」疑即此書。此從影宋版鈔錄，亦無刊刻年月，惟中引周謂《彈冠必用》及沈括《夢溪筆談》，當是南宋間人手筆。蓋陰陽家言為術士所祕，六壬、遁甲古法，除《太白陰經》《武經總要》之外，載者寥寥無幾。宋以前《百忌》《萬年》《具注》《集聖》《廣聖》諸書，非此並無從舉其名目。故雖五行選

〔註13〕「厚烷」，原作「原烷」，《明史》卷一百十九《諸王列傳》作「厚烷」，今據改。
〔註14〕「經」字原闕，今據《揅經室外集》卷一《嘉量算經三卷提要》補。

擇家所用,而司天監據以鋪注頒朔者,實不越此,亦足資考鏡也。

《書齋夜話》四卷提要

宋俞玉撰。玉字玉吾,吳縣人。有《周易集說》,《四庫全書》已著錄。是編見《千頃堂書目》,傳本殊希。書中辨字音、字義以及《六經》、子、史,莫不考求得失,多前人所未發。如云《周禮·醢人》「箈菹鴈醢」,謂「箈」當作「苔」,從「艸」不從「竹」一條。案經文當作「苔」,故鄭司農訓為「水中魚衣」,即《說文》艸部云:「苔,水青衣也。」後鄭始易「苔」為「箈」,復又誤為「箈」字,幾不可解。又經傳之文,「耳」即「而已」,「爾」即「如是」一條。案凡云「而已」者,急言之曰「耳」,古音在第一部;凡云「如此」者,急言之曰「爾」,古音在第十五部。如《世說》云:「聊復爾耳」,謂「且如此而已」是也。二字音義絕然不同,而唐、宋人至今每每譌錯,于古經傳致多難讀。全書援引精確,不可殫數,固非漫無根柢、徒為臆斷之談者所可及也。

《梅花喜神譜》二卷提要

宋宋伯仁撰。伯仁字器之,湖州人,所著有《西塍集》一卷,《四庫全書》已著錄。此書《宋史·藝文志》及諸家書目皆不載,惟錢曾《述古堂書目》中有之。寫梅花百圖,上卷分五類:一蓓蕾四枝,二小蕊十六枝,三大蕊八枝,四欲開八枝,五大開十四枝;下卷分三類:一爛漫十八枝,二欲謝十六枝,三就實六枝。每圖各綴五言絕句。曰「喜神」者,殆寫生之意。考伯仁于嘉熙中曾為監運司屬官,故末、首云:「商鼎」「催羹」。其平日多與高九萬、孫季蕃倡和,自號「雪巖耕田夫」,所吟亦見于陳起《江湖小集》,《千頃堂書目》并載其《烟波圖》一卷,蓋江湖派中人也。茲從宋板影鈔,前有伯仁自序,後有向士璧、葉紹翁序跋。書初刻于嘉熙戊戌,此其景定辛酉金華雙桂堂重刻之本也。

《遁甲符應經》三卷提要

宋楊維德等撰。維德附《宋史·方技·韓顯符傳》,字里未詳,顯符稱其能傳渾儀法。是編不見于《宋志》,鄭樵《通志略》始著錄,焦竑《經籍志》、錢遵王《述古堂書目》所載卷帙並同。惟馬端臨《通考》則作二卷,乃傳寫之誤。此從舊鈔本依樣過錄,卷首有宋仁宗御制序,末載永樂間欽天監五官司曆王巽序。其書以遁甲論行軍趨避之用,如言「九天之上」「九地之下」,即《孫子·形篇》所謂「善守者藏于九地之下,善攻者動于九天之上」,亦即李筌所云「以直符加時干,後一所臨宮為九天,後二所臨宮為九地。地者,靜而利藏;天者,運而利動。」巽云其書立術精密,考較詳明,宜五行家之所不廢也。

《六壬大占》一卷提要

宋祝泌撰。泌字子涇,德興人,以進士授饒州路三司提幹,年老乞休。元世祖詔徵,不赴。事蹟詳《江西通志》。是編《宋志》不著錄,鄭樵《通志略》所列六壬多至八十二家,焦竑《經

籍志》凡八十九家，錢遵王《述古堂書目》凡一十八家，皆無是冊，蓋佚已久矣。此從宋刻本依樣影鈔，卷首有泌進書序及六壬起例。案泌云：「六壬立名，古今不宣其旨，惟《周禮》眡祲氏掌覆天鳥之巢，以方書十日、十二辰、十二月、十二歲、二十八星之號，即壬盤之體。三代之壬書，惟此一證。與術家以五行始于水，水生于一，成于六之說異。」錄而存之，以資參考焉。

《夷堅甲志》二十卷《乙志》二十卷《丙志》二十卷《丁志》二十卷提要

宋洪邁撰。影宋鈔本。案《夷堅志》十集，每集二十卷；《支志》十集，每集十卷；《三志》十集，每集十卷；《四志》甲、乙二集二十卷，共四百二十卷。小說家唯《太平廣記》為卷五百，然卷帙雖繁，乃搜輯眾書所成者。其出于一人之手，而卷帙遂有《廣記》十之七八者，唯有此書，亦可謂好事之尤者矣。邁每集各自為之序，唯《四乙》未成，不及序，計序三十一篇，篇各出新意。趙與時嘗撮各序大指，載于《賓退錄》。此本《甲志》序已佚，餘三序存，與《賓退錄》所舉相合。每卷之下，注明若干事，每事亦必注明某人所說，以著其非妄。書中神怪荒誕之談，居其大半，然而遺文軼事，可資考鏡者，亦往往雜出于其間。《四庫全書》所收者，乃《支志》五十卷，與此不相涉。此本卷首有元人沈天祐序，稱建學所存舊刻閩本殘闕，承本路府判張紹先之命，以浙本補全者。邁與兄适、遵皆皓之子，名位著述皆相埒，世所稱「鄱陽三洪」是也。邁亦有弟二人：一景裴，名遷；一景何，不知其名，皆見于此書。

《策學統宗前編》五卷提要

此書標題「新刊精選諸儒奧論策學統宗」，其下列名「心易譚異中叔剛校正，存理譚金孫叔金選次，桂山譚正孫叔端訂定」。三譚皆冠以「古雲後學」。三人姓名既不經見，「古雲」亦不知其何地。書中采輯劉子翬、呂祖謙、陳傅良、楊萬里諸家之文，議論堯、舜、三王、伊、周、孔、曾、顏、孟、老、韓者，共三十三篇，為前集五卷。《四庫全書提要》載《後集》八卷、《續集》七卷、《別集》五卷，共二十卷，而闕其《前集》。今從元板影錄，以成完書。

《晁具茨集》十五卷提要

宋晁冲之撰。冲之字叔用，鉅野人，即侍郎公武之父。考晁氏于咸平、景德中為天下甲門，一時羣從之盛，多在黨中，其富貴亦莫與倫比。故著述之多，如詹事以道之《景迂集》、朝請之道之《崇福集》、進士伯宇之《封丘集》、吏部無咎之《雞肋集》，皆與冲之為同輩。冲之以文莊為曾大父，以文元公為高祖，是以其學具有淵源。然公武作《讀書志》，載喻汝礪序，言叔用棲志林澗，曠遠之中，遇事寫物，形于興屬，淵雅疏亮，則其不溺于聲色之場可知。今《景迂》《雞肋》兩集，七閣已著錄，而此集流傳甚少。卷首有喻序，正與《讀書志》合。得古今體詩共一百六十七首。劉後村曰：「喻汝礪所作序，筆力浩大，與叔用之詩相稱。余讀叔用詩，見其意度宏闊，氣力寬餘，一洗詩人窮餓酸辛之態。其律詩云：『不擬伊優陪殿下，相隨于蔿過樓

前。』追書承平之事，未有悲哀警策于此句者。晁氏家世顯貴，而叔用不肯陪『伊優』之列，甘隨『于蔿』之後，可謂賢矣。他作皆激烈慷慨，南渡放翁，可以繼之。」克莊所稱挹如此。此詩今具載集中，題作《次二十一兄季此韻》，則為原編無疑。視《北山律式》後附冲之之詩僅數首，則是為足寶矣。其注不知何人所作，引書內有《一統志》及《韻會》《韻府》等書，當為明時人。

《斜川集》六卷提要

宋蘇過撰。案《宋史》本傳，過有《斜川集》二十卷，《藝文志》則云十卷，《書錄解題》《文獻通考》卷數與《藝文志》同。其書久已失傳，世間行本，大率因謝幼槃、劉改之二人之名與叔黨同，竄改集名，聊以欺世。據明王世貞《弇州題跋》，則知以劉集充叔黨之書，自元季已然，真本散佚，蓋已甚久。王士禎《香祖筆記》記康熙乙酉有書賈以此集兩冊求售，索直二百金，惜未之見。不知士禎所述者，果屬真本否也？乾隆朝，仁和吳長元得舊鈔殘本，復從各書纂輯詩文若干，其《思子臺賦》《颶風賦》二篇見于本傳者，從《東坡集》按補，又益以《宋文鑑》《播芳大全》所選者，合之猶可成裘，然竟未及鈔入《四庫全書》，深可惋惜。茲從舊鈔本重加繕錄，釐定詩文六卷，雖未能盡復舊觀，亦庶幾可慰藝林之跂想矣。

《增廣箋注簡齋詩集》三十卷《無住詞》一卷提要

宋陳與義撰，胡穉箋。《簡齋集》十六卷，《四庫全書》已著錄。此本作三十卷，末附《詞》一卷，蓋穉作注時去雜文，每卷復釐為二卷。首有樓鑰序，併穉自序。又穉所編《與義年譜》及《續添詩箋正誤》，鑰序稱穉約居立學，日進不已，隨事標注，遂以成編，貫穿百家，出入釋老云云。今觀所注，多鉤稽事實，能得作者本意，絕無捃拾類書，不究出典之弊。凡集中所與往還諸人，亦一一考其始末，固讀與義集者所不廢也。

《史詠集》二卷提要

宋徐鈞撰。鈞字秉國，蘭谿人，與金履祥友善，履祥嘗延致以教授諸子。是編卷首載許謙序，末有張樞、黃溍及其子津後序。謙、溍並稱鈞取《通鑑》所載君相事實，人為一詩，總一千五百三十首。此本所存僅三之一，止于唐而不及五季，即唐以前諸詠，逸失已多，然意存勸戒、隱發姦諛之旨，溢于言表，雖殘闕之餘，猶為藝林所重也。

《平安悔稿》十二卷提要

宋項安世撰。安世有《周易玩辭》，《四庫全書》已著錄。案《文淵閣書目》日字號載《丙辰悔稿》十五冊，又月字號載《悔稿》三冊，又一部六冊，並殘缺之本。《宋史·藝文志》載《丙辰悔稿》四十七卷，近日傳本殊希。厲鶚《宋詩紀事》僅從《後村詩話》《方輿勝覽》《後村千家詩》蒐采數首。此則依舊鈔過錄，合前、後集凡一千二百八十五首，分卷與《宋志》不合。即《後村詩話》所錄《春日堤上》《吹帽臺》《拋毬》《糟蟹》《永州》諸作，皆未見于是編。卷

六以下乃慶元丙辰謫居江陵後所作。缺佚雖多，然就存者觀之，固紹熙、嘉泰間一作者也。

《雲莊四六餘話》一卷提要

宋楊困道撰。困道字深仲，里居未詳。是編藏書家目錄未見，此依宋刊本過錄。凡宋人說部中之言四六者，若《玉壺清話》《容齋隨筆》《能改齋漫錄》《文章叢說》之類，莫不廣搜博採。其論四六，多以剪裁為工。又云：「制誥牋表，貴乎謹嚴；啟疏雜著，不妨宏肆。」持論精審，固習騈體者之所必資也。

《古逸民先生集》三卷提要

宋汪炎昶撰。炎昶字茂遠，婺源人，幼有奇志，于書無所不讀，鉤深探賾，洞極淵奧。其學原本《六經》，得程朱性理之要，宋末嘗從太學生孫嵩元遊，遂不仕，自號「古逸民」，學者稱為「古逸民先生」，得年七十有八。其門人東山趙汸為之狀，而金華宋濂為之銘，皆極力推重。此本《詩》一卷、《文》一卷、《附錄》一卷，為近時藏書家所罕觀，惟黃虞稷《千頃堂書目》有之，作五卷，蓋與趙汸所作行狀相合。此則係後人所編輯，非當時原本，然詩文簡淨古穆，具有法度，非明人叫囂者所及。元代文章逌上，實源于此，則猶有宋季學者之風也。

《分類唐歌詩》殘本十一卷提要

宋趙孟奎編。孟奎字文耀，宋太祖十一世孫，寶祐丙辰文信國榜進士，官至祕閣修撰。是編元書凡一百卷，分門纂類。孟奎自序云得一千三百五十三家、四萬七百九十一首。此本依絳雲樓舊藏過錄，僅存天地山川類五卷、草木蟲魚類六卷。據毛扆跋，稱《葉文莊集》謂從雷侍講錄殘本，完者僅二十七卷。公為英宗朝名臣，前此且二百年，尚止乎此云云。缺佚雖多，然全書體例由是可推，且唐人隱僻姓氏，如毛扆所記文丙、許大諸人〔註15〕，亦未嘗不藉是以存也。

《洞霄詩集》十四卷提要

宋道士孟宗寶撰。宗寶字集虛，嘗築室于苕溪之上，曰「集虛書院」，為詩文咸有法度，煉元養素，居九鎖山中三年，積書至數千卷，與鄧牧相友善。牧為《洞霄宮圖志》〔註16〕，曾載其人。考今《道藏》中《大滌洞天記》有至元三年吳全節序云：「道士孟集虛出所編《洞霄圖記》，山川之奇秀，巖阿之深杳，宮宇之沿革，人物之挺特，昔耳目之未及者，今一覽無遺。是編行乎世，集虛于茲山之功亦懋矣。」《大滌洞天記》者，即今《洞霄圖志》也。《記》本鄧牧著，而序以為孟宗寶者，疑當日兩書本合行耳。是本明有高以謨刊，近亦不可得見。此從舊鈔過錄，中有殘缺處。宗寶後跋云：「宋紹定間，住山冲妙龔先生與道士王思明裒類《大滌留題》，

〔註15〕「許」，原作「詳」，《揅經室外集》卷三同。按，中國國家圖書館藏趙孟奎輯《分門纂類唐歌詩》清抄本卷末毛扆跋作「許」，今據改。

〔註16〕「志」字原闕，今據《揅經室外集》卷一《洞霄詩集十四卷提要》補。

刻版行世。迄今大德壬寅且三十年，廢勿舉。名勝入山，咸謂闕典。宗寶以介石沈公命，取舊集泊家藏詩，與本山葉君、牧心鄧君暇日討論，刪定唐、宋賢及今名公題詠，命工重刻，與好事者共之。」則其用力亦勤矣。書中所載篇什，至元時元貞、大德之間，而于王思明則載入「宋本山高道類」。因仿《四庫全書》伯牙琴之例，歸諸宋人，從其志也。卷末有厲鶚等題詞，而書中所錄亦極修潔，固可與《鄧志》並存也。

《詩苑眾芳》一卷提要

此書影元鈔本，首題「吳郡梅谿劉瑄伯玉編」，所選諸家詩，潘牥、章康、黃簡、趙汝談、方萬里、鄭起潛、文天祥、李廸、鄭傳之、何宗斗、蔣恢、朱詵、魏近思、張棐、張紹文、張元道、呂江、蔣華子、陳鈞、蕭炎、沈規、呂勝之、江朝卿、吳龍起二十四人。一人之詩，多不過十首，少或一二首，計僅八十二首。每人各著其字號、籍貫。所選之詩，近體較多，率皆清麗可誦，蓋《江湖小集》之流亞，而決擇精當，似取法于唐人之選唐詩也。

《注解章泉澗泉二先生選唐詩》五卷提要

宋謝枋得撰。案章泉者趙蕃，字昌父；澗泉者韓淲，字仲止，皆江西上饒人，為清江劉子羽之門弟子。當時名人魁儒，如葉適、湯漢，皆推重之。此書五卷，自韋應物至呂洞賓共五十四人，計得一百單一首，皆七言絕句也，而李白、杜甫、韓愈、元稹之流皆不在選，唯劉禹錫選至十四首，為最多，其餘諸家皆寥寥。蓋其體例出于唐人，故與《極玄集》之類相似〔註17〕。枋得之注，能得唐人言外之旨，可以為讀唐詩者之津筏。卷端有枋得自序，序為建安王道可而發。此書世罕傳本，唯錢曾《也是園書目》有之，而不載于《敏求記》。枋得之書，傳世甚少，《宋史》本傳、《藝文志》皆不載。書以人重，不僅以罕覯為珍也。

《南海百詠》一卷提要

宋方信孺撰。信孺字孚若，莆田人，以蔭補官，開禧中，假朝奉郎使金，三往返，歷淮東轉運判官，知真州，至廣西漕，所著有《好菴遊戲詩境集》，未見。是編乃其官番禺縣尉時所作〔註18〕，取南海古蹟，每一事為七言絕句一首，每題之下，各詳其顛末。注中多記五代南漢劉氏事，所引沈懷遠《南越志》、鄭熊《番禺雜志》近多不傳。厲鶚《宋詩紀事》載劉后邨序信孺詩文云：「宮羽協諧，經緯麗密。」于此亦足見其一斑矣。

《聲律關鍵》八卷提要

宋鄭起潛撰。起潛字子升，吳縣人，少孤力學，舉進士，官至直學士、權兵部尚書。是編

〔註17〕 「集」字原版留白，今據《揅經室外集》卷一《註解章泉澗泉二先生選唐詩五卷提要》補。

〔註18〕 「縣」，原作「漫」，《揅經室外集》卷三《南海百詠一卷提要》同，《宋史》卷三百九十五《方信孺傳》作「縣」，今據《宋史》改。

乃其官吉州州學教授時所上，前有淳祐元年正月六日尚書省劄子云：「總以五訣，分為八韻。至于一句，亦各有法。」是雖專為場屋而設，錄而存之，以見當時學者之所業矣。

《觀瀾集注》三十卷提要

宋林之奇編，呂祖謙集注。之奇有《尚書全解》，祖謙有《古周易》，《四庫全書》並已著錄。是編《宋史・藝文志》著錄六十三卷，此從宋本依樣影鈔，僅及其半。甲集凡二十五卷，自屈平以下六十五人；乙集五卷，自楊雄以下凡十九人，分類編輯。祖謙集注，多本舊注為之，如《離騷經》《文賦》《閑居賦》，即用五臣注釋，捃拾精核，足與之奇書相輔而行也。

《梅磵詩話》三卷提要

宋韋居安撰。居安，吳興人，景定間進士。是編黃虞稷《千頃堂書目》、錢遵王《讀書敏求記》並著錄。所論多南宋時人之作，名篇警句，往往在是，采掇亦復謹嚴。卷末云：「余丙子歲司紏三衢。二月十一，宋太后詔諭諸郡歸附，郡將而下，奉詔依應，吏民安堵如故。」云云。是居安以宋臣而入于元者也。

《樵歌》三卷提要

宋朱敦儒撰。敦儒字希真，洛陽人，紹興乙卯，以薦起賜進士出身，為祕書省正字兼兵部郎官，遷兩浙東路提點刑獄。上疏乞歸，居嘉禾。此依毛晉汲古閣舊鈔過錄。案花菴詞客稱敦儒東都名士，天資曠逸，有神仙風致。《江西月》二首，可以警世之役役于非望之福者。是編《江西月》凡八，即指第五、第六二首而言。又張正夫稱敦儒《月詞》「『插天翠柳，被何人，推上一輪明月』，詞意絕奇，似不食烟火人語。」是作今載集中，餘皆音律諧緩，情至文生，宜其獨步一時也。

《蘋州漁笛譜》二卷提要

宋周密撰。密字公謹，本濟南人，其曾祖自南渡來居吳興，因號弁陽老人。所著如《癸辛雜著》《武林舊事》《齊東野語》及《絕妙好詞》，《四庫全書》均已著錄。是書乃其所作詩餘。秀水朱彝尊撰《詞綜》，以為《草窗詞》一名《蘋洲漁笛譜》。今考《草窗詞》，比斯譜實增多數闋，則知《笛譜》是其當日原定，《草窗詞》或後人掇拾所成，特以此為藍本耳。是書從長塘鮑氏知不足齋舊鈔傳寫，前有吳文英題詞，後附《徵招》《醉月》二闋，並王櫶識尾。據琴川毛扆舊跋云：「《西湖十景詞》嚮缺末二首，偶閱《錢塘志》，《志》中載此，亟命兒鈔補之，然其脫略，仍無從搜輯也。」

《陽春白雪》八卷《外集》一卷提要

宋趙聞禮編。聞禮字立之，臨漢人。案《文淵閣書目》月字號載《陽春白雪》一冊，乃闕佚之本。此從舊鈔依樣倣寫。所選凡二百餘家，宋代不傳之作，多萃于是，去取亦復謹嚴，絕無猥濫之習。聞禮著有《釣月軒詞》，周密《絕妙好詞》嘗採其作。是編亦自錄一二，如《玉漏

遲》、《法曲獻仙音》〔註19〕《瑞鶴仙》等闋，字鍊句琢，非專以柔媚為工者可比也。

　　《王周士詞》一卷提要

　　宋王以寧撰。以寧字周士，湘潭人，由太學生仕鼎澧帥幕。靖康初，徵天下兵，以寧走鼎州乞師，解太原圍。建炎中，以宣撫司參謀制置襄鄖。是編依毛晉汲古閣舊鈔過錄〔註20〕，凡三十一首。以寧詞句法精壯，如《和虞彥恭寄錢遜升·驀山溪》一闋、《重午登霞樓·滿庭芳》一闋、《艤舟洪江步下·浣溪沙》一闋，絕無南宋浮艷虛薄之習，其他作亦多類是也。

　　《詞源》二卷提要

　　宋張炎撰。炎有《山中白雲詞》，《四庫全書》已著錄。是編依元人舊鈔影寫。上卷詳論五音十二律律呂相生，以及宮調、管色諸事。釐析精允，間系以圖，與姜白石歌詞《九歌琴曲》所記用字紀聲之法大略相同〔註21〕。下卷論制曲、句法、字面、虛字、清空、意趣、用事、詠物、節序、賦情、離情、令曲、雜論、五要十四篇，並足以考見宋代樂府之制。自明陳仲醇改竄炎書，刊入《續祕笈》中，而又襲用沈伯時《樂府指迷》之名，遂失其真。微此，幾無以辨其非。蓋前明著錄之家，自陶九成《說郛》廣錄偽書，自後多踵其弊也。

　　《新增詞林要韻》一卷提要

　　此書不分卷，不知撰人姓名。目錄標題「新增詞林要韻」，書中標題則曰「詞林韻釋」。其書分一東紅，二邦陽，三支時，四齊微，五車夫，六皆來，七真文，八寒閒，九鸞端，十先元，十一簫韶，十二和何，十三嘉華，十四車邪，十五清明，十六幽游，十七金音，十八南三，十九占炎，共十九部。而以上、去二部依部列于平聲之後，而入聲不獨為部。凡入聲之作平聲、作上聲、作去聲者，又各依類分隸于平、上、去之後，要皆統于平聲。十九部之內，其中每字皆有訓釋，一字數義，備載無遺，而詞旨簡妙，精而不支。書縫有「菉斐軒」三字。近人屬鶚《論詞絕句》云：「欲呼南渡諸公起，詞韻重雕菉斐軒。」世人知重此書，實自鶚詩始發之。然自來作長短句者，未嘗不以入聲押韻，而此以入聲分隸平、上、去三聲，蓋後來曲韻之嚆矢。或以曲盛于元，而此書實出于南宋為疑。今案《書錄解題》歌詞類有《五十大曲》十六卷、《萬曲類編》十卷，則宋時未始無曲也。此影宋鈔錄，卷端標題「詞林」，「詞林」者，猶「藝林」之謂，非必指長短句而言。以此為詞韻，殆鶚誤會「詞林」二字之義耳。

　　《陳氏小兒病源方論》四卷提要

　　金陳文中撰。文中字文秀，宿州符離人，官太常，明大小方脈，于小兒瘡疹，尤造其妙，

〔註19〕「曲」，原作「典」，《揅經室外集》卷三《陽春白雪八卷外集一卷提要》作「曲」，今據改。

〔註20〕「舊」，原作「書」，非，今據文義改。

〔註21〕「紀」，原作「紅」，《揅經室外集》卷三《詞源二卷提要》作「紀」，今據改。

金亡歸宋，處漣水十五年。詳鄭全序。案醫科一十有三，小兒為啞科，其治尤難。是編分《養子真訣》《小兒變蒸候》，又形證門及面部形圖，皆先論後方。鄭全云：「是書圖其形狀、別其證候、跡其方論，釐為一卷。」今作四卷，疑後人所分，故書中有稱「陳氏云」者。考諸家目錄，所載宋代小兒方症各書，今多不傳。此本依宋刻影寫，亦僅存之祕笈也。

《遺山樂府》五卷提要

金元好問撰。好問有《續夷堅志》，《四庫全書》已著錄。伏讀《御定歷代詩餘》，載詞人姓氏云：「《遺山樂府》，錢塘凌雲翰編輯。」是編從舊鈔本依樣過錄，無雲翰姓氏，疑轉寫者脫誤耳。案《錦機集》云：「僧李菩薩灑酒作花，開牡丹二株，遺山為賦《滿庭芳》，傳誦一時。」是作今載集中。張炎稱其詞深于用事，精于鍊句，風流蘊藉，不減周、秦。合觀諸作，良非虛美也。

《四書待問》二十二卷提要

元蕭鎰撰。鎰字南金，臨江人。是書因當時取士以經疑為試藝之首，歷採宋、元諸儒如朱晦菴、張南軒十三家之說而折衷之，亦閒取時文之不倍師說者，設為問答之義。書前有邵陵冷掾季存所為薈蕞，述及續抄兩序，稱其于甲寅賓興之初，嘗貢于鄉，既而以漏字黜，則此為其發科決策之作。大旨以新安朱子之說為主，而以己意貫串之，于四子書，頗多發明。近時目錄家所載甚少，惟黃虞稷《千頃堂書目》中有「蕭鎰，《四書待問》二十二卷，泰定甲子序」，即是此本。茲就元時刻本影鈔，前有《四書互義》，後分列《論語》《大學》《中庸》《孟子》，凡五百四十問、七百一十七則。書中各條之下有注「薈蕞」者，即鎰自作；有注「自修」者，則龍江歐陽蒙所作。鎰序所謂「比客建城，與友人歐陽養正讀書之次，隨時采集，因成是編」，即其人也。

《論語叢說》三卷提要

元許謙撰。伏讀《四庫全書總目》云：「《元史》許謙本傳載謙讀《四書章句集注》，有《叢說》二十卷。」此本凡《大學》一卷、《中庸》一卷、《孟子》二卷，《中庸》闕其半，《論語》則已全闕。是編從元人刻本依樣影抄。其中有正文而誤似注者，如中卷《晝寢章》《衣敝章》、下卷《侍坐章》《驥章》《為邦章》《性相近章》《荷蓧章》，乃元代刻書陋習，悉仍其舊。案謙受業于金履祥，故書中引履祥之說，獨稱「先生」。吳師道云：「欲讀朱子之書，必由許君之說。」今考是書，發明朱子之學，旁引曲證，不苟異，亦不苟同。《泰伯章》云：「王文憲謂《集注》朱子因舊傳修入，未及改」；《美玉章》云：「沽，去聲，訓『賣』。若平聲，則訓『買』，于此義不相合」；《川上章》云：「舍，去聲，止息也，見《楚辭辨證》，《集注》未及改」；「割不正不食」節則云：「古者燕饗有大臠，曰胾」，又云：「其餘牲體骨脊及腸胃肺心，割截各有一定，所謂不正，則不合乎度者。」頗有根據，皆足以資考證也。

《讀中庸叢說》二卷提要

元許謙撰。案《元史》本傳，謙讀《四書章句集注》，有《叢說》二十卷。朱彝尊《經義考》據《一齋書目》收入總經類，注云未見，《通志堂經解》亦未及編刻，蓋世已久不見其書矣。今《四庫全書》所收，祇《大學》一卷、《中庸》一卷、《孟子》二卷而已。《中庸》本二卷，佚其半，《論語》則已全佚。今除《論語叢說》三卷已從元板影錄進呈外，復從吳中藏書家得元板《中庸叢說》足本二卷，又影錄副本以補前收之所未備，而許氏之書遂成完璧。案黃溍為謙作墓誌，載此書卷數二十，與本傳相符。今所錄者，俱遵元板。《論語》三卷、《中庸》二卷，合之《大學》一卷、《孟子》二卷，得八卷，皆首尾完整。明《祕閣書目》所載《四書叢說》亦止四冊，殆與今本相同，蓋未可據墓誌、本傳而疑其尚有闕佚也。

《續復古編》四卷提要

元曹本撰。本字子學，大名人，嘗為都昌丞，後出外佐信州幕，與太僕危素相友善。素撰《三皇饗禮樂章》，本為之書，詔藏祕閣。本好古篆，年十七八時輒喜作《石鼓》《嶧山》篆，師籀、斯而主《說文》，故下筆深穩圓勁。平生志事功而不究其用。是書著錄家絕不收采，蓋補宋吳興張有《復古編》而作。張氏之書，舊分類為六：一曰聯緜，二曰形聲相類，三曰聲相類，四曰形相類，五曰筆跡小異，六曰上正下譌。本因其類而加二焉：曰字同音異，曰音同字異。自序云：「題曰《續復古編》，非敢增多以為功，亦以發隱君之志、備拾遺耳。姑存篋笥，尚俟博雅君子正是之。是稿也，四卷、一十三類、六千四十九字，起于至順三年秋八月，成于至正十二年閏三月。」蓋其一生精力所萃，歷十九年之久而後成，亦可謂勤矣。此從吳江潘未家所藏舊鈔過錄，前有危素、宇文公諒、楊翮、蔣景武及楊桓諸人之序，惟尚缺上正下譌一類，無從補掇，為可惜也。

《續古篆韻》六卷提要

元吾衍編。有《周秦石刻釋首》一卷，《四庫全書》已著錄。是編從舊鈔本依樣影寫。衍以《石鼓文》《詛楚文》《比干盤》《泰山》《嶧山》等刻，依韻分纂，即遇無字之韻，亦接書之，非有闕佚。蓋留以待補，疑為未成之本，故藏書家目錄多未采入。末卷辨疑字專為鄭樵、薛尚功兩家《石鼓音義》而作，如云第十鼓中一字，薛作「獻」，鄭作「狩」，衍則云：「當作獸，意通。」案《周官·庖人》：「賓客之禽獸」，注云：「『獻』，古文為『獸』是也。」錄而存之，于小學不無所助焉。

《招捕總錄》一卷提要〔註22〕

不著撰人名氏。是編藏書家未著錄，蓋佚已久矣。此從舊鈔依樣影寫。所記元代招捕事宜，

〔註22〕「捕」字原闕，下文同，今據《揅經室外集》卷五《招捕總錄一卷提要》補。

起于世祖至元，迄于英宗至治。案卷末云：「招捕不止此〔註23〕，是惟取其人名、地名及事與序相干者入注中，分二十九種。」其事多不見于正史，而實有關于正史。雖篇袠無多，而敘述典核，彌足為寶，是亦罕觀之祕笈矣。

《皇元征緬錄》一卷提要

不著撰人名氏。卷首撮舉大綱，有「臣作政典」云云，蓋即撰《元聖政典章》者〔註24〕。《政典》中稱英宗為「今上皇帝」，是編似亦成于至治之初。體例謹嚴，非若《政典》之漫無端緒、不足以資考證。所載征緬事多與《元史·緬國傳》相同，自大德二年以下，更足補正史所未備。蓋明時修史，即用此為藍本。錄而存之，以備參考焉。

《元祕史》十五卷提要

不著撰人名氏。其紀年以鼠兒、兔兒、羊兒等，不以干支，蓋即國人所錄。明黃虞稷《千頃堂書目》著錄十二卷，明《文淵閣書目》宇字號云〔註25〕：「《元祕史》一部，五冊。」又一部同。又云：「《祕史續稿》一部，一冊。」又一部同。並闕佚之本。此依舊鈔影寫，國語旁譯，記元太祖、太宗兩朝事迹最為詳備。案明初宋濂等修撰《元史》，急于蕆事，載籍雖存，無暇稽求，如是編所載元初世系，孛端叉兒之前尚有一十一世，《太祖本紀》述其先世，僅從孛端叉兒始。諸如此類，並足補正史之紕漏。雖詞語俚鄙、未經修飾，然有資考證，亦讀史者所不廢也。

《羣書通要》七十三卷提要

不著撰人姓氏。是編藏書家未著錄。此依元至正閒重刊本影寫，前有大德己亥王淵濟序，稱蒙翁因嘿齋于君所輯之本，旁搜博采，增至數十卷，凡詩家之一字一意，悉羅致之，視初本殆將十倍，命其子彌高壽梓云云。所謂「蒙翁」「嘿齋」，未詳其人。其書目自甲集天文至庚集譬喻，凡三十七門，每十卷為一集，捃摭經、傳、子、史及前人詩文中成語，分類排纂，頗藉以有考，視明人類書餖飣裨販者，大相徑庭。辛、壬、癸三集即《元混一方輿勝覽》，疑重刊時所增，故淵濟序中未及。其書且有「至元戊寅菖節梅軒蔡氏刊行」圖記。詹事錢大昕云：「《勝覽》于澤州無陵川縣、解州無芮城縣，而書中又有冀寧之名，係大德中所改。」則書成之後，別有竄易，皆書肆射利者為之，而不知其牴牾也。

《至順鎮江志》二十一卷提要

此書不著撰人姓名。案鎮江自東晉以來，屹為重地，志乘之書，在宋乾道閒有熊克所撰者十卷，見于《宋史·藝文志》；嘉定閒盧憲所撰者三十卷，見于《書錄解題》。今《乾道志》久已失傳，《嘉定志》尚有傳鈔之本，已出後人掇拾。此書體例大致取法于《嘉定志》，而記載詳

〔註23〕「不」字原闕，今據《揅經室外集》卷五《招捕總錄一卷提要》補。
〔註24〕「聖」字原闕，今據《揅經室外集》卷三《皇元征緬錄一卷提要》補。
〔註25〕「宇」，原作「字」，《文淵閣書目》卷五作「宇」，今據改。

備，較為過之。大約宋志主于徵文，此則重于考獻；宋志旁稽典籍、務覈異同，此則備錄故事、多詳興廢。鎮江在宋為邊防之地〔註26〕，故其志攻守形勢，网羅古今；在元為財賦之區，故此書物產土貢，臚陳名狀。其用意各有所在，不得而同也。至于郡守參佐，宋志近徵唐代，此則遠溯六朝；鄉賢寓公，宋志旁搜隋氏以前，此則詳于兩宋及元。互為補苴，不可偏廢。然此書自明以來，藏書家絕無著錄之者，洵為罕覯之祕笈。此舊鈔本編次失當，文字多舛，今重加校定繕寫，俾攷京口故實者得以取資也。以之抗行袁桷之志四明，殆無愧焉。

《琴川志》十五卷提要

元盧鎮撰。鎮于至正癸卯年以守禦領兵副元帥兼平江路常熟州知州，來莅是邦，因取從前縣令孫應時、葉凱、鮑廉三人之書，屬耆老顧德昭，集諸士人，參考異同，重鋟諸梓。其成書後，凡所未載，悉附卷末，總十有五卷，仍曰《琴川志》。大抵原書至宋而止，續志乃附以元人事蹟，故所載皆有原委，可與施宿《嘉泰會稽志》、梁克家《淳熙三山志》抗衡，非明人全用己說者可比。茲書從汲古閣毛氏舊校本影鈔，著錄家惟見于黃虞稷《千頃堂書目》中，亦不詳其姓氏。崇禎間，邑人龔立本跋此書云：「邑中經兵燹後，歸許文學弢美，弢美復于南都書肆中購其所佚之半，始成全帙。」則此書在前明已稱難得，今復二百餘年，宜藏書家之倍為珍惜也。

《遊志續編》二卷提要

元陶宗儀撰。宗儀有《國風尊經》，《四庫全書》已著錄。是編繼宋陳仁玉《遊志》而作，所載多唐、宋、元人遊覽之作，自樊宗師、柳公權、元結而下，凡四十有八家，選擇精審，並足以資考證。書中有存其目而其書未經採入者，若李格非之《洛陽名園記》、范至能之《驂鸞錄》《吳船錄》，後人遂疑為未成之書。案朱彝尊云：「宗儀所著各書，有裨史學。」此其一也。

《玉山璞稿》二卷提要

元顧瑛撰。瑛字仲瑛，崑山人。事蹟附《明史·陶宗儀傳》後。《玉山璞稿》，《四庫全書》已著錄一卷。是編乃至正壬辰、乙未間所作，凡古今體詩二百七十五首，詞一首。書中《送董參政饒歌十章》，如《克淮西》《入昌化》《定安吉》諸題，足補史所未備。《元史》惟稱秋七月，饒、徽賊犯昱嶺關及杭州路。案是時董搏霄率兵復之，所云「參政」及送周天蟾詩中「大參董侯」，皆其人。卷末有云：「水戰甚難，蓋舟檝有遲速，風水有逆順，故不能齊其隊伍。」然則瑛于舟師之法亦略窺其一二，非僅以詞語流麗見長也。

《桐江集》八卷提要

元方回撰。回《桐江續集》，《四庫全書》已著錄。皆其元時罷官後所作。其前集名《虛谷集》，見黃虞稷《千頃堂書目》，疑即是編。案周密極譏回為人之鄙，全無品行。伏讀《四庫全

〔註26〕「邊」，原作「隄」，《揅經室外集》卷一《至順鎮江志二十一卷提要》作「邊」，
　　　　今據改。

書提要》云：「集中諸文，居然醇儒之言。就文言文，要不可謂其悖于理也。」如賈似道魯港喪師之後，眾皆慮其復入，回上書數其十罪，繼又言似道與其客廖瑩中皆當即誅。又請罷王爚平章，以佚其老。見集中前後上書本末，並確有所見，中外快之。即他文亦多有根據，固宋末元初一作家也。

《王徵士詩集》八卷提要

元王沂撰。沂字子與，泰和人，博通經史，學者稱為「竹亭先生」。至正閒，嘗試于有司，不偶，遂不復出。洪武初，徵為諸王說書，授福建鹽運司副使，以老辭歸，不赴。是編乃其門人蕭〓所編。梁潛稱沂與大梁辛好禮、楊伯謙、上元周伯寧、清江彭聲之、豫章萬德躬倡詩道于東南，期以關世教為務。今案沂詩，于古體多沖淡瑩潔，近體則典麗鏗鏘，宜其凌跨一時矣。

《松雨軒詩集》八卷提要

元平顯撰。顯字仲微，錢塘人，明洪武初，官廣西藤縣令。案顯集初刻于滇南，是編乃其裔孫所重刊，今依樣過錄。柯暹序稱其「足跡半天下，有似于子長，學博而行峻，直道而屈身。」云云〔註27〕。今觀其詩，凡風土之同異、道途之阻塞以及友朋之離合，悉見于篇，蓋得于遠遊之助為多耳。

《蟻術詩選》八卷提要

元邵亨貞撰。亨貞字復孺，有《野處編》四卷，見《四庫全書》。伏讀《四庫全書總目》云：「亨貞所著《蟻術詩選》，世已無傳。」此從舊鈔依樣過錄，凡古今體三百七十六首，又聯句三首，詩格高雅，絕無元世綺縟之習。案馮遷、汪穋跋《野處編》，並云其書乃上海陸郟以授穋而刊行。是編及《詞選》，每卷首皆有「新都汪穋校」字樣，是亦郟所授刊之冊。跋又云并所著《蟻術詩選》《蟻術詞選》為十六卷。今合三書卷帙觀之，並屬完善之書。惟卷首不著名而著字，乃明人刻書陋習也。

《名儒草堂詩餘》三卷提要

元廬陵鳳林書院輯本，未詳選者姓氏。自劉藏春以下，凡六十家，皆南宋遺老。選錄精允，秀句清言，多萃于是，而《黍離》之感有不能忘情者。厲鶚跋稱：「弁陽老人《絕妙好詞》而外，鮮焉寡匹。余于此二種，心所愛玩，無時離手」云。案《千頃堂書目》始著錄，一名《續草堂詩餘》，即是編也。

《蟻術詞選》四卷提要

元邵亨貞撰。亨貞有《野處集》，見《四庫全書》。伏讀《四庫全書總目》云：「亨貞所著《蟻術詞選》，世已無傳」，又云：「其詞世不多見，惟陶宗儀《輟耕錄》載所作《沁園春》二首，

〔註27〕「柯」字原闕，今據中國國家圖書館藏明嘉靖重刻本《松雨軒詩集》柯暹序補。

雋永清麗，頗有可觀，蓋所長尤在于是，惜《詞選》今已久佚矣。」是編從舊鈔依樣影寫，藏書家未見著錄。《古今詞話》亦稱其《沁園春》詞新艷入情。書中追和趙孟頫十首，案侯文燦所輯《松雪詞》已佚，其《點絳唇》一闋、《感皇恩》一闋、《蝶戀花》一闋，未嘗不藉是以見其梗槩也。

《名家詞》十卷提要

國朝侯文燦編輯。所選為南唐二主詞、馮延巳《陽春集》，宋則張先《子野詞》、賀鑄《東山詞》、葛剡《信齋詞》、吳儆《竹洲詞》、趙以夫《虛齋樂府》，元則趙孟頫《松雪詞》、薩都剌《天錫詞》、張埜《古山樂府》。文燦自序云：「古詞專集自汲古閣《六十家宋詞》外，見者絕少。」又稱：「孫星遠有《唐宋以來百家詞》鈔本，訪之僅存數種，合之篋中所藏，共得四十餘家，茲先集十家付之梓人。」云云。是編《子野詞》，《四庫全書》已著錄，即《陸安集》。伏讀《四庫全書總目》云：「此本近時安邑葛鳴陽所輯，凡詞六十八首。」此則一百三十首，較為完善，末附東坡題跋，其餘所選，亦簡擇不苟，要不失為善本也。

瀛舟筆談卷十二

揚州阮亨仲嘉記

鐘鼎彝器，傳自三代。好古之士，以之攷證經傳，參伍注箋，非僅為耳目玩好也。歐公作《集古錄》，敘末云：「足我所好，玩而老焉可也。象、犀、金、玉，其能不散乎？」其言甚達。元遺山非之，以為三代聖賢，制器之銘，必曰「子孫永保用」，原欲世守勿失，不作莊、老達觀。二說各有所見。予兄嗜蓄古器，凝香清晏，一日三摩挲，自云：「聊償案牘之勞」，又云：「器者，先王所以馴天下尊王敬祖之心，教天下習禮博文之學。世祿之家，其富貴精力必有所用，用之於奢僭奇衺，何如使用其才力於禮文器數之中。」竊以為此論深能推見古人用心之處，其識高於歐陽、元氏遠矣。兄有積古齋，乃藏鐘鼎之所，自為之記並繪《積古圖》，彙拓所藏金石，誠鉅觀也。

《積古圖後記》

翁方綱

今浙江巡撫儀徵阮公《積古圖》一卷，按其自記，合卷內所拓文，凡鐘二：周彔康鐘，虢叔大林鐘也；鼎三：商父乙鼎、周太祝鼎、漢定陶共王陵鼎也；又周師西敦、宂簠、素豆、諸女匜、素匜、商父辛彝、周甗、周惠卣、父辛卣、黃目尊、史賓錇、商父辛爵、父乙觶、周遽仲觶、象觶、商父丁角、商子執戈觚；又漢安二年朱提堂狼洗、漢平陽侯洗、大吉羊洗；又周素劍、周衛公孫呂戈、子永戈、高陽左戈、華戈、素斷戈、素雞鳴戈、周素瞿、漢宛仁弩機、素弩機、周書削；又鏡二十：漢劉昉金背鏡至仙人不老鏡凡十有二，唐仿漢仙人鏡、四靈鏡凡二，六朝周仲鏡至唐清素鏡凡六也；又鐙二：漢龍虎鹿盧鐙，鴈

足鐙也；又刀布貨幣之屬，齊化安陽布至晉沈郎錢范凡廿有四；又官私印凡九十有一。而古器續于後者，又有周董山簠蓋、商父癸匜蓋、周史僕壺蓋；又周敦、殘銅字周觶、漢丙午鈎、長壽半鈎、鐎斗及尚方器飾；又梁佛像、唐魚符、宋鐵匣、元鎮杤也；又漢五鳳五年甄、黃龍元年甄、吳天冊元年掌文甄、晉興寧二年俞氏作甄、咸和二年歲在丁亥甄、大吉宜侯王甄、晉潘儒、吳蜀師甄，凡八甄，所謂八甄吟館者也。公政事之暇，摩挲手拓其文，古苔青綠，羅列前後牀几。公子侍焉，拂拭攣剔，以為樂也。前三年，公與及門樸學之士，成《經籍籑詁》一書，以韻部字為經，以諸經、傳、注、箋、疏為緯。又其前在濟南使廨，彙輯齊、魯諸郡邑秦、漢以來金石之文，洎今吳、越所攷述，萃以成編。而去年公適於吳下購得宋王復齋《鐘鼎款識》冊，凡拓文五十有九器，皆復齋手為釋文。其青賤識者，畢良史書也。公與朱右甫諸君加以攷釋、摹鐙，以公同好，於是古今奇秘、江山粹精，皆在阮氏積古齋矣。蓋馬、鄭之傳注，孫、郭之詁訓，呂、薛之攷訂，歐、趙、洪、婁之鑒藏，備於一卷者，世未嘗有也，故書以為後記。

宋拓《鐘鼎款識》，原冊計三十葉，宋復齋王氏所集，計五十九器，內有青賤者十五器，為畢良史所收。玩其題識，皆復齋之筆。嘉慶七年，兄得此冊於吳中陸氏，加之攷釋，鐙版以傳，誠藝林快事也。

吾鄉吳氏舊藏十三銀鑿落，前代介壽物也。厲樊榭、杭堇圃諸先生皆有歌詠。癸亥二年，兄招賓置酒，陳商周尊彝，為叔父湘圃公上壽，亦適得十三。爰屬諸同人分詠，得人之懽心，以侑老人之觴。甲子歲，叔父生辰，同人請舉故事，復遴所藏者十三器，各賦一詩，為《後十三酒器詩》。今分載于右，各詩附焉。

周象觶。銘曰：「象角」，二字。案「象」者，制器尚象之意。《禮・禮器》云：「尊者舉觶，卑者舉角。」鄭注：「觶三升，角四升。」此觶而銘曰「角」者，《說文》解「觶」字云：「鄉飲酒角也。」

《周象觶》

燕寢歌臺萊，高堂進春酒。名人鮮俗玩，博雅徵器守。十三器舊藏，曰以介眉壽。中有周象觶，形模小於卣。摩挲頗光澤，古色發深黝。象角二銘字，篆體異蝌蚪。觶本鄉飲角，叔重說非苟。合之禮器注，四升等所受。散文則相通，尊卑辨何有。百直環其身，抉剔去塵垢。雲靁刻其底，回繞各分糾。容徑如璧羨，名氏缺誰某。頸作獸面二，相背若哆口。豐侯昔沉湎，象形儆濡首。

饕餮貪飲食，圖以示厥後。月存戒毋荒，小物彼有取。公心在玉壺，豈假箴座右。封內皆熙春，維醽敬羞耇。先典酬以觶，意洽禮亦厚。願言伸古歡，即此當大斗。蘇州吳廷琛棣華。

周仲姜罍尊。蓋、器並有銘文，多剝落，可辨者「旁中」「作」「中姜」「子子孫孫永」「用享孝」數字。案《詩正義》引《韓詩》說，以罍為「金飾龜目」。今目驗此器，知夔目、獸目皆以黃金飾，不定龜目也。《左傳疏》引孫炎云：「罍為下尊。」《禮·郊特牲》：「黃目，鬱氣之上尊。」鄭注云：「於諸侯為上，則知於天下為下矣。」

《周仲姜罍尊》

博古徵飲器，嘉名尊最舊。尊制始瓦罍，其文故從缶。躓事木易之，製出梓人手。曰楄象雲雷，流形先萬有。中古盛文明，鑄以金不朽。大夫用金罍，韓詩說可取。炯炯四黃目，燦燦雙夔首。饕餮踞豐足，蟠螭壓單鈕。參麗象與犧，照耀罜兼卣。列在六彝中，位在中尊後。置之罜鼎前，錯之虦鐘右。貯之酒一石，中虛節所受。挹之勺一升，量出嚴厥守。彼美曰中姜，令得宜黃耇。彝器森森垂，瓜瓞緜緜厚。八甎吟館中，神物積非偶。列坐陳几筵，啟幕當戶牖。主人酌醴清，飲御及諸友。時嘉慶八年，斗柄晨指酉。仲春廿五日，賓祝堂前壽。願如尊延年，長宜保永久。南城王聘珍實齋。

周寠卣。蓋、器銘曰：「寠作寶尊彝」，凡五字，器、蓋並同。案「寠」，作器者名，一釋作「惠」，古文「惠」從「屮」。薛氏《款識》盄和鐘、晉姜鼎，「惠」字皆與此略同也。

《周寠卣》

畫戟交清香，奉觴進春酒。旁羅古尊彝，其一曰惠卣。高徑尺四寸，橢圓腹容斗。提梁鐫蟬紋，兩耳傅獸鈕。到眼光陸離，紫翠發深黝。未審商與周，斷非後代手。器蓋各五字，曰惠作某某。誰釋惠作寠，於義何所取。尔疋詳三尊，中尊特分剖。犧象形或殊，秬鬯禮先受。當時攷位置，宜在爵觶右。證以江漢詩，召虎拜稽首。載徵古銘器，欲令名不朽。惠屬作者名，經傳憶無有。或云謚為氏，惠叔出姬後。稱氏例所無，疑義自豐蔀。大抵三代間，逸事難屈拇。抑豈秦漢人，彝器作亦偶。鯫生揖座末，私議獻諸友。古人製一器，往往示臧否。銘鐘紀勳業，鑄鼎象讒嗾。燕以示慈惠，觀禮故府守。侯氏拜賜歸，義得志高厚。又如垂戒辭，自警乃無咎。有孚勿問志，其占協盈缶。醉忘闕疑訓，兩解輒滕口。語次復揚觶，酒本養羞耇。老人惠我德，茂音詠栲杻。主人

況戒行，揚光覲哲后。歸請仿斯制，紀恩佐灩湑。吉金貴保艾，比物類從醜。題詞當祝嘏，載拜為公壽。儀徵許珩楚生。

商父辛彝。銘曰：「父辛」，二字。

《商父辛彝》

燕寢延賓僚，鈐閣儼清閟。誰賡栲杻詩，侑以商周器。郁然殷氏彝，文作父辛字。其口徑八寸，身六寸有四。腹皤足夔一，耳撐具犧二。尊彝昔有司，縮涚異軒輊。黃流宛在中，鬱鬯別尊觶。辛乃屬十干，曰乙遞排次。祖丁與父癸，對揚紀君賜。釋之為人名，紕繆尚功誌。鄱陽稱博古，持論亟攻刺。皝皝中丞公，政暇無俗嗜。尚質不尚文，微茫剔款識。此器傳至今，三千年不啻。古色隱雷紋，銅花滴蛾翠。入手劇摩挲，到眼辨真偽。邗江吳氏藏，鑿落十三事。詩人厲徵君，作歌備既醉。華辭與數典，豈止雅鄭異。昨夜老人星，郎照吳越地。持此壽嚴親，斑衣詎云戲。齗齗魯諸生，虞虞雒中士。金石互商榷，辭賦極美粹。鯫生敢質疑，竊比躋堂義。錢唐何元錫夢華。

周遽仲觶。銘曰：「遽仲作父丁寶」，六字，又「亞」中「八」字、足跡形。案「遽」，古通「蘧」。《爾雅・釋草》：「大菊，遽麥。」《釋文》：「蘧本作遽。」蘧伯玉之「蘧」，《淮南・泰族》作「璩」。後世有遽氏，又有璩氏，皆「蘧」之異文。「八」，別也。

《周遽仲觶》

高齋臚禮器，曠古積金璧。有觶姬代遺，厥製梓人覈。說觴徵韓詩，譌觚諦鄭釋。觝改汝潁讀，觗從洨長摭。陳數用相訓，侑飲取自適。七寸高尚強，三升受猶窄。異華臧雲靁，奇色活丹碧。闚銘辨六字〔註 1〕，綴筆誇眾客。物維遽仲作，寶為父丁惜。遽蘧文則通，淇衛姓不易。春秋溯前喆，伯玉光往籍。仕更襄獻靈，修齡蓋逾百。蘧伯玉，始見《左氏傳》襄公十四年，當衛獻公之十八年。至衛靈公四十二年，孔子至衛，猶主其家，前後已六十有七年。以古人四十強仕之道揆之，伯玉蓋年逾百歲。仲也或其宗，字依質家積。持此介眉梨，足以壯几席。春祺修洗腆，天貺壽平格。再觀亞形體，乃審斆假借。重弓取輔戾，二己失偏僻。八字中示別，兩止下齊跡。在槃從丿乀，如斧分黑白。作器貽子孫，旌武垂典冊。上覷父丁爵，旁搜母乙鬲。意侔族立矢，象類子執戟。此義受師傅，其功參聖譯。

〔註 1〕「辨」，原作「釆」。按，《絳跗草堂詩集》卷一《積古齋周遽仲觶詩為儀徵阮公壽》作「辨」，「辨」之古字作「釆」，「釆」為「釆」之誤，今據《絳跗草堂詩集》卷一改。

萬古開蒙昏，一字補罅隙。公門文武烈，海內聲聞遐。苟攡忠孝美，兼照旗翼赫。豈徒施尊彝，事期邁古昔。循陔侍松喬，斟斗鄰咫尺。既醉歌太平，純嘏資永錫。閩縣陳壽祺恭甫。

商冊冊父乙觶。「子」持貝形，「冊冊父乙」四字。

《商父乙觶》

鼎名有父乙，尊名有父乙。彝名有父乙，爵名有父乙。商人銘器銘，詞取高陽質。斯觶三千年，字異科斗桼。土花砂牀斑，何年剔剥出。殷名例用干，帝繫苦推測。或云報丙父，報乙禮所秩。或云亶甲子，祖乙典勿失。或云武丁父，小乙列嘉栗。或云庚丁子，武乙用蠲吉。天乙復帝乙，六者安所職。子冊父何法，母辛祖戊律。婦庚孫己名，下通眂茲刻。吾思簡狄女，厥祥徵卵鳦。惜少汲冢書，徒勞想芬苾。其口三寸徑，其腹四升實。上為雲雷蟠，下有饕餮勒。典重儷湯槃，升降儗修飭。俗儒經學荒，古文尚難識。無逸記祖甲，後人釋以臆。申鄭先難王，異端悉可黜。吾師治民暇，治經準古式。況當介壽期，春酒極柔色。酌觶思韓嬰，詩說妙是則。非直妘婦文，兼有夕桀術。多聞觚何妨，寡聞舐斯惡〔註2〕。餘事繪作圖，一觯趙商惑。庶幾乙與鴻，望古非耳食。鳥程張鑑秋水。

商子執戈觚。底內有銘，作「子」執戈形。

《商子執戈觚》

觚銘奕挽車，又有孫執旗。此作子戈象，不類女帶茲。太常紀武功，飛纚競驪馳。桑弧及蓬矢，踽蹐羞男兒。觚角戒奇袤，卑者當執持。爵觚觶角散，羅列西南墀。洗觚與奠觚，兄弟無差池。獻爵酬以觚，順實嚴專司。或棱或亦否，制備三代時。削圓豈足怪，乃謂炎劉遺。量容二三升，考工異韓詩。明誠記丹水，不合考訂資。此觚洵奇古，完美無瑕疵。庚丁亞父乙，商觚存其辭。比例定時代，子氏無可疑。多聞勝寡聞，學者肯亂之。我憶五觚設，圓銳絕傾欹。大觚妙俗廚，嘗巧能療飢。紫觚儷嘉玉，陟降延景釐。我師盛勳業，海上董武師。揮戈息鯨波，積古亦自怡。靈椿八千歲，用作介壽巵。諸郎適林立，頭角爭岐嶷。提戈取金印，不負遠大期。阮氏永寶用，補鑿款識宜。騰觚請益算，式禮非悤儀。錢塘陳鴻壽曼生。

周亞卣。銘作「亞」形，中「父辛」二字，字畫平漫，異於他器。

《周亞卣》

<hr>

〔註2〕「舐」，原作「觚」，《冬青館甲集》卷一《商父乙觶》作「舐」，今據改。

積古列周器，其一為亞卣。形亞體本殊，同黻例須剖。或云兩己背，於義究無取。其實為兩弓，相戾分左右。古人工畫繪，黼黻形皆偶。斧藻與黼弻，取象固不苟。茲卣實主之，銘義得八九。父辛字平漫，摩挲斗豐蔀〔註3〕。量高尺一寸，觚稜銳環鈕。酉文象提梁，腹徑許容斗。圓勻土花紫，繡澀夔紋厚。惟辛實紀年，於周定誰某。宣王平淮夷，征伐殲羣醜。錫命釐圭瓚，臣虎拜稽首。其年為乙亥，用辛義則否。重耳賜命時，其年實己酉。策命晉侯伯，亦復書己丑。或者取先甲，更新論終狃。書終文侯命，定策擁宜臼。紀元首辛未，卣或仇所有。懋賞因酬庸，弓矢命同守。是以古銘器，示武重桓赳。茲卣本中尊，厥象類盈缶。義或通繡裳，禮可速諸舅。其形雖陸離，其量實虛受。金罍黃目間，舉此晉春酒。椿喬蔭貞梓，孫枝逾萬畝。春秋八千歲，此卣同不朽。錫鬯待銘勳，入覲瞻我后。還以天子恩，奉為堂上壽。會稽顧廷綸鄭鄉。

周父癸斝。上「亞」形，銘曰：「告父○癸」，四字。案「告」者，祭告之器〔註4〕。或曰：「告」，古「造」字之省。

《周父癸斝》

吾師藏周斝，款識徵博古。身高一尺三，量約六升許。獸面三足蹲〔註5〕，雙耳屹成柱。柱銘篆若絲，曰告為癸父。亞乃古黻形，圓規象穀秬。始知聶氏圖，畫禾失前矩。載稽尚功書，父丁鑴矢宁。又有子斝二，活東文可睹。丁點鋒上出，形如稻芒吐。釋作承甲干，無乃近魚虎。斝為殷爵尊，廟堂實荎醴。周官曰斝彝，鬱人量人舉。玉爵許君釋，瓛斝鄭邦貯。古人賤骨角，金玉每兼取。此斝鎔鏐鐱，落花凸青土。父辛父戊爵，同類同列序。奉揚作金聲，如鸞刀斯鼓。清聲出耳中，聽聰耳司主。斝宜由耳名，瑤甕北燕伍。征南義多漏，左史注當補。言偕舴卣罍，編入吉金譜。二月夾鐘律，吾師祝親祜。尊彝壽千齡，羅庋滿房戶。數紀十有三，肆筵互酬旅。弻依賓坐末，洗斝前致語。斝義取乎稼，豐稔德斯溥〔註6〕。允協召伯功，芃苗沛陰雨。斝義亦為嘏，康成有訓詁。大斗黃耇蘄，康彊保純魯〔註7〕。平湖朱為弻荎堂。

〔註3〕「豐」，原作「沫」，《玉笥山房要集》卷一《杭州節署分詠十三酒器得周亞卣》作「豐」，今據改。

〔註4〕「祭」，原作「癸」，《積古齋鐘鼎彝器款識》卷五作「祭」，今據改。

〔註5〕「三」，原作「二」，《蕉聲館詩集》卷四《八甎吟館分詠十三酒器分得周父癸斝》作「三」，今據改。

〔註6〕「斯」，原作「期」，《蕉聲館詩集》卷四作「斯」，今據改。

〔註7〕「彊」，原作「疆」，《蕉聲館詩集》卷四作「彊」，今據改。

商庚申父丁角。口內銘曰：「庚申，王在東門夕，王格，宰梽從，錫貝五朋，用作父丁尊彝。十六月，唯王乙祀，角又五」，凡三十二字。鋬內銘曰「庚丙冊」三字。案「夕」字，舊釋合上「門」字為「間」字，非也。周明堂有四門，殷重屋之制，當亦如之。「東門」，青陽門也。「梽」字，《說文》所無，木部有「𣏗」字，此或「𣏗」之省。或釋作「據」，王氏《款識》周伯據敦「據」字正如此。歲止十二月，此云「十六月」者，《管子》有「十三月」「二十四月」「二十八月」之文，古洛鼎銘有「十有四月」之文，蓋時君未改年也。「又」者，以手持角形。「五」者，角之次第。「庚丙」二字，統紀祭器之數。商年曰「祀」。

《商父丁角》

吾鄉有酒器，十三銀鑿落。今吾積吉金，其數亦相若。就中文古者，厥有父丁角。饕餮突猙獰，山雷運盤礴。銀花漫青白，金衣發斑駁。三足自鼎鼎，雙角何嶽嶽。無柱亦無流，求形異於爵。其容當四升，今量三爵弱。鄭說角即觥，蒼兒露掎拁。內銘卅一字，東門王夕格。庚申宰梽從，尊彝錫貝作。其末紀五數，持角肖手握。東門居青陽，重屋梽松枏〔註8〕。宰梽名無徵，商書本闕略。賴此鑄篆文，勝於左丘削。大賚富五朋，金錫付鑪錯。父丁為王臣，銘詞殊敬恪。伊巫暨甘傅，世系誰可度。外銘庚丙冊，亦難推月朔。紀月至十六，斯乃子氏學。歐陽疑未明，董逌識頗卓。先月後乙祀，殷禮考鑿鑿。萬物孰最壽，吉金至堅確。況此四千年，傳之自殷亳。舉以奉親娛，春酒周尊酌。諸友飲且詠，絕麗復沈博。寶用蘄永年，眉壽長縉綽。中春日丙辰，錫玉適連珏。擬待述職旋，紀恩銘諸鎛。二十日，蒙恩賞到白玉「壽」字如意一枝。子元。

商矢父戊爵。爵形，「父戊」二字。《說文》：「矢，傾頭也。從大，象形。」蓋作器者之名也。

《商矢父戊爵》

鷹彝蛟篆壺，商器多渾噩。斧車暨休單，厥名在古爵。積古爵一升，流傳自囂亳。高九寸有餘，足四寸不弱。雲雷饕餮紋，壽面苔斑剝。石柱鐫篆文，為父太戊作。上有一奇字，軒翥類飛雀。爵本仿雀形，節足謹酬酢。太戊稱中宗，經史徵確鑿。相當酬酒時，祥桑碧陰幕。博古陋宣和，附會耀淵博。己為雍己遺，壬以仲壬託。孰如此爵古，有據非臆度。仲春敞賓筵，介麋春酒酌。

〔註8〕「枏」，原作「桷」，《揅經室四集》詩卷六《與諸友分賦商周十三酒器為堂上壽得商父丁角》作「枏」，今據改。

酒器列十三，不數銀鑿落。吾兄屏華囂，好古敦儉約。聖皇祚無疆，遠邁殷宗恪。敷福及臣僚，家庭永康樂。姪亨。

商拱井父辛爵。兩手拱井形，「父辛」二字，首一字或釋為「析」字，或釋為「格」。上二矢，朱右甫先生釋為兩手拱井形。拱井者，禮有田祿，始為祭器，子孫拱井昭世守也。

《商父辛爵》

有商垂尊彝，載稽薛款識。銘辛者十七，爵乃居其二。商以斝代琖，篆爵亦曾制。謂爵始周人，說古殊多泥。此爵九寸餘，饕餮雷文備。青綠纏苔斑，雕鏤亦工細。鋬內鐫篆銘，父辛傳兩字。十干作號稱，尚質得古意。上有井田形，兩手承不墜。古人重田祿，吉圭為酒食。井彝暨田卣，與斯意同寄。介眉列尊刀，洗爵賓筵肆。春酒旨且多，用祈三壽利。永寶宜子孫，守茲拱井義。姪孫蔭曾。

周史賓鈃。銘曰：「鄂史賓自作鈃，用征用行，用蘄眉壽，萬年無疆，子子孫孫用寶是尚」，二十六字。「史」字、「鈃」字俱有缺畫。「鄂」與「䣞」同，《汗簡》《王庶子碑》作「㗊」，此作「㗊」，俱從咠，從木形。「賓」，《說文》古文作「宊」，此作「宊」，文少異。「鈃」即「鈃」字。《說文》：「鈃，似鍾而頸長。」鍾，酒器也，然則鈃為酒器。此器頸長，足見許氏無虛語也。《莊子》曰：「求鈃鍾也以束縛」，陸氏《釋文》音刑，誤。《博古》《考古》二圖俱無是器，其失傳久矣。鄂有二：一為商侯國，一為晉鄂侯。此鄂未詳何國。「賓」，作器者名。

《周史賓鈃》

吾家列鐘鼎，吾師考品類。此鈃銘，茮堂師釋之，以授常生。內有鄂賓鈃，款與他器異。似鍾而頸長，叔重詳厥制。莊子紀鈃鍾，音自釋文戾。遂使文改鈃，義混鼎陪貳。幸有戴侗書，遇物克審義。兩耳可貫繩，冶氏運奇思。古人征行時，負攜作彝器。用如門內壺，芬芳騰鬱氣。列乳二十三，間以夔花細。器口鐫古文，七行廿六字。鑾賓曲沃傳，遺事左史備。銘仍係鄂史，名分或未替。考訂摩殘銅，漆色隱青翠。左右彝卣罍，追陪爵角觶。二月日在奎，祝嘏效萊戲。尊彝列十三，賓筵歌既醉。加爵娛祖歡，奉鈃隨父侍。試誦吉金銘，祥善協休瑞。子孫永寶之，眉壽俾昌熾。孫常生。

商祖癸爵。足跡形，「祖癸」二字。案足跡形取基址相承之義。

《商祖癸爵》

前年介春酒，雙爵戊癸峙。今年稱壽觴，執爵辨祖癸。紀數十日周，甲癸斯備美。律身鑒古度，取義極陳揆。款上作足形，平掌畫三指。釋者歧兩說，入耳姑唯唯。一云祖武繩，所以訓孫子。一云建初基，堂構植其始。古人示後法，於茲悟恒理。竊恐銘物心，變動不居此。我觀大易象，水貞利艮趾。或者戒沈湎，三爵屬饜矣。抑豈籍勸酬，盡歡毋遽止。況乃視履祥，君子慎如砥。逞辯恣紛然，命醻亦樂只。酒酣進祝詞，陳義非外侈。略維封公言，先德不去齒。處身畏盛滿，常足良有以。中丞步天衢，踔躒九萬里。旬宣浙封疆，拜勅儼賜履。豐歉偶不齊，祈年走羣祀。願以此爵銘，倉箱歲咸視。上慰封公懷，下錫黎庶祉。他時鑄器成，孫曾步芳軌。許珩。

周鳳爵。銘曰：「鳳作父庚尊彝」，六字。《說文》：「𪅛，古文鳳。象形。」鳳飛，群鳥從以萬數，故以為「朋黨」字。

《周鳳爵》

雲峯愛日遲，湖隄韶景麗。風雅主東南，勳績鞏帶礪。朝衫拜蘂壽，尊彝臚戟第。常此十三罍，祝翁千百歲。介雅筵乍張，集古情默契。客春絳甲開，還桃誌石異。詳去歲嘏詞。端僚先祖鞭〔註9〕，弟子裕邊笴。主人樂捧觴，諸阮並揚觶。今春復添籌，分題豔藻思。中有古鳳爵，傳自姬代製。摩挲玉氣純，瀞濯繡色媚。襁以鸚嘴紅，間以瓜皮翠。律從漢僻尺，高九寸有二。厥蓋犠牲陳，厥腹饕餮哆，厥足奇三寸。厥口銘六字，口有「鳳作父庚尊彝」六字。攷鳳作器名，父庚嬗商制。苞勦桐枝棲，噶疑竹食飼。稽昔鼎食家，紀功必銘器。申伯召伯政，韓侯文侯治。王室賴屏藩，寵榮得殊賜。医医與敦卣，錫予皆有識。維彼祖丁爵，二字右柱誌。弓形科斗包，朱老失睹記。竹垞太史《商祖丁爵跋》云：「『祖丁』二字在右柱外，內有文作『弓』形，中包六字，莫可辨識。」先生徵古驪，雲罍日羅致。酬酢吳廣循，注釋韓鄭備。花時奉春祺，燕寢承湭灑。不惟物惟意，延齡六蒠萃。惜我隔江雲，未及躋堂侍。蔇里懷德輝，忽辱徵詞至。茉堂傳主人命徵詩于予。梳翎夢家山，流觴託佳地。應命賦吉金，操瓠良不易。翹瞻巨岳松，峩峩高天畀。舉舩譜歸昌。只當南飛翅，一笑金叵羅。四雅何能逮〔註10〕。予家舊藏四雅：一伯犀，二仲砆，三叔匜，四季斝。各自為記，各系以銘，隨其巨小、品質第之也。奉賢陳廷慶桂堂。

〔註9〕 「僚」，原作「偹」，《謙受堂全集》卷十七《周鳳爵為阮湘圃封翁壽》作「僚」，今據改。

〔註10〕 「何」，原作「可」，《謙受堂全集》卷十七作「何」，今據改。

漢千馬卣。右「千」字，左馬形，陽文。案漢人銘器，每作吉祥語，「千馬」蓋取富厚之義。庾子山《刀銘》云：「價重十城，名高千馬。」則以「千馬」銘器，亦有珍重之義焉。

《漢千馬卣》

天馬從流沙，炎威被九有。銘功鑄吉金，寶器垂不朽。制規大吉壺，腹徑受以斗。秬鬯之所盛，用介爾眉壽。嘉月陶中春，華筵集賓友。紛陳古尊彝，得覯西京守。光耀騰陸離，摩挲不去手。款識昔嚴辨，贋鼎居八九。識字如相馬，鑒別遺牝牡。欣此鑄馬形，化作五花走。吾聞斯才篇，列在魯頌首。又聞閑馳歌，嗟歎卷阿後。錫蕃既以榮，受介良非偶。是惟萬石恭，宜此千馬厚。子孫保富昌，金石同長久。肯虛祝嘏言，請君眲此卣。昆山王學浩椒畦。

漢大吉壺。文曰：「大吉」，二字，陽文。

《漢大吉壺》

圓器始昆吾，創造實上智。碩腹承修頸，頗協有容義。鎔金易摶土，模範何周緻。兩環垂其肩，蟛蜞張雙翅。鑄器祝嘉祥，識以大吉字。小篆初變隸，不作波拂媚。快刀與長戟，直向森銛利。西京文字古，顏色雜青翠。擬之古器銘，極似漢伏地。漢器有「伏地」二字者，與此字形相類。高齋聚尊彝，爵角間卣觶。去春介眉壽，嘉會啟清閟。十三酒器詩，登壇各標幟。老我滯淮南，吳山空仰企。今年游之江，高堂陪綵戲。更羅器十三，徵詩我幸廁。分詠得漢壺，空空愧腹笥。願以百壺酒，分注十二器。鈐閣列長筵，三壽遞排次。摩挲大吉銘，金敝騰鼎瑞。天鹿保吉羊，年年歌既醉。甘泉黃文暘秋平。

周執中觚。銘作手執「中」形，陽文。按「中」，射禮所用以實算者。《儀禮·大射儀》：「賓之弓矢與中、籌、豐。」鄭注：「中，閭中，算器也。」《鄉射禮》：「君，國中射，則皮樹中，以翿旌獲；於郊，則閭中，以旌獲；於竟，則虎中，龍旜。大夫，兕中，各以其物獲。」《禮·投壺》：「司射奉中。」疏云：「中之形，刻木為之，狀如兕鹿而伏，背上立圓圈以盛算。」此銘「中」字旁有旌旐，當是兕鹿背上所立之圓圈形，凹其上，以受算形，象「中」字，故名「中」也。觚為射禮所用，故著是形，以手執之，即奉中之義。

《周執中觚》

薛氏訂諸觚，觿觿礪其角。禮器備鄉飲，銘詞剔翠駁。此觚出周京，金景夜騰踔。象形手執中，受籌如在握。大夫所有事，鄉射儀可讀。度以漢慮虒，尺寸校黍粟。兕鹿儼在背，饕餮皤其腹。三升不及觶，一個若受觛。爵取無算

勝，銘以奉中晜。洗笙賦采蘋，加勺視正鵠。箭室形模全，弓壺妃耦足。中爵考殷商，勸酬極純懿。比附意則同，討論況精確。奉此介眉壽，銅花麗晴旭。黃裳美在中，中字義可推。去年集賓僚，春酒泛蛾綠。彝器列十三，一一卓華薄。東風敞廣筵，又見舞綵服。但覺古香多，例取佳話續。亞形與亞父，視此亦局促。文娛養清晏，古懷閟茀祿。為歌栲杻詩，以補金石錄。何元錫。

周要爵。銘曰：「要作父甲尊彝呂」，七字。案「要」，作器者名。「屯要」字與宗周鐘銘「服要」之「要」篆體相同，或釋作「𥹆」，非也。末「呂」字不可解，殆「屯」，作器者氏，或國名也。

《周要爵》

琅嬛富祥金，觚斝更羅𡍩。有爵八寸高，三足屹雙柱。雲雷祕光怪，丹碧煥奇古。此是子商彝，作器字甲父。質家重生日，父癸父辛伍。或疑要為子，巛髮誼詳許。豈知古作嫂，小顏尚遺詁。六字驪珠聯，末行銘曰呂。鄭呂字子封，周侯或通甫。證之商世家，其義罕能舉。古者垂益賢，虞廷任心膂。因昭鐘鼎勳，太嶽受封土。遷流耿亳間，國姓衍其緒。不見渭濱叟，末代不可譜。巍巍中丞公，文武資捍圉。攟美被尊彝，揚芳騰鼎俎。鑄金本吉圭，況乃侑芳醑。列坐陳几筵，萊衣舞幡褚。舉以壽高堂，此爵即庭旅。願言黃耉蘄，千齡永純嘏。吳江郭麐頻伽。

商虎父戊卣。上作虎形，「子作父戊尊彝」，蓋、器各六字。古器銘作虎形，取服猛之義也。

《商虎卣》

仙椿榮大年，積算如積古。甲子啟耄耋，罍斝籬醇醹。選器仍十三，其卣一曰虎。於禮為中尊，厥制甚華嫵。夔紋繞饕餮，科斗篆岣嶁。楯梁環陸離，犧首蝕青土。睒睒凸金目，粲粲蟠銀縷。摩挲蓋器銘，六字森可覩。曰父戊尊彝，子作義何主。子實有商姓，攷古得所據。叶。或云象執戈，堂構紹庭戶。質家以幹名，戊次正居五。或云是吉日，諏筮類庚午。不知古銘器，流傳誌某甫。虎彝翠嫣尊，黃目姬宗酤。茲卣實兼之，璀璨寶簠簋。文炳應天樞，色中符地數。止暴禮或然，服猛義則取。觥觥中丞師，韜略備文武。寅引蔟羣生，丙炳明前矩。醺化軼劉昆宋均，蕭露湛瀁渟。風冽與雲屬，其應捷桴鼓。二月夾鐘律，椿庭列仙聚。禮飲設三爵，監史示童羖。綸愚愧籍湜，未觧尚功譜。上壽先奉觴，拜手稽首舞。鞠膉晉金玉，肆雅頌枸梇。平格嗣商賢，眉壽保純魯。舉卣銘吉金，永言受天祜。顧廷綸。

　　商善父戊觶。銘曰：「善父戊」，三字。《說文》「譱」字從言作「善」，此從「丷」，從「言」省也。《摭古遺文》「言」作「𠱂」，與此略同。「善」乃「膳」之省。

　　《商善父戊觶》

　　前春列寶彝，斝酒祝眉壽。八千算益增，十三器重侑。有觶傳子商，善桐澀土繡。銅善銘吉羊，演美禓天祐。質家生日名，深款勒父戊。上有科斗文，厥體異周籀。羊角分雙歧，累獻疊三味。或釋弓鮮槃，或疑壺受酎。從丷言合文，曰善說非謬。善詁十有六，雅訓義相嗀。持以頌善人，萬善合符湊。我聞曩冊云，作德畀福富。視履孚考祥，健乃善之囿。榘法昭懿徽，穀式獲祉茂。吾師屏翰作，節鉞凜傳奏。令儀士林模，披稂擢翹秀。順成事永臧，嘉粟利生厚〔註11〕。不若董師徵，膏鱓網無漏。絿繕造碫車，攻穀及干冑。淑法率小廉，如弓引其彀。爰是帝省鮮，干祫鑄豐豆。凡茲錫類仁，咸本翼謀授。允宜襲祿康，縉綽懷悅戀。良辰賦祓華，鬵鼎錯筵糅。登席揚觶言，辭愍反雅陋。此觶善所鍾，象形去饕飻。蟠夔紋渾成，殊不藉鍍鏤。所願積古多，與善均輻輳。皇華五善兼，康侯三接晝。年年介萊觴，賓歌式燕又。朱為弼。

　　商日父乙爵。日、刀形，「父乙」二字。案「日」即日庚、日辛之義。

　　《商日父乙爵》

　　去年花底吟，父乙得觶字。今年花底吟，父乙復爵識。初看笑魚乙，骨鯁未敢議。稍綴塗鴉詞，甚澀抽繭思。遠稽董與薛，款乙備二字。咳名丙丁先，列豆甲癸次。紀商取質勝，卜日用柔意。經師羞雷同，瀾翻五軒輊。今姑兩置之，吾解吾乙義。說文殿十干，獨以象形比。軋諧乙為達，齾諧乙乃治。尤以又母乙，釋詁斯訓異。始知草木初，三言義廣被。賦詩得斷章，幽求或其類。此即古名臣，燕翼詒後嗣。楚金乖韻音，夾漈亂乳孳。偉哉許祭酒，著書理不匱。吾師冰雪腸，簠簋厲素志。南陔酌黃流，白華潔脩瀰。仰首犧婆娑，蟠腹夔頎奰。高裁八寸餘，身居四之二。有足四寸一，有柱一寸四。階趨平頭奴，滴衣濕翡翠。作頌張仲憨，擇言屠蒯記。仙人憶赤斧，壽與吉金至。一年一父乙，得算幾千器。明年杏花紅，請還乙乙試。再鼓力已儳，聊守挈瓶智。張鑑。

　　周啟尊。銘曰：「唯十有三月既生霸丁卯，啟從師滑父戊于公阜之年，啟蔑歷，仲業父錫□金，啟拜稽首，對揚業父休，用作父乙寶旅車彝，其子子孫

〔註11〕「粟」，原作「栗」，《蕉聲館詩集》卷六《八瓶吟館重詠十三酒器分得商善父戊觶》作「粟」，今據改。

孫永用」，凡五十四字，摩滅者一字。按「十三月」者，蓋時君未改年也。薛
書有師淮父卣，銘云：「穆從師淮父戍于古阜蔑歷」，與此詞意正同。此「師」
下一字從「沓」，從「骨」，吳侃叔釋作「滑」字。案桷卣「淮」字「隹」旁似
亦從「滑」。「臤」，堅也；「鈱」，古「業」字，皆見《說文》。師滑父及仲業父
皆當時軍帥，臤其僚屬，故受錫金而作器也。「蔑歷」，勉力之義，即《爾雅》
所謂「蠠沒」，《詩‧十月之交》：「黽勉從事」是也。「公阜」見《晏子春秋》，
蓋齊地名。

《周臤尊》

上尊重黃目，古器垂千年。茲尊色澤黝，傳自先秦先。高深未及尺，純樸
光油然。犧首兩旁峙，腹帶雙紋旋。銘五十四字，字體匪雕鐫。曰唯十三月，
丁卯干支涓。對揚著蔑歷，稽首臣名臤。作寶示子孫，永用無相捐。臤義本取
固，爾廷留真詮。六尊載周禮，典重儕彝銅。于時甲子春，桃放綏山妍。吾師
舞萊綵，介壽開賓筵。羅列十三器，一一徵新篇。高歌落珠玉，快飲飛觥船。
惟師來撫浙，臤固徵安全。敬奉此尊酒，祝嘏隨臺仙。下階望南極，耿耿明遙
天。石門方廷瑚鐵珊。

周子燮兕觥。銘曰：「子燮在邦作文父乙彝」，蓋、器各九字。器制如爵而
高大，蓋作犧首形，有兩角。案《說文》，燮，從又持炎、辛。此從二炎，從
支省、辛。「子燮」，楚臣，見《左‧文五年傳》，此或即其人與？

《周兕觥》

歲華周綺甲，介壽重舉觴。古觴十三器，羅列別成行。友朋多懽心，一一
登予堂。分器祝眉壽，予亦奉兕觥。兕觥高似爵，有蓋制特強。蓋流作犧首，
舠然額角長。蓋葉亦如葉，相合誠相當。左右各有缺，雙柱居其旁。器蓋皆有
銘，九字成陰陽。四火加辛足，子某字莫詳。在邦作在**當**，文父彝何臧。安知
公與卿，莫辨周與商。獸面縮困蠢，雲紋溥青蒼。為吟豳風詩，稱此為無疆
〔註12〕。惠子詠其舠，旨酒思不忘。鄭曹諸大夫，燕饗觥皆揚。古人致孝養，
且以合嘉祥。載稽卷耳傳，義勿求毛萇。工歌間鐘磬，酌酒春風香。諸友共飲
酬，歌詩各成章。願言千百年，壽如金石長。子元。

商庚觶。銘曰：「庚」，一字，此亦紀彝器之次第也。「庚」字與薛尚功《款
識》商庚鼎「庚」字同，有庚庚垂實之象。不觀此文，安識許叔重《說文》之

〔註12〕「稱」，原作「備」，《揅經室四集》詩卷七《復與諸友分賦商周十三銅器為堂
　　　　上壽得周兕觥》作「稱」，今據改。

義乎？

《商庚觶》

介景燕賓僚，詠古展前例。尊彝數亦同，臚列十三器。篆籀西京多，有商得三觶。其一銘曰庚，簡如甲劍記。或言盤庚作，遷殷著誥誓。不知尚質朝，名庚者有四。立論偶支離，容齋昔曾議。義蓋取十干，說古乃不泥。高五寸有餘，深四寸不齊。夔紋金塗光，獸面土花膩。鋬作犧首形，手持酌醴翠。古義徵六書，庚乃象形字。三日吉後先，重巽示深義。萬物秋方成，庚庚其實遂。許氏說最精，體與古文異。商鼎亦有庚，尚功載款識。想因彝器多，遂以甲乙次。眉壽介仲春，萊衣共娛戲。壽酒旨且多，賓筵歌既醉。加觶更益籌，年年奉觸侍。姪亨。

商乃作器觚。上作立戈形，下銘曰：「器作乃」，三字，當自下讀之為「乃作器」。「乃」者，難辭也，訓見《公羊・宣八年傳》。又《說文》云：「乃，曳辭之難也。」作器必有田祿者，忠孝勤儉，植基維艱，刻銘以難辭示後，俾慎世守，垂戒深矣。

《商乃作器觚》

家藏子商器，斑斕土花青。饕餮據其腹，獻酬酌綠醽。深款示武德，隱辨立戈形。又云器作乃，三字勒篆銘。文當從下讀，如畫卦羲經。乃有難之義，公羊說曾聆。或云仍之省，自名溯典型。仍叔仕周室，未廁景亳廷。古人重田祿，吉圭薦椒馨。忠孝起堂構，創造敢康寧。以此勵世守，珍重過挈瓶。厥量特寡少，僅容一升零。隱寓訓迪意，幾謹協氏萍。去年日在奎，祝嘏樂家庭。觸列十三器，作詩辨鉼鉼。器數今視昔，添算晉修齡。祖訓與父教，稱觚肅聰聽。孫常生。

積古齋收藏鐘鼎彝器及鏡、洗、泉、印等多至二百五十餘種，皆十餘年間倩錢獻之坫、宋芝山葆淳、趙晉齋魏、何夢華元錫諸君子購獲者，茲為類次於後。

商父乙鼎。文曰：「子孫冊冊父乙」，凡六字。上作子坐孫立授物狀，下作兩「冊」者，紀君命也。在禮，有爵祿者始作祭器，而爵祿之賜必受冊命，故周器銘往往有「王呼史冊命某某」等語。商人尚質，但書「冊」字而已。子為父作，則稱父以十干為名字。商人無貴賤，皆同，不必定為君也。或曰「甲」「乙」者，家廟作器之次第。

商堇山鼎。蓋銘曰：「堇山戉聈作父乙寶尊彝」，凡十字。「堇山」，地不可考，惟《越絕書》有「赤堇之山，破而出錫」語，周以前無聞也。「戉」，《說

文》以為古「賢」字。漢《校官碑》:「親臤寶智,師臤作朋」,《袁良碑》:「優臤之寵」,皆作「臤」,則為「賢」本字矣。「䛐」,《說文》解「䛐」字云:「呼雞重言之,從吅,州聲,讀若祝。」《說文》又云:「祝,一曰從兌省。《易》曰:『兌為口,為巫。』」此二「口」之下作四直形,而不作「州」字,有「從兌」遺意,較從「州」得聲為更古矣。《說文》解「巫」字云:「祝也。」王逸《楚詞注》:「男巫曰祝。」《禮·曲禮》商官六太有祝,無巫,知商人最尊神,巫、祝合為一職也。「臤祝」,或即巫賢所作器,以祀其父者與?

商八孫子觶。銘曰:「八孫子」,三字。《說文》云:「八,別也。象分別相背之形。」此作「八」者,取別生分類之義也,與析木形略同。

商父癸匜。蓋銘曰:「子孫父癸」,四字。「孫」字象胚胎形,商器往往如此。

商馬文句兵。面馬象形,背句兵立形。案面銘作馬形,項有鬣,尾有三歧。背銘即作此器形,安柲,如立戈,象此器。如戈,橫援,援本不為內而為鋬,上下相穿以安柲,鋬外長出寸餘,勒銘其上。

周祿康鐘。銘曰:「受作余服之㣄康甬,宏屯右賓啓朕身,龢于永命,用寓光我家,受」,二十五字。案此棧鐘也,銘在鉦間及鼓右。「受」,作器者名,古文作「𤓯」,此首一字作「𩰹」,末一字作「𤓷」,古文省變,惟其適也。「鐘」字古文作「鉒」,見《說文》,此更省金旁。「屯」,「純」之省。「純」「賓」「身」三字為韻也。

周虢叔大林鐘。鉦間銘曰:「虢叔旅曰:不顯皇考惠叔,穆秉元明德,御于乃辟,尋屯乍攸,旅敢啓帥荊皇考威義,為御于天下,卣天子」,四十字。鼓右銘曰:「多錫旅休,旅對天子魯休揚,用作朕皇考惠叔大棽龢鐘,皇考嚴在上,翼在下,憼憼能能,降旅多福,旅其萬年子子孫孫永寶用宮」,五十字。案虢有東虢、西虢,此虢叔名旅,史傳無徵,未詳何國。案《國語》周景王「鑄無射,而為之大林」,「大林」為逾常之大鐘。虢叔此鐘,蓋倣景王所鑄,稱之重六十六斤。鐘之大,從無及此者矣。銘云:「尋屯乍攸」,當為「得純祚攸」。「攸」,遠也。「威義」即「威儀」。「卣」即《說文》「卥」字。《說文》無「由」字,「卥」即「由」之古文。銘言為御事于天子之由,天子於是錫旅休也。「嚴在上,翼在下」即《詩·六月》所謂「有嚴有翼」也。「憼」字從支,此似從金,可知古文偏旁有變通矣。此銘以「德」「辟」「帥」為韻[註13],「攸」「卣」

「休」為韻。吳侃叔云「刑」「皇」是雙聲，「御以」「威義」「多福」皆疊韻，「福」字音同「富」也。

周周公望鐘。銘曰：「唯王九月初吉，辰在乙亥，周公望霯□吉金，元鏐昔呂，作龢鐘，曰：余畏龔威忌，鑄辭龢鐘二鍺，以其屯，于龢乍天，以豈者士，至于萬年，分器是寺。」此鐘鉦間及鼓左各二十一字，鼓左「霯」下磨滅一字，鼓右十三字，共五十五字。案《考工記》鄭注云：「銘，刻之也。」賈疏：「云『刻之』者，正謂在模上刻之，非謂在器乃刻。」然考古器銘，鑄款固多，鑿亦有之，此鐘篆文是鑄成後刻也。「昔呂」，「錯鋁」之省文。「鍺」，「堵」之異文。懸鐘磬，半為堵也。「乍」，讀為「祚」。「豈」，「愷」之省，愷樂也。「者」，古「諸」字。「諸士」，猶言多士。分器者，分所當作之器。《書序》武王「班宗彝，作分器。」《孔傳》云：「言諸侯尊卑各有分也。」「寺」，「持」之省。「鍺」「龢」「士」「寺」，皆句末為韻。此鐘與紀宗伯昀所藏周公華鐘是一家之器，但不知孰先孰后耳。

周百匝鐘。鉦間有字，難辨。又素棧鐘，亦周制。

漢素鐘。兄自鑿銘曰：「惟嘉慶八年秋八月，浙江巡撫臣阮元觀帝于灤。帝錫宴三，錫玉如意一、荷囊四、刀一、衣一襲，暨鹿菆、荔支之屬。臣元敢拜稽首，用對揚天子丕顯休命。九月戊午，臣歸浙，紀帝恩，命刊銘古龢鐘，永寶用之。」

周戊寅鼎。文曰：「戊寅，王月喪□，見酊錫貝，用作父丁尊□」，末一字「亞」形中「受」字。凡十八字，不可識者一字，磨滅之字蓋「彝」字也。吳侃朩云「王月喪」讀為「王闕喪」。《說文》：「月，闕也。」下云「隮」者，升也。古「齊」字作「𭣟」，此作「𭧈」者，象臍之形。案此字是作器者之名，或釋作「醹酊」。《說文》云：「三重醇酒也。從酉，從時省。」此文從酉，從彡，彡即三也，取三重酒之義。後世從三之字或從寸，如《說文》「彨」或作「耐」，是其證也。

周復鼎。文曰：「復鼎」，二字。案「復」者，厚也、複也，即陪鼎也。「陪」義為重，亦為加。《左·昭五年傳》：「殄有陪鼎。」杜注：「陪，加也。加鼎所以厚殷勤。」《儀禮·聘禮》：「羞鼎三。」鄭注：「羞鼎則陪鼎也，以其實言之則曰羞，以其陳言之則曰陪。」此鼎小而淺，異于他鼎，是陪鼎也。

周包君鼎。銘曰：「包君嫛娩罳旅車尊鼎，其萬□□寶」，可辨者十二字。案《說文》解「包」字云：「象人裹妊，『巳』在中，象子未成形也。」此銘「◌」

內作子未成形，是古「包」字通「褒」。《晉語》韋注：「褒，姒姓之國。」「嫠娓」者，「娓」，古「威」字，姑也，父之姊妹。「嫠」，其字也。此包君之姑所作之器。「霝」，古同「令」。

周太祝鼎。文曰：「太祝禽鼎。」案「禽」字，向釋作「祖罕」二字，今從吳侃叔釋者，以「祖」字不類，而「禽」字見薛氏《款識》敔敦銘，與此同也。考《周禮》，「屬禽」「鹺獸」「舍奠祖禰」乃甸祝之職〔註14〕，而祝號之事，太祝領之，故曰「禽鼎」，此薦禽獸之鼎也。

周伯正父鼎。銘曰：「伯正父自作乃文父寶尊彝」，十一字。案此鼎甚小，款足，當是陪鼎。

周魯公鼎。銘曰：「魯公作文王尊鼎」，七字。

周齊侯罍。銘曰：「齊侯罍龍器其旅，齊侯命夫屮大樂割末□宗伯，聽命于天子，曰：期□爾期，余丕其事女曰□，□又不佞惠□奉，爾其齊邦受奉，齊侯裒壽命，于一天子臁璧玉備＝，于大舞紹新，于大司命用璧，兩壺，八鼎，于南宮足用璧二備，玉二司，鼓鐘，齊洹子孟姜器，其入馬□足，董要舞，用綴爾大樂，用鑄爾善釴，用御天子之事。洹子孟姜器，其入馬司□，董要舞，用御爾大樂，成鑄爾□釴，用御天子之事。洹子孟姜用氣同顝□殞，用旂眉壽，萬年舞疆，用御爾。」

周祖己壺。器內銘曰：「祖己」，二字，器底「亞」形，中龜形，皆陽文。案彝器有取乎龜者，「龜」即古文「軌」字，故簋之形象龜，以其為軌物也。或曰古者寶龜，故著其形，亦通。

周史僕壺。蓋銘曰：「史僕作尊壺，僕其萬年子子孫孫永寶用享」，十七字。

周師酉敦。銘曰：「唯王元年正月，王在吳，格吳太廟，公族揚釐入右師酉，立中廷，王呼史秄門冊命師酉：司乃祖商官邑及、虎臣，西門節、能節、奉秉節、京節、畁人節，新錫女赤市、朱黃、中絅、攸勒，敬夙夜，勿廢朕命。師酉拜稽首，對揚天子丕顯休命，用作朕文考乙伯、宄姬尊敦，酉其萬年子子孫孫永寶用。」凡一百零八字，器、蓋並同。案古籍周王無適吳事，此「吳」古「虞」字也。《漢書·地理志》云：「武王封周章弟中於河北，是為北吳，後世謂之虞。」又《史記·吳世家》每以「中國之虞」「夷蠻之吳」分別言之者，亦以「吳」「虞」同字也。

周德敦。銘曰：「德其鑄□敦，其萬年眉□子孫永壽」，凡十四字。

〔註14〕 「舍」，原作「舍」，《周禮·春官·甸祝》作「舍」，今據改。

周敦殘銅。文曰：「唯王令刊正月初吉丁亥，伯和□若曰乃稽首，敢揚皇君休，其萬年永寶用」，凡七行。

周留君簠。銘曰：「留君招作餴簠，用享用嘗，用蘄眉壽，□□孫永寶」，十九字。案「留」字，《說文》從丣，《玉篇》從卯，此從㐅，疑是卯。古文「卯」有「茂」音，「留」字從之得聲，古不以「丣」。《石鼓》「柳」字從丣可證也。《公羊傳》云：「古者鄭國處于留」，周人有留子嗟、留子國。此留君是畿內諸侯，「招」，其名也。「簠」字作𥂮，從古從匚，古聲通作胡。《左·哀十一年傳》：「胡簋之事，則嘗學之。」胡簋，即簠簋也。《禮·明堂位》殷之六瑚與敦、簠並列，明為盛黍稷之器。《說文》「嘗」，籀文作「䁾」。此「嘗」字上體正合籀文，讀為賞。賞者，餕餘惠下之義，且與「享」字為韻也。

周宍簠。銘曰：「唯三月既生霸乙卯，王在魯，命宍作司土，司奠還散，眔吳、眔牧，錫戎衣、緐，對揚王休，用作旅簠彝，宍其萬年永寶用」，四十四字。案「司土」即《周官》土均之職屬司徒。「司奠還散」者，奠定散雜也，命奠定縣內之雜政。「寰」，古「縣」字。「眔吳眔牧」者，「眔」，及也；「吳」，古「虞」字。土均掌地征、地守與牧人、虞人俱有聯事，故曰「及虞及牧」。「戎衣」，韋弁。服緐，和鑾也。禮，臣受君錫命，必設奠于其廟。時宍從王在魯，故作旅簠彝，以告其先人也。

周叔朕簠。銘曰：「唯十月初吉庚午，叔朕擇其吉金，自作薦簠，以乳稻粱，萬年無疆，叔朕眉壽，子子孫孫永寶用」，凡三十六字。案「以乳稻粱」者，簠為稻粱黍稷之器。「乳」，養也，五穀所以養人也。「粱」字與「疆」字為韻。「朕」，「賸」之省。「朕」者，我也，古人無以此為名字也。

周格伯簋。銘曰：「唯正月初吉癸子，王在成周，格伯受服馬椉干朋生，乃貯卅田，則析。梠伯過，殹妀彶似，乃從格伯安彶旬，殷乃系零谷、杜木、禺丙谷斿菜，涉東門，乃書史誠武，立盟成=甾土，簠征皂，用期典格伯田，其萬年子子孫孫永寶用」，八十四字。案《左·昭元年傳》：「金天氏有裔子曰昧，生允格、臺駘。」此「格伯」或即允格之后。「癸子」，癸亥、甲子二日也。「卅」，即卅，古三十字。「干」，求也。格伯既受服馬四匹，乃干祿于朋生也。「則」者，地未成國之名。《周禮·大宗伯》注：「五命賜則，王之下大夫，出封加一等也。」「析」，分也。「梠伯殹妀」，當時有田祿者。「過」「彶」，皆地名。「似」，如也。過、彶二邑，如格伯所欲從而授之。「安」字從「广」，古「宀」「广」通作也。「格伯安彶」者，格伯以彶為安。「旬」通「均」。「殷」，正也，

言析之甚均正也。「零谷」以下皆田所繫之地名。

周姬單匜。銘曰：「龹侯作姬單盤匜」，七字。案「龹」，國名，彤降後。彤圛國見《路史》。薛書龹生鼎、龹敦皆作「豖」。

周王子申盞。蓋銘曰：「王子申作嘉嬭盞薵，其眉壽無期，永保用之」，十七字。案此楚器也。《廣雅·釋親》：「嬭，母也。」《廣韻》：「嬭，楚人呼母也。」薛書楚卬仲南和鐘有此字，他器無之，則此為楚器無疑矣。楚僭號稱王，公子皆稱王子。楚王子名申，見于《左傳》者有二：一為共王右司馬；一為平王長庶子，字子西。此篆文工秀，結體較長，同于楚曾侯鐘。曾侯鐘，楚惠王器。子西歷相昭王、惠王，則此為子西器也。

周寰盤。銘曰：「惟廿有八年五月既望庚寅，王在周康穆宮。旦，王格大室，即立，宰頵右寰，入門，立中庭，北鄉，史共受王命書。王呼史減冊錫寰：玄衣帶束、赤巿、朱黃、䜌旗、攸勒、戈琱戟、縞韕、彤矢。寰拜稽首，敢對揚天子丕顯叚休命，用作朕皇考鄭伯、鄭姬寶盤。寰其萬年子子孫孫永寶用」，一百三字。銘曰「皇考鄭伯鄭姬」，猶曰「皇考鄭伯、皇母鄭姬」，不曰「皇母」者，統於所尊也，師酉敦云「文考乙伯宄姬」，即此例。薛氏脫「姬」字，遂名為鄭伯姬鼎，誤。此「鄭」非宣王弟友所封者。母曰「伯姬」，必非周同姓國也。「寰」，作器者名。「頵」，宰名。「減」，史名。「共」，古「恭」字。「叚」，古「假」字。薛釋「叚」為辱，亦非。此器甚大，形制古樸，可與虢叔大林鐘並寶矣。

周散氏盤。銘曰：「周大蔽散邑，廼即散用田。竟=：自濾洮以南，至於大沽，一表，以降；二表，至於邊柳，復洮濾，降雩，叔邊陜以西，表於敞城、杜木，表于若萊，表于若導，內降若，登於厂淳，表割棷、陜陵=、剛棷，表於單導，表於原導，表於周導，以東，表以籽東疆右，還，表於竟=導，以南表於卻萊導，以西，至於堆莫，竟=井邑田，自樧木導左至於井邑，表，導以東一表，還，以西一表，降剛三表，降以南表於同導，降州剛，登棷，降棫，二表。大入有司竟=田：義、祖、微、武父、西宮襄、豆入虞丂、彔貞、師氏、右相、小門入辭、原入虞䍌、淮司工虎、孝䚊、豐父、鴫乃有司荊丂，□十又五夫，之竟=大舍散田，司土必周、司馬單率、牧人司工駿君、宰德父、散人小子竟=田：戎、叚父、効㮅父、荍之有司橐、州京、攸從駌，凡散有司十夫。唯王九月，辰在乙卯，大咢、義、祖、𢀳、旋誓，曰：我狀付散氏田器，有爽，實余有散氏心蔵，則爰千罰千，傳徹之。義、祖、𢀳、旅則誓，廼界西宮襄、

戎父誓曰：我既付散氏濕田、牆田，余有爽緣，爰千罰千。西宮襄、戎父則誓。乃象圖，大王於豆新宮東廷，下一行全蝕。乃右執釁，史之中彌」，三百五十七字。舊藏揚州徐氏，後歸洪氏，貢入內府。兄鍊銅仿鑄二器，一存揚州府學，一存家祠，銘字古妙，並堪不朽。

周衛公孫呂戈。銘曰：「衛公孫呂之告戈」，七字。案《考工記》冶氏為戈，「廣二寸，內倍之，胡三之，援四之。」鄭注：「戈，今句子戟也，內謂胡以內接秘者也。」《說文》：「戈，平頭戟也。」「戟，有枝兵也。」蓋戟與戈俱有援與胡、內。其不同者，戟獨有刺，戈之胡不冒援而出，故曰「平頭」也。考《春秋左傳》，衛公族無公孫呂，得此，可補之。「告」即「造」字之省，與「艁舟」之「艁」同。余所見又有曰「羊子之艁戈」「郱大某某之艁戈」。

周子永戈。銘曰：「子永之作用」，五字。內與援通，長七寸五分，胡半折，胡、內各有一空，銅多爛蝕而色質甚古。銘處有黃金錯其畫字，故跡顯然，洵周器也。

周高陽左戈。銘曰：「高陽左」，三字。案「陽」「暘」古通。《書·洪範》：「時暘若。」《漢書·五行志》作「時陽若。」杜注云：「高陽，帝顓頊之號。」春秋時郱、莒、麋、楚諸國皆高陽苗裔。《通志》載以名為氏者有高陽氏，引《呂氏春秋》古辯士高陽魋。則此「高陽」，乃作戈者之氏也。

周欒左軍戈。銘曰：「緣左軍」，三字。「緣」即古「欒」字，齊有欒施，晉有欒枝、欒書、欒黶、欒盈。「左軍」即下軍，古人尚右，則左為下矣。案《左·僖二十七年傳》城濮之戰，欒枝將下軍；《文十二年傳》河曲之戰，欒盾將下軍；《宣十二年傳》邲之戰，欒書佐下軍；《成二年傳》鞍之戰，欒書將下軍。此戈其晉欒氏之物與？然則高陽左戈之「左」，亦左軍也。

周象形戈。銘曰：「戈」，一字，象形雙鉤。此戈芒刃不頓，若新發于硎，可寶也。

周朕作兵。文曰：「朕ㄑ」，下一字不可辨。

積古齋所藏吉金無款識者，周魯削一、周羹斗一、周素觶一、周有銎兵一、周馬形兵一、周素兵一、周素戈一、周斷戈一、周素劍一。

積古齋藏齊刀。文曰：「齊寶貨」，曰：「齊之寶貨。」舊釋「寶」為「吉」。歙程易疇瑤田云：「齊刀之『呇』字，豐潤之牛鼎之『𡧖』字，皆古『寶』字。」省文曰：「安陽之寶貨。」按安陽，《漢書·地理志》及《水經注》謂隸宋州，春秋時屬宋國，似不屬齊。然《山左金石志》所摹節墨刀背有「安陽」字，是

齊別有安陽矣。曰「節墨之寶貨」大小二品。「節」，今作「即」，省文也。漢膠東國以墨水得名，今屬萊州，三齊之一也。古布文曰「安邑二斤金」五字。按安邑，禹都，乃禹時貨金也。曰「益」，漢為縣，屬北海郡；曰「智」，春秋時有智伯，此二品規模書體，異于他制。又小布文曰「平陽」，曰「□昌」，乃列國貨金也。又王莽貨布一，文曰「貨布」二字。按天鳳元年，罷大小錢改作貨布。今考其長短制度，皆與《食貨志》合。又金錯刀一，文曰：「一刀平五千」，「一刀」二字在上，以金填之，其柄間「平五千」三字，陽文。按《漢書·食貨志》，莽造錯刀，以黃金錯其文，一刀直五千〔註15〕，則此布在當時其直五千也。又貨泉范，面列四錢。又晉沈郎小五銖泉范，面列八錢，出自吳興。又藕心錢一。

　　漢陶陵鼎。蓋鏨隸書，銘大字十五，曰：「隃麋陶陵共廚銅斗鼎蓋並重十一斤」；小字四，曰：「汧第卅五。」器鏨隸書，銘大字十七，曰：「隃麋陶陵共廚銅鼎一合容一斗並重十斤」；小字十六，曰：「汧共廚銅鼎容一斗合今漕斛一升八合五勺。重八斤一兩合今庫平砝碼五十三兩八錢六分。第廿一。」案《漢書·地理志》隃麋、汧二縣屬右扶風。《後漢書·耿弇傳》建武四年，封耿況為隃麋侯。《續漢書·郡國志》作「渝麋」。又《續漢志》定陶在濟陰郡，本曹國後，漢屬兗州刺史部。郭璞曰：「城中有陶丘。」《史記》云：「穰侯出之陶」，即其地。定陶共王康，元帝子、哀帝父。哀帝二年，追尊共王為共皇帝。《水經注》濟水自定陶縣南，又東逕秦相魏冉冢南，又東北逕定陶恭王陵。此器云「陶陵」，是定陶共王陵也。隃麋、汧二邑合共此器，故曰「共廚銅鼎」。漢陵廟皆有廚，《三輔黃圖》昭帝平陵「為小廚，裁足祠祝」是也。此鼎蓋與器銘辭不相應者，當時共鼎正多，定有互錯也。定陶故城在今山東曹州府定陶縣西南。兄得此鼎，因以官牘送置焦山寺，與周鼎為配，紀之以詩，又仿鑄一鼎，藏於祠塾云。

　　《焦山定陶鼎考》

　　西漢陶陵鼎，以漢慮虒尺度之，高七寸三分，身高四寸二分，蓋高一寸六分，蓋上有三環，各高一寸二分，兩耳高二寸二分，三足高二寸。銅質，五色斑駁，腹有棱，純素。蓋鏨隸書，銘大字十五，曰：「隃麋陶陵共廚銅斗鼎蓋并重十一斤」；小字四，曰：「汧第卅五。」器鏨隸書，銘大字十七，曰：「隃麋陶陵共廚銅鼎一合容一斗并重十斤」；小字十六，曰：「汧共廚銅鼎容一斗重八斤一兩第廿一。」案《漢書·地理志》隃麋、汧二縣屬右扶風。《後漢書·

〔註15〕「五」，原作「一」，《漢書》卷二十四《食貨志》作「五」，今據改。

耿弇傳》建武四年，封耿況為隃糜侯。《續漢書・郡國志》作「渝糜」。又《續漢志》定陶在濟陰郡，本曹國，後漢屬兗州刺史部，郭璞曰：「城中有陶丘」，《史記》云：「穰侯出之陶」，即其地。定陶共王康，元帝子、哀帝父，永光八年自山陽徙封。《漢書・丁太后傳》建平二年，上曰：「太后宜起陵恭皇之園。」遣大司馬票騎將軍明東送葬于定陶，貴震山東。《共王傳》哀帝二年，追尊共王為共皇帝。《水經注》濟水自定陶縣南，又東逕秦相魏冉冢南，又東北逕定陶恭王陵。此器云「陶陵」，是定陶共王陵也。隃糜、汧二邑合共此器，故曰「共廚銅鼎」。《鐘鼎款識》漢好畤鼎銘云：「今好畤共廚金一斗鼎」，汾陰宮鼎銘云：「汾陰共官銅鼎」，上林鼎銘云：「上林共官銅鼎」，漢器體制如是。漢陵廟皆有廚，《三輔黃圖》昭帝平陵「為小廚，裁足祠祝」，《款識》漢孝成鼎銘云「長安廚孝成廟銅三斗鼎」是也。此鼎蓋與器銘辭不相應者，當時共帶正多，不知何時互錯也。器銘云：「并重十斤」，又云：「重八斤一兩。」云器「重八斤一兩」，則蓋當重一斤十五兩矣。今除蓋以庫平砝碼稱之，重五十三兩八錢六分。銘云：「容一斗」，以今官倉斗較之，得一升八合五勺。定陶故城在今山東曹州府定陶縣西南。予得此鼎，因思焦山祗有周鼎，若以漢鼎陪之，經史引徵，可增詩事。爰以官牘達之鎮江府丹徒縣，付焦山寺僧永守之，并加冊于牘，繪圖、搨款、鈐印，紀之以詩。時嘉慶七年季秋月。

《置西漢定陶鼎於焦山媵之以詩》

阮元

碧山一角浮春潮，中有周鼎開雲歊。古文十行照江水，百家詠釋窮秋毫。千年古篆變為隸，西漢款識多鑿雕。我有漢鼎五十字，隃糜汧鑄供定陶〔註16〕。斗斤兼記古權量，汾陰好畤同禋祧。濟水東流帝陵起，臣莽掘廚金不銷。齋中拭刷出古澤，鼎雖轉徙猶堅牢。烟雲過眼莫浪擲，送爾安穩棲松寥。焦山閣名。卣鉼觶爵共相餞，雁鐙氍燭吟清宵。壬戌之秋木葉脫，海門風起江飛濤。蛟鼉踏浪避金景，蒼然古意生單椒。此時此鼎入山去，江天寶氣騰輕艘。海雲堂中多古木，兩鼎扃耳初相遭。周儀可補觀禮闕，周鼎呼史冊命之儀，可補禮文之不足，諸家詩考未言及此。漢事志傳徵班曹。蒼籀字破鬼夜哭，八分不似周王朝。一波一磔湛水石，同隱有似由與巢。胎禽仙去亦偶耳，華陽銘尚鑴嶕嶢。可知古人皆好事，以詩媵鼎各訂交。他時得暇或相訪，雲帆一片橫金焦。

〔註16〕「定」，原作「之」，《揅經室四集》詩卷五《置西漢定陶鼎於焦山媵之以詩》作「定」，今據改。

漢杜陵壺。銘曰：「杜陵東園銅壺，容三斗，重十三斤，永始元年併工長造，護昌，守嗇夫宗，掾通主，守左丞博，守令並省」，凡三十八字。案杜陵，西漢宣帝陵。永始元年，成帝之十七年也。此壺嘉慶十年始購得之。

漢漢安二年洗。銘曰：「漢安二年朱提堂狼造」，九字，篆書，左右魚、鳥形。《續漢書‧郡國志》有朱提，無堂狼，因堂狼省入朱提，故此器云「朱提堂狼」也。《漢書‧食貨志》：「朱提八兩為一流，直一千五百八十，他銀一流但直一千。」其產銀、銅特佳，故造器多出其地。至今銅器每以雲、貴為最。朱提、堂狼，即今貴州威寧、雲南東川二府地。

漢平陽侯洗。文曰：「漢安平陽侯永用」，七字，篆書，陽文。案漢安，後漢順帝之號。平陽侯後漢有二，一為曹宏。據《漢書》列傳及表，故平陽侯本始子宏舉兵佐軍，建武二年，復故封，曠嗣，曠後無聞。《后漢書‧后紀》永平三年封平陽公主。公主，明帝女，適大鴻臚馮順。又《馮勤傳》建初八年，順子奮襲主爵，為平陽侯。奮無子，兄勁為侯。子卯嗣勁爵，延光中為侍中，子留嗣。延光，安帝之號。則漢安平陽之侯，乃留也。

漢公孫洗。文曰：「公孫」，二字，篆體，極似元延銚文。「公孫」乃紀造器之姓也。

漢大吉羊洗。銘曰：「大吉羊宜用」，五字，篆書，陽文，旁作雙魚形。

漢富貴昌洗。銘曰：「富貴昌宜侯王」，六字，篆書，陽文，左右雙魚形。又一洗，銘曰：「富貴昌宜」，四字，左右魚、鳥形。五銖泉四枚。

漢龍虎鹿盧鐙。銘曰：「吉大吉宜子孫吉」，七字。器橢圓，蓋作鹿盧形，後半著於器，前半仰以承炷，中有錐，前後有小鋬，鋬上有環，器口亦有小鋬，蓋底及兩翼並龍虎紋，與《考古圖》所載二器形制相類。又藏鴈足鐙一，無字，亦漢制。

漢宜子孫鐎斗。銘曰：「宜子孫」，三字。腹有「大泉五十」泉一枚。案《說文解字》「鐎」字云：「鐎斗也。」《廣韻》云：「鐎，刁斗也。溫器，三足而有柄。」又《史記‧李廣傳》孟康注：「以銅作鐎器，受一斗，晝炊飯食，夜擊持行，名曰刁斗。」蓋鐎斗為煮物之器，故字從焦。「焦」者，持火蒸物也。兄又藏二鐎斗，皆無銘，一腹內列貨泉五枚，一列九枚。

漢左尚方弩機。器銘曰：「兒十四尚方十一」，凡八字。案「兒」，造器者名。據永元鐙銘云「中尚方造」，則漢時已有中、左、右三尚方矣。「十一」者，左尚方造器之次第。「十四」者，工人所造器之次第也。

漢宛仁弩機。銘曰:「宛仁」,二字。案《古史考》:「黃帝作弩。」《禮·緇衣》引《書·大甲》云:「若虞機張。」鄭注:「機,弩身也。」則弩機之由來舊矣。謂於越與吳讎敵而為之,非也。《春秋傳》有宛射犬、宛春,此宛仁殆造弩者名氏與?兄又藏一弩,無銘,有度刻,如尺之有分寸,以省括、以準望者也。《商書》曰:「若虞機張,往省括于度。」括為矢本,機即弩機。度者,機之度,即今機上之分寸,以深淺審遠近、輕重者。昔人注「度」者,所解皆誤。潘安仁《射雉賦》云:「箄分銖,商遠近」,即此義也。

仿鑄漢建初尺。篆銘云:「慮傂銅尺,建初六年八月十五日造」,凡十四字。原尺本為江都閔義行所藏,後歸孔東塘尚任,今在衍聖公府。自有此尺,考古者皆依樣仿造,以校周、秦古器。然仿造終未得法,時有豪杪之失。予兄前在山左,每於按試曲阜時,必借觀旬日,間有仿作,亦未能準。嘉慶壬申春,復從曲阜借至京邸。漢陽葉東卿志詵,用洋銅仿鑄三尺,以一贈兄,一贈翁覃溪先生,而自存其一。較之原尺,絲髮無差。以考歷代尺度,莫準於此。翁有《尺考》一篇,兄亦賦詩紀事。

《建初銅尺考》

翁方綱

乾隆壬辰夏,得建初尺拓本,即孔東塘作《記》者也。後二十年,予按試曲阜,於孔氏借此尺,用紫檀木仿作之。今漢陽葉東卿,復於阮侍郎齋借此尺,用洋銅仿作,則視予昔所作木尺,更為準式。東卿以其一贈予,既為記於尺側,而適得吳槎客所寄周尺訂譌之文,可補東塘《記》考辨所未備矣。康熙二十六年,曲阜孔尚任東塘於江都閔義行家得此尺,有銘云:「慮傂銅尺,建初六年八月十五日造。」字在篆、隸之間。東塘撰《漢銅尺記》《周尺考》《周尺辨》三篇,蓋因此建初尺併可以得周尺之概也。予昔得見此尺,以新莽時貨布度之,與《漢書·食貨志》所載尺寸悉合,又以烏傷王氏《硯記》所載未央諸瓦尺寸與此較之,亦無不合。予門人錢溉亭撰《周尺辨》一篇,亦謂以大泉五十及建武二年貨泉範,對較建初銅尺悉合,又與朱載堉《律呂新說》所繪漢泉尺無異。因知史志所云周尺、劉歆銅斛尺、建武銅尺、荀勗晉前尺及高若訥漢泉尺、司馬溫公家周尺,皆與此尺同,而古今一切尺,俱可攷定矣〔註17〕。然槎客所定東塘之文,與東塘所攷辨之周尺,本皆起於《隋志》,而今所以能知此建初銅

〔註17〕「攷」,原作「改」,下文「東塘所攷辨」之「攷」同,《復初齋文集》卷十五《建初銅尺考》作「攷」,今均據改。

尺即劉歆銅斛尺者，則以新莽時貨布數品皆具在也。新莽之貨布，即劉歆銅斛尺也。《隋志》十五等尺，其第一等曰周尺，曰王莽時劉歆銅斛尺，曰後漢建武銅尺，曰晉泰始十年荀勖律尺，為晉前尺，曰祖沖之所傳銅尺。梁武《鍾律緯》云祖沖之所傳銅尺，其銘曰：「晉泰始十年，中書考古器，揉校今尺，所校古法有七品：一曰姑洗玉律，二曰小呂玉律，三曰西京銅望臬，四曰金錯望臬，五曰銅斛，六曰古錢，七曰建武銅尺。姑洗微強，西京望臬微弱，其餘與此尺同。」此尺者，勖新尺也。荀勖新尺，即晉前尺，《隋志》本之，以校諸代尺者。則此建初銅尺與周尺、劉歆銅斛尺、建武銅尺、晉前尺，皆同無疑者矣。昔與桂未谷、顏衡齋共品所集古今尺冊，未谷慨然曰：「許祭酒、鄭司農尚不能斷定周尺，沈冠雲乃據秦熺家款識所摹，以定周官分田制祿之法然歟？」攷古者，或以黍，或以指，或以錢，或以蠶絲、馬尾，法雖殊而均不能無失。即如今之依建初尺造木尺者，每有強弱分豪之失，豈其易乎？蓋建初銅尺在曲阜已久，近時嗜古者往往依仿作之，而皆有微差。即以拓本，紙墨輕重與裝潢厚薄皆勢所不能齊也。惟《漢志》謂銅之至精，不為寒暑、燥溼變易，為信而可傳耳。建初至今千四百三十年，而始得東卿葉子更選洋銅為之，較闕里所藏原尺，絲毫不差。有此，乃得以攷定古器，裨益經傳，傳諸藝林，洵足以繼劉歆、荀勖之所作也，豈僅以資博物、廣見聞已哉！

《仿鑄漢建初銅尺歌和翁覃溪先生》

阮元

蘇齋寄我漢尺篇，三尺分弄詩應聯。葉東卿志誂仿鑄漢建初銅尺三枚，以二尺分贈蘇齋暨予，而自留其一。摩挲蠖屈屢歎息，此尺與我尤多緣。江都閔氏舊寶此，鑑藏尚在吾生前。此尺本在江都，為吾鄉之物。此一緣也。家鄉漢石竟手獲，吉金豈不增惜憐。予手獲西漢屬王胥冢石字于甘泉山。一從法物歸闕里，較量禮器相後先。憶昔再試四氏學，量才借尺曾兩年。予兩至曲阜試士，皆借此尺于衍聖公府，徹棘後還之。此二緣也。自茲一別十七載，壬申復由魯至燕。壬申年，予從闕里借漢尺至京師，鑄畢，還之闕里。此三緣也。蘇齋重見喜作考，葉氏仿古鑄且鐫。翁葉阮各得其一，日本銅質鎔精堅。葉氏用日本銅仿鑄三尺，予得其一。此四緣也。我曾獲燉越南印，模鑄漢尺分豪懸。葉氏鑄用原尺較，一絲不爽符貨泉。予于庚申年剿獲安南四總兵銅印於台州，銷為一劍一尺。其尺僅以漢尺拓本仿鑄，今以原尺較之，弱一分有奇，不及葉氏此鑄，分毫不爽。世間尚有晉前尺，周漢尺賴搨本傳。晉尺亦為我所得，復齋宋冊相駢連。世間除此漢尺外，惟王復齋《鐘鼎款識》冊內有晉前尺搨本。其尺銘載與周尺、劉

歆尺相同，即沈冠雲據以著《周官祿田考》者，此冊今藏予齋中。此五緣也。**積古齋中列觀八，商角周罍及漢甄。**予以商銅角、周齊侯罍、漢、晉八甄、唐貞觀塗金銅碑、宋王復齋《鐘鼎款識》、宋尤延之板《文選》舊搨未翦本、華山廟漢碑及仿鑄漢鼎、尺同貯積古齋中，列為八觀。末列一觀漢鼎尺，定陶仿鑄量與權。惟度量衡共二器，周漢制度今兼全。予得漢定陶恭王銅鼎，置之焦山，仿鑄一鼎，存之齋中。漢人鑿所重斤兩、所容升斗于鼎蓋、器上，再合此尺，可得古度量衡之全。此六緣也。古今度數無二理，適於世用斯為便。測量粟米創捷法，一尺算遍船五千。漕運總督盤糧之法，舊用尺量船，三乘四因，始得米數。予為新尺，祇用再乘，即得米數。寒冬鑪火小閣暖，淮陰官舍如琅嬛。詩成握尺天欲雪，茶甌香雜沈檀煙。

漢丙午神鉤。銘曰：「丙午神鉤君高遷」，七字，銀絲填文。案造銅器必於丙午日，取干支皆屬火。兄嘗云所見帶鉤有作「丙午釗君宜官」者，有作「五月丙午造」者。此云「丙午」，亦鑄鉤之日也。「君高遷」者，頌禱之辭。此鉤嵌金銀絲，身作神人鳥喙，抱魚食象，首作獸面，故曰「神鉤」。《南史·吉士瞻傳》：「浚仗庫防火池，得一金革帶鉤，隱起雕鏤，甚精巧。篆文曰：『錫爾金鉤，即公且侯。』」玩其詞，當亦漢器。

漢丙午鉤。銘曰：「丙午鉤君高遷」，六字。

漢長壽鉤。銘曰：「長壽」，二字。案銘作陰款，揣其制，當更有一鉤，文必陽識，古人合之，以當符券也。

予兄藏古銅環一，定為漢金釭，自識以上曰：「班固《西都賦》云：『金釭銜璧，是為列錢』，何晏《景福殿賦》云：『落帶金釭，此焉二等』，即此金釭也。《漢書·外戚傳》飛燕女弟『璧帶往往為黃金釭〔註18〕，函藍田璧』，古璧徑長五寸，今以漢尺度，釭中適容五寸，此釭或即昭陽舍中物耶？」

《漢金釭歌》

阮孔璐華

一銙金釭憶漢年，漢宮遺製至今傳。趙家姊妹來何處，燕燕飛來絕可憐。雙雙燕入昭陽殿，班姬辭輦甘秋扇。黃金作屋貯溫柔，西京雜記分明見。專寵承恩望久長，玉階銅沓鬥新粧。碧櫳朱戶參差起，歌舞聲中夜未央。此釭嵌壁鎖深閣，象牀熊席明珠蛤。白璧藍田似列錢，釭中翠羽塗金合。漢宮劫後久成灰，春風惟有野棠開。美人黃土歸何處，此時猶見燕飛來。當年威斗盡顛倒，

〔註18〕「璧」，原作「壁」。按，《漢書》卷九十七《外戚傳》作「璧」，顏師古注：「璧帶，壁之橫木露出如帶者也。」今據改。

鼎在陶陵亦難保。千年未損古金紋，農夫猶得耕芳草。可憐涎涎啄王孫，釘上泥巢舊有痕。一鐶入手寒金重，不打蒼琅古木門。

《詠漢金釘》

阮劉文如

趙家姊弟能音樂，大燕輕盈小燕啄。一朝選入漢宮來，君王寵愛生謠諑。昭儀絕幸住昭陽，彤朱髹漆百寶光。涎涎尾搖金屋裏，玉階銅沓木倉琅。壁帶列錢在春殿，明珠翠羽如親見。繁華鑄出黃金釘，屈曲夔紋鎖雙燕。繁華千載盡成空，甘為絼封自絕宗。太息曹宮赫蹏藥，椒香別殿怨東風。此釘小劫天所棄，千載沈埋在何地。拾得圓鐶歸我家，為檢漢書證古器。團圞想見飛燕時，開匣摩挲手自持。溫柔鄉冷今何處，不若寒金可詠詩。女詩我愛班家淑，辭輦歸來守幽獨。萬載傳流賦一篇，莫共伶元外傳讀。

漢斗檢封。器內銘曰：「官建所平」，四字，底銘曰：「鼓鑄為戀」，四字，皆陽文。案《周禮・司市》：「以璽節出入之。」鄭注：「璽節，印章，如今斗檢封矣，使人執之以通商。」賈疏云：「漢法，斗檢封，其形方，上有封檢〔註19〕，其內有書。」此器形方如斗〔註20〕，驗較此形製，頗合。內銘云：「官律所平」，著平肆之義。底銘末一字疑是「變」字，「鼓鑄為變」，著化居之義。其為通商之封璽無疑。

漢尚方銅器。銘曰：「尚方故治八千萬」，七字，陽文。中畫一角獸，乃解廌也。案《漢書・百官公卿表》及《續漢書・百官志》，尚方令俱屬少府。翁覃溪學士云：「東漢時所治，屢有兼增此言，故治者是明此器為尚方所舊辦，非新增之器物也。」準此言之，當是東漢時器。曰「萬」、曰「八千」，其次第之數也。其器之用，則不可曉矣。

漢宜子孫器。銘曰：「宜子孫」，三字。以建初尺度之，長二寸八分，廣七分。未詳何器之飾。

梁大同銅造象。銘曰：「大同二年供。」上列梵書一字。按釋氏有造像經，此六朝造像之權輿。惟是時多就山岩雕琢，或玉石為之。方寸小象，始見于此。其時正梁武粢牲以捨身日也。

隋開皇銅佛像。文曰：「開皇元年□□□敬造」，正書九字。

〔註19〕「檢」，原作「驗」，《積古齋鐘鼎彝器款識》卷十、《周禮》賈公彥《疏》均作「檢」，今據改。
〔註20〕「此」，原作「比」，非，今據文義改。

　　隋仁壽銅佛像。云：「仁壽四年四月八日江都□□卞氏造」，正書十五字。案文帝晚年篤好浮屠氏，分送舍利三十處，命天下僧尼打刹。上行下效，宜四女造像者紛紛也〔註21〕。

　　唐貞觀造像銅碑。以建初尺度之，長二寸，寬八分，厚二分。碑額蟠螭，中題「阿彌陀佛」四字。碑面全塗黃金，鑿字六行，文曰：「夫真容疑寂，應身淨參，慧日振暉，慈風化物，託儀金□，寫質丹青，勝範良規，敢不頂□。佛弟子趙婆，長孫阿薄合義等敬造阿彌陀佛一軀，上為帝王師僧父母法界眾生共成佛道，貞觀廿一年正月八日。」小楷極似褚遂良筆法。額間有青綠，金碧燦然。兄與翁覃溪先生等皆有詩。

　　《貞觀金塗造像銅碑歌集翁覃溪先生齋中作》
　　阮元
　　蘇齋市坐將哦詩，袖中我出金塗碑。碑高四寸寸之六，黃金塗滿光陸離。阿彌陀碑四字額，左右盤以雙翠螭。其文六行行十許，駢麗猶是初唐辭。一軀佛像共願造，丹青金玉矜瑰奇。慈風慧日振法界，卻從勝範觀良規。造者趙婆長孫輩，其人泯滅知是誰。貞觀紀年廿有一，正是四海安平時。此乃唐初正書體，出于北魏周齊隋。北朝造像百千計，今多石刻留山陂。刁遵高湛各銘碣，分明隋末歐褚師。江左韓陵石頗少，中原楷法茲其遺。奏刀刻銅力恢展，字小如黍微如絲。蠅頭蟬翅劇難搨，金枝細書厪見斯。蘇齋老人驚歎賞，碑者卑也此最卑。予曰鉅細各不朽，大碑屢見唐人為。君不見，貞觀是年銘晉祠，晉祠銘亦貞觀廿一年。文皇御筆書淋漓。又不見，三龕造像闕在伊，登善大書摹勒之。

　　翁方綱
　　我題天寶銅像碑，三十年前黃子笈。其高二寸闊八分，櫝瑩香檀露華裛。苣堂同日蘇齋摹，儼共姜周蘆雨湆。苣堂膚側繪作圖，黃笈於杭孰收拾。阮公得此高倍之，示我杭湖金石輯。塗金面湧相輪光，古綠黶沈寒不澀。双龍合抱彌陀額，丈六人天屹層級。收入圓趺電影中，庚庚銖黍豪森立。貞觀廿又一年春，趙婆長孫來合什。更在前碑前百年，褚書爾日人爭習。我愛龍門造像刻，宛是褚書裝什襲。陰符更越度人經，細楷難量藥珠粒。八甎精舍鐘鼎間，百寶縢囊巧裝集。湖船感舊更懷人，響搨窗光追景急。黃金經牒妙香泥，張段祕書交拱揖。蘇齋又續看碑圖，寄傲苣堂摹弗及。

　　張問陶

一莖小草現金身，一點微塵轉法輪。莫看唐碑三寸許，威光曾照請經人。褚虞筆妙湧豪端，響搨猶難鑿更難。同把須彌藏芥子，神工都作化人看。靈文宛轉頌彌他，貞觀遙遙字未磨。一片妙明金粟影，照人十度換山河。雙修福慧此身兼，大道原憑信手拈。好補龜趺暎螭首，蓮龕重起妙莊嚴。

唐尉行忠銅造像。文曰：「開元十一年五月五日，尉行忠妻為亡男設七齋，敬造浮圖一塔，又脩故像一區，合家一心供養仏時」，凡五行，正書四十字。尉氏，《姓纂》謂北方尉遲部，如中華諸侯，魏孝文改為尉，行忠殆其後也。文中書「男」作「**昜**」，「脩」作「**侑**」，「佛」作「仏」，皆為六朝譌體。銅碑長二寸。

唐會昌銅佛像。文曰：「大唐會昌癸亥歲許寧造像」，十一字。銅像長一寸許。

唐銅魚符。長二寸一分，廣五分，厚二分，穿眼。背上正書「同」字，陽識。下有「新換蜀州第四」六字，陰識，鎏金。案《漢書》有銅虎符、竹使符。應劭曰：「銅虎符第一至第五，國家當發兵遣使者，至郡合符，符合乃聽受之。竹使符以竹箭五枚，長五寸，鐫刻篆書第一至第五。」《唐書·車服志》唐高祖罷隋竹使符，班銀兔符，其後改為銅魚符，以起軍旅、易守長。此云「新換蜀州」者，乃蜀州刺史所用。「同」者，取合同之義。「第四」者，仍《漢志》「第一至第五」也。考唐天寶元年改州為郡、刺史為太守，此為唐初之物無疑矣。

唐許氏銅勺。文作篆字，當是家廟中器。

宋王晉卿錢匣。蓋、器皆嵌銀絲、蓮花紋。蓋內嵌金，隸書銘曰：「龍兮顧後，匣兮有守，金玉之精，日月之壽」，十六字。蓋底篆書，文曰：「晉卿寶藏」，四字。「藏」字古只作「臧」。徐鉉《新附》從「艸」，此承用之。案《宋史·王全斌傳》王詵字晉卿，能詩善畫，尚蜀國長公主，官至留後，太原人。又有名晉卿者，嫻武藝，宋初為莫州刺史，河朔人。此匣銘辭古雅，篆隸工整，殆王詵之器歟？

宋至德壇銅器。蓋長方，皆雷回紋，左右有獸面。蓋面水紋作梅花十六朵，每瓣穿空出氣，似今之薰爐狀。其底有銘曰：「紹興二年，大寧廠臣蘇漢臣監督姜氏鑄，至德壇用」，篆書，凡二十字。按《咸淳臨安志》，南宋時，吳山有至德觀，蓋即此壇也。《圖繪寶鑑》：「蘇漢臣，開封人，宣和畫院待詔，師劉宗古，工畫，釋、道人物臻妙，尤善嬰孩，紹興間復官大寧廠。」又案《居易

錄》載宋方爐款識文與此同云「姜氏」，即姜娘子，南宋人，善鑄銅器。兄又得一器，蓋作「卐」字，十六空以出氣，餘款、紋皆同。

宋秦檜家廟銅豆。兄得之武林。器高三寸，口徑五寸九分，深一寸七分。口旁有篆文銘二十九字曰：「惟紹興丙寅三月己丑，帝命作豆，賜師臣檜宗廟，以薦菹鹽，惟予永世用享。」案丙寅為高宗紹興十六年。《宋史》云：「二月癸丑，建秦檜家廟。三月辛卯，造秦檜家廟祭器。」檜本傳作正月立家廟，紀言辛卯造祭器，此器云己丑，蓋器紀命下之日，史紀始作之日也。古彝器有稱太師、少師，無稱「師臣」者，稱「師」則不「臣」矣，然猶可曰不學無術。至曰「予永世用享」，則悖甚。古人於君錫祭器，必曰「某拜稽首，對揚天子丕顯休命，某其子子孫孫永寶用享」，人臣體制宜然。此乃不稱臣、稱名，而稱「予」，可見其無復人臣之禮矣。

漢銅瓦二。文曰：「漢朝正殿筆雀銅瓦」，凡八字。兄得之濟南市中。「朝正殿筆雀」，字俱無考。詳其筆畫，必是劉淵、李壽、劉龑、劉智遠、劉旻時物，斷非兩京遺制也。

金貞祐銅鈔版。其文四周有闌，上橫書「貞祐寶券」四字，下一格直書「五貫八十足陌」六字，左旁文云「字號」，右旁文云「字」、云「字料」，次下一格直書，凡九行，前列「省准印造」「印造諸路通行寶券」云云，次書「偽造者斬賞寶券三百貫仍給犯人家產」，次列貞祐年月日，次列尚書戶部勾當官印、造庫使、副判官等押。闌外上方又橫書「五貫」二字。左闌外又有兩合記斜出其右角，侵入闌界，文頗曼患，細辨之，一云「平涼府合同」，一云「京兆府合同」。《金史·食貨志》金海陵遷都，置交錢，與錢並用。宣宗貞祐三年五月〔註22〕，權西安軍節度使與烏林達與言，關陝軍多，供億不足，所仰交鈔則取於京師，徒成煩費，乞降版就造便，七月改交鈔名曰「貞祐寶券」。又《百官志》貞祐二年，設交鈔庫於上京、西京、北京、東平、大名、益都、咸平、真定、河間、平陽、太原〔註23〕、京兆、平涼、廣寧等府。瑞、蔚、平、清、通、順、蘇等州，三年罷之。錢竹汀少詹云：「此券有『不限年月，許於京兆、平涼府庫倒換』語，知為京兆、平涼所刻版也。」

元艾虎銅書鎮。銘四字曰：「延祐二年。」案延祐，仁宗年號。《南史》齊高帝以鐵為書鎮，是書鎮之作，當在漢、魏以後矣。《荊楚歲時記》五月五日，

〔註22〕「三」，原作「二」，《金史》卷四十八《食貨三》作「三」，今據改。
〔註23〕「原」，原作「源」，《金史》卷五十六《百官二》作「原」，今據改。

以艾為虎，以辟不祥。此器象之，殆午日所造與？

元長蘆儒學方銅爐。銘曰：「元至元己卯孟冬，長蘆儒學奉大都、河間等路都轉運鹽使司置，監造學工孔克中，姑蘇領匠鍾宗鑄」，凡三十九字。按大都路領縣六、州十，州領十六縣；河間路領縣六、州六，州領十七縣，并無長蘆。曰「奉都轉運鹽使司置」，長蘆似是塌名，而大都之塌并入河間，凡二十二塌。《食貨志‧鹽法》又無指名。元制設儒學官諸路，總管府設教授一員、學正一員、學錄一員，其散府上、中州亦設教授一員，下州設學正一員，是縣亦不置校官矣。今曰「長蘆儒學」，似是鹵籍遵請置山長、學錄之例，選商人子弟之秀者，補入為博士弟子員也。即此一銘，可補《元史‧地理》《百官》《學校》《鹽法》之所未備矣。

嘉慶五年，兄在浙江時，破安南夷寇，於台州松門獲其軍實甚多。銅碳重二三千斤者五六位，其碳子銅造者甚圓滑，上鐫「隊真」二字，不知何故，似非近代之物，圍徑一尺一寸有餘，其大可知矣。

漢劉昉金背鏡。徑六寸八分，鼻紐，中列眾神環衛俯伏之狀及飛鳥走獸諸形，又紀「東王父」三字于側，外層有「劉昉作」三字。銘曰：「青蓋作竟，自有古常。青龍白虎，□調陰陽。上下有序，男女異行。巍巍羊羊，佳哉文章。日月相望，昭於四方。千秋萬歲，子孫滿堂。長保二親，位至侯王。傳告厚世，樂不可忘」，篆書六十四字。「龍」「長」二字反寫。「厚世」即「後世」，古多通用。案《禮‧坊記》：「以厚別也。」注：「厚，猶遠也。」又《釋名》：「厚，後也，有終後也。」〔註24〕《莊子‧列禦寇》注：「靜而怯，乃厚其身耳」，《釋文》：「厚本作後」，是其證也。「青蓋」當是作鏡者姓名。《廣韻》：「青姓，出《何氏姓苑》。」鄧名世《姓氏書辨證》云：「黃帝子青陽氏為青氏。」《秦漢印統》有「青世印」，當是其族。

漢青蓋鏡。徑三寸二分，鼻紐，龍文。銘曰：「青蓋作竟四夷服，多加國家人民息，□□□□□□風雨時」，篆書二十三字。「加」即「賀」之省。

漢善銅鏡。徑四寸八分，鼻紐，篆書十二辰字，繞以細乳，外作八乳及鳥獸諸狀。銘曰：「新有善銅出丹陽，取之為鏡清且」，篆書十三字。銘語雖未全，而篆法清麗，真漢制也。《水經》河水注云：「丹陽山東北逕冶東，俗謂之丹陽城，城之左右猶有遺銅矣。」《漢書‧食貨志》注云：「金有三品，丹陽銅為赤金。」《神異經》云：「丹陽銅，似金可煅，以作錯塗之器。」是漢時產銅之處，

〔註24〕「後」，原作「厚」，《釋名》卷四《釋言語》作「後」，今據改。

以丹陽為最，故質地細淨，歷千百年如新，斯其驗也

漢浮游佳鏡。徑四寸，鼻紐，八乳，餘作龍鳳飛鳥之形。銘曰：「作佳鏡哉真大好，上有仙人不知老，渴飲玉泉飢食棗，浮浮天下敖三海，壽如今石」，共三十二字。「今」「金」，通用字。「浮」即「游」之省文。

漢佳鏡。徑三寸八分，形製同前。銘曰：「作佳竟哉真大孜，上有仙人不知老，渴飲飢食」，凡十八字，篆書。「孜」即「好」字，見夏竦《古文四聲韻》。

漢佳鏡。徑四寸四分，形製同前。銘曰：「作佳鏡哉真大好，上有仙人不知老，渴涎澧泉飢食棗，游浮天下敖三海，壽敝金石為國保」，凡篆書三十五字。「澧泉」即醴泉。《列子·殷湯篇》：「甘露降，醴泉湧。」亦從水旁。是「醴」「澧」古通用。此鏡外層旁又有一印，文曰「□記」二字。何夢華云：「此後人倣造時所記也。」大凡鏡背於銘詞花紋之上，另押一正書或篆書姓氏圖記者，皆當日翻沙之鏡，為某姓鋪中所造也。此皆宋、元時物，然其銘字則古，茲仍附入漢鏡卷中。吉金經後人重摹者，皆如此例。

漢美言鏡。徑四寸，鼻紐，花鳥文，鼻外方圍列銘曰：「美言之始自有紀，練治同錫去其宰，辟除不」，篆書十七字。「治」即「冶」，「宰」即「滓」字。

漢王氏鏡。徑五寸七分，鼻紐，八乳，作龍鳳、禽鳥諸形，內層篆書十二辰字，外層銘曰：「王氏昭竟三夷服，多賀新家人民息，官位尊顯天下復，風雨常節五穀孰，長保二親子孫力，傳告後世樂毋極」，篆書四十二字。銘中「昭」即「照」字。

漢宋氏鏡。徑五寸二分，銘曰：「宋氏作竟。」

漢樂無極鏡。徑四寸五分，鼻紐，內篆書十二辰字，外圍四靈八乳〔註25〕。銘曰：「新錫茲竟，子孫眾多，賀君家受大福，位至公卿脩錄食，幸得時□獲嘉德，傳之後世樂無極，大吉」，篆書，共三十七字。「𢇍」字見南宮中鼎。「𥖅」即「卿」，「𰠲」即「世」，「亟」是「極」之省文。

漢位至三公鏡。徑二寸六分，鼻紐，雙龍形。銘曰：「位至三公」，四字篆書。

漢長毋相忘鏡。徑五寸，銘曰：「見日之光，長毋相忘。」

《長毋相忘鏡歌》

陳文述

秋水一奩影紅翠，繡囊珍重纏縣意。宛轉芙蓉鏡背花，燕支鑄出相思字。

玉顏妙麗有輝光，珠幌玲瓏照曉妝。圖寫十眉勻黛綠，宛環雙鬟貼花黃。君心如日妾如月，月不常圓日不缺。但願君心鑒妾心，團圞三五清暉發。銅輦秋深夢不寒，丁寧密誓託雙鸞。比肩祇許同心照，冷眼還從對面看。蘭亭又出人間也，古今誰釋多情者。秋扇思深忍棄捐，殿西更有鴛鴦瓦。

漢長宜子孫鏡。徑三寸八分，鼻紐，外繞四乳。篆銘「長宜子孫」四字，分間書之，其外圍作四柱龍鳳之形。

漢萬利鏡。徑四寸二分，鼻紐，四乳，龍鳳形。銘曰：「大萬利日」，八分書，四字。案范君斷甗文云「日利千萬」，與此云「大萬利日」意同。

漢東王父西王母鏡。徑寸，文曰：「□氏作竟兮，真宮□□，東王父西王母仙人兮，高□□子，□□□□□保二親兮，□□□」，三十四字。

漢仙人不老鏡。徑寸，文曰：「尚方作竟真大巧，上有仙人不知老，渴飲玉泉飢食棗，浮游天下□四海」，二十八字。

漢鑪鼎鏡。徑六寸五分，作鼎象，有雙耳雙足，中畫八卦及人物、龍馬之狀，首端列五銖錢三枚。

漢邊孝先鏡。徑三寸餘，文曰：「孝先」，二字，隸書。四圍無花紋。

吳太平元年鏡。徑三寸四分，鼻紐，四神，方格內篆銘八字，多模糊，外層銘曰：「作明鏡百湅正銅，上應星宿下達□□，太平元年五月丙午，時□□□□始興造」，凡篆書三十一字，皆反寫。按以太平紀元者，自唐以前凡四見：一為吳廢帝，一為北燕王馮跋，一為梁敬帝，一為楚帝林士弘，此乃吳太平時所鑄也。吳太平元年有五月，梁太平無之。又案漢楊君《石門頌》「真雅以方」，「真」通作「正」，是漢人已有之矣。

晉真子飛霜鏡。體圓，外作八瓣菱花形，背白如水銀。左方四竹三筍，一人披衣坐犾，置琴於膝，前有几，几置短劍二、鑪一，又一物不可辨。右方一鳳立于石，二樹正圓如帚形。下方為池，池中一蓮葉，葉上一龜，龜值鏡之虛，其足下即為鏡之背紐也。上方有山雲銜半月形，月中有顧兔形，雲下作田格，格中四正字曰：「真子飛霜。」「真子」者，鼓琴之人。「飛霜」，其操名也。予兄審其書體、書法，定為晉鏡。

《真子飛霜鏡歌》

阮謝雪

齋中金石雅堪詠，寶匣初開窺古鏡。誰人鑄出碧菱花，一片清光月同淨。真子作鏡名飛霜，背鑄梧桐棲鳳皇。真子一去不復返，造象依然鏡裏藏。琳琅

修竹戛清影，几上劍光明耿耿。破土龍孫解籜時，殘春正暖何嘗冷。更有蓮花出小池，珠盤翠蓋走靈龜。靈龜腹下成虛鈕，好讓絲縧繫更垂。鏡背下方有池水，上方雲氣飄飄起。顧兔天光照水光，千年不改常如此。真子披衣坐竹林，卻當初夏弄瑤琴。七絃一拂動風雨，晴來忽激清商音。倏爾長空變涼節，破曉霜華霏玉屑。翡翠樓前片片明，鴛鴦瓦上絲絲結。此時寒逼衣袂輕，月殘霜落更虛明。青銅內有古人在，琴上無聲如有聲。此鏡千年圓不缺，真子為誰疑未決。若是山陰道上人，一舟相訪霜如雪。

《真子飛霜鏡歌》

阮唐慶雲

我家金石羅文房，案頭拂拭開緗囊。曉來啟匣見古鏡，青銅一片銘飛霜。略似菱花分八角，千年不蝕凝清光。背有古畫老桐樹，雙枝並立棲鳳皇。蓮花綽約出小沼，神龜遊上蓮葉香。新笋破泥欲解籜，參差四面皆篔簹。山雲輕聚銜半月，下有小几橫干將。真子何人在竹下，膝前更見清琴張。仰觀星月共皎潔，七絃乍弄神洋洋。仙人春夏坐晴煖，忽將雅操翻清商。一彈閒院有寒氣，再彈更覺天蒼涼。五更碧瓦一痕破，驚起青女窺鴛鴦。此時涼氣滿庭樹，拂葉慘淡將成黃。階前明月冷如水，霏霏玉屑沾衣裳。霜華拂拂看不定，冰蠶絲緊鳴指旁。我攬古鑑照雙鬢，神清意靜吟且長。雲淨遙天變春夏，每見夜色寒蒼茫。真仙千載不知老，我且磨鏡同詩藏。

六朝周仲鏡。徑六寸，鼻紐，周作細乳，中有二神象坐於蟹匡之上，八足森然而無螯。又作輇輴二駕，以六馬窻幰，雕鏤甚工，間以四柱，外邊細乳。外圍銘曰：「周仲作竟四夷服，佳賀國家人民息，□虜□威天下復，風雨時節五穀孰，長保二親得天力，吳造陽里」，篆書三十九字。鏡有二枚。

六朝吉祥鏡。徑五寸四分，鼻紐。銘兩層，外層曰：「湅治鉛華清而明，以之為竟宜文章，延年益壽去不羊，與天毋亟而日月光，千秋萬歲長未央」，共三十六字；內層之銘多作「而」字，殊難句讀。篆書「羊」即「祥」，「亟」即「極」，皆省體。

六朝清白鏡。徑四寸三分，鼻紐。銘兩層，外層曰：「絜清白而事君，怨陰驩之弇明，似元錫之流澤，恐遠而日忘，庶美之窮□，則重驩之可說，慕□世之□□」；內層曰：「內清泄孔昭明，光之象夫日月，心忽揚而願忠，默雍而不施」，共六十三字，篆書。案銘詞難讀，恐有脫誤。篆文「怨」作🔣，「澤」作渾，皆誤。「恐」作𢁙，用古文體，見《說文》。

六朝清素鏡。徑四寸，鼻紐。銘兩層，皆篆書，外層曰：「清素傳家，永用寶鑒」，八字；內層曰：「福壽平安」，四字。

六朝富貴鏡。徑四寸，銘曰：「常命富貴」，四篆字，每一字各間一花。

六朝千秋鏡。徑三寸三分，鼻紐，銘曰：「千秋萬歲」，四字，正書。又一鏡文同，徑六寸。以字體審之，當是北魏時物。

唐素月鏡。徑四寸，鼻紐，四螭，銘曰：「光流素月，質稟元精，澄空鑒水，照迴疑清，終古永固，瑩此心靈」，二十四字，正書。

唐菱花鏡。文曰：「菱花爭月，澄葉□□」，八字，每字各有一花間之。

宋八角鏡。徑六寸，中畫人物、龜鶴、花草之形，有印記云：「湖州孫家造」，五字。

宋人雙魚銅鏡。徑四寸，有文曰：「竟子局官」，四字，下鈐一押。

南詔大銅鏡。徑逾二尺許，其鼻有字曰：「五月初吉」，四字，花紋與滇中銅鼓相同，予兄定為南詔時物。「五月初」者，意即午日為鑄鏡之辰也。

積古齋舊藏秦、漢銅印十種，在浙江撫署時曾邀同人分賦。後續得黃小松易所藏四百餘印，選其完善者二百鈕，於己巳貢入內府。餘印擇其中姓名有見於列史者，自漢至唐共得二十八鈕，予兄自為《印記》，命姪常生釋注之，茲與官印數品同列於右。

《秦漢六朝唐廿八名印記》

余所藏古人名印以百數，子常生以其姓名考之，列史有所見者，自漢至唐得廿八鈕，余因第而錄之，即命常生釋注之。一曰秦秦嘉璽。作曲矩形，旋轉五字曰「海上嘉月璽」。此印形曲甚，古世所罕見。秦嘉，立楚王陳涉之倫也。《史記》卷四十八《陳涉世家》：陳王初立時，陵人秦嘉等皆特起，將兵圍東海守慶于郯。陳王使武平君畔為將軍，監郯下軍。秦嘉不受命，自立為大司馬，惡屬武平君。告軍吏曰：「武平君年少，不知兵事，勿聽！」因矯以王命殺武平君畔。及陳王敗死，秦嘉等乃立景駒為楚王，引兵之方與，欲擊秦軍定陶下。使公孫慶使齊王，欲與并力俱進。齊王曰：「聞陳王戰敗，不知其死生，楚安得不請而立王！」公孫慶曰：「齊不請楚而立王，楚何故請齊而立王？且楚首事，當令于天下。」田儋誅殺公孫慶。《地理志》泗水有淩縣，考淩在今安東開，地濱海，故曰「海上」。二曰李廣。其漢飛將軍耶？《史記》卷一百九《李將軍傳》：廣，隴西成紀人也。廣家世世受射。孝文十四年，廣以良家子擊匈奴，為郎，為武騎常侍。孝景中，徙為上谷太守。武帝立，以上郡太守為未央衛尉。後以衛尉為將軍，擊匈奴，兵敗，免為庶人。數歲，召為右北平太守。居頃之，代石建為郎中令。元狩四年，從大將軍出擊匈奴，因失道，後大將軍，自到。

三曰劉勝。勝，景帝子，封中山王者。《史記》卷五十九《五宗世家》：中山靖王勝，以孝景前三年立為中山王。勝為人樂酒好內，有子枝屬百二十餘人，立四十二年卒。四曰劉慶。慶，六安共王，孝武所封。《史記》卷五十九《五宗世家》：膠東康王寄，以孝景中二年用皇子為膠東王，二十八年卒。孝武立寄長子賢為膠東王，奉康王嗣，而封慶于故衡山地，為六安王，立三十八年薨。五亦曰劉慶。河間孝王。《漢書》卷三十三《景十三王傳》：河間獻王德，以孝景前二年立，立二十六年薨。子不害嗣，四年薨。子堪嗣，十二年薨。子授嗣，十七年薨。子孝王慶嗣，四十三年薨。二印為一人為二人？未可定也。六曰司馬遷。遷，漢太史。《史記》卷一百三十《太史公自序》：太史公談，有子遷，年十歲則誦古文，三十三仕為郎中，奉使西征。十年，而遭李陵之禍，幽于縲紲，乃作《史記》。七曰張勝。同蘇武使匈奴者。《漢書》卷三十四《蘇武傳》：武與副中郎將張勝至匈奴，勝與虞常謀殺衛律，事覺，被繫而降。八曰孔霸。襃成君孔次儒也。《漢書》卷五十一《孔光傳》：霸字次儒，治《尚書》，事夏侯勝，昭帝末年為博士，宣帝時為太中大夫，以選授皇太子經，遷詹事、高密相。元帝即位，徵霸，以師賜爵關內侯，號襃成君。九曰楊忠。漢安平侯。《漢書》卷三十六《楊敞傳》：忠，丞相楊敞子。敞薨，忠嗣安平侯。十曰陳萬年。漢廣陵太守、御史大夫。《漢書》卷三十六《陳萬年傳》：萬年字幼公，沛郡相人也。為郡吏，察舉至縣令，遷廣陵太守，以高第入為右扶風，遷太僕，後代于定國為御史大夫。八歲，病卒。十一曰張山拊。《漢·儒林》：「事小夏侯建為博士，論石渠。」《漢書》卷五十八《儒林傳》：張山拊字長賓，平陵人也。事小夏侯建為博士，論石渠，至少府。十二曰王禁。漢平陽侯，外戚也。《漢書》卷六十八《元后傳》：王禁字稚君，少學法律長安，為廷尉史。生女政君，入掖庭，為家人子，後宣帝選送太子宮，壹幸有身，生成帝于甲館。孝元即位，封禁為陽平侯，永光二年薨，謚曰「頃侯」。十三曰鄭崇。哀帝時丞相。《漢書》卷四十七《鄭崇傳》：崇字子游，本高密大族，少為郡文學史，至丞相大車屬，哀帝時為尚書僕射，數求見諫爭，後為尚書令趙昌奏崇與宗族通，下獄窮治，死獄中。十四曰王匡。起綠林攻莽者。《漢書》卷六十九《王莽傳》：南郡張霸、江夏羊牧、王匡等起雲杜綠林，號曰「下江兵」，眾皆萬餘人，後為嚴尤等所破。十五曰王憲。自稱漢大將軍，舍東宮，妻莽後宮，乘其輿服，建天子鼓旗者。《漢書》卷六十九《王莽傳》：鄧曄以弘農掾王憲為校尉〔註26〕，將數百人，北度渭，入左馮翊界，降城略地，至頻陽，所過迎降。會長安旁兵四會城下，十月戊申朔，破之。庚戌，商人杜吳殺莽，取其綬。校尉公賓就斬莽首，持詣憲。憲自稱漢大將軍，城中兵數十萬皆屬焉，舍東宮，妻莽後宮，乘其車服。六日癸丑，鄧曄入長安，以憲得莽綬不輒上，多挾宮女，建天子鼓旗，收斬之。十六曰劉宣。隱不仕莽，後封安眾侯。《後漢書》卷十五《卓茂傳》：

〔註26〕「曄」，原避清聖祖諱作「煜」，今回改，下文重複出現者逕改不出校。

劉宣字子高，安眾侯崇之從弟。知王莽當簒，乃變名姓，抱經書隱避林藪，建武初乃出。光武以宣襲封安眾侯。十七曰李忠。後漢豫章太守。《後漢書》卷十一《李忠傳》：忠字仲都，東萊黃人也。元始中為郎，王莽時為新博屬長。更始立，拜都尉官，遂與任光同奉光武，為右大將軍，封武固侯。建武二年，更封中水侯，遷丹陽太守。十四年，三公奏課為天下第一，遷豫章太守。病去官，十九年卒。十八曰張根。漢武始侯子奮之兄。《後漢書》卷二十五《張奮傳》：奮兄根，少被病，父武始侯純薨，光武詔奮嗣爵。十九曰王廣。建武中石城侯。《後漢書》卷五《王常傳》：建武十二年，常薨，子廣嗣山桑侯。三十年，徙封石城侯。永平十四年，坐與楚事相連，國除。二十曰徐咸。漁陽太守功曹。《後漢書》卷七十一《獨行劉茂傳》：元初中，鮮卑數百餘騎寇漁陽，太守張顯率吏士出塞追擊虜。虜伏兵發，射中顯。主簿衛福、功曹徐咸遽起之，顯遂墮馬，福以身擁蔽，虜並殺之。二十一曰張成千秋。江夏太守，張耳後也。《後漢書》卷五十七《黨錮傳》：張儉，山陽高平人，趙王張耳之後也。父成，江夏太守。二十二曰竇武。大將軍也。此印模範嚴正，篆跡明切，凜然有生氣焉。《後漢書》卷五十九《竇武傳》：武字遊平，扶風平陵人，安豐戴侯之玄孫也。延熹八年，長女選入掖庭，桓帝以為貴人，拜武郎中。其冬，貴人立為皇后，武遷越騎校尉，封槐里侯。永康元年冬，帝崩，無嗣，武立解瀆亭侯宏，是為靈帝，拜武為大將軍。八月，以奏免黃門令魏彪事〔註27〕，為長樂五官史朱瑀等所害。二十三曰李豐。蜀諸葛武侯表為江州都督。《三國志》卷四十《蜀書·李嚴傳》：建興八年，諸葛亮表嚴子豐為江州都督，督軍典嚴後事〔註28〕。豐官至朱提太守。二十四曰陳武。三國吳偏將軍。《三國志》卷五十五《吳書·陳武傳》：武字子烈，廬江松滋人。孫策在壽春，武往修謁，因從渡江，征討有功，拜別部司馬。及權統事，轉督五校。累有功勞，進位偏將軍。建安二十年，從擊合肥，奮命戰死。權哀之，自臨其葬。二十五曰劉淵。晉元海，大單于。《晉書·載記》卷一《劉元海傳》：淵，新興匈奴人，冒頓之後也。生而左手文有其名，遂以名焉。犯高祖廟諱，故稱其字。太康末，以左部帥拜北部都尉。楊駿輔政，以元海為建威將軍、五部大都督，封漢光鄉侯。後成都王穎拜元海為北單于。未幾，劉宣等上大單于之號。永興元年，僭即漢王位，年號元熙。永嘉二年，僭即漢皇帝位，改元永鳳。以永嘉六年死。二十六曰張偉。北魏征南將軍，小字翠螭者。《魏書》卷七十二《儒林傳》：張偉字仲業，小名翠螭，太原中都人也。世祖時，與高允等俱被辟命，授中書博士，累遷為中書侍郎、本國大中正。使酒泉，慰勞沮渠無諱，還，遷散騎侍郎。聘劉義隆，還，拜給事中、建威將軍，賜爵成皋子。出為營州刺史，進爵建安公。卒，贈征南將軍、并州刺史。二十七曰馮亮。北魏隱嵩高，好佛理者。《魏書》卷七十

〔註27〕「魏」，原作「鄭」，《後漢書》卷六十九《竇武傳》作「魏」，今據改。
〔註28〕「嚴後事」三字原闕，今據《三國志》卷四十《李嚴傳》補。

八《逸士傳》：馮亮字靈通，南陽人。少博覽諸書，又篤好佛理，隱居崧高。世宗嘗召以為羽林監，領中書舍人，將令侍講《十地》諸經，固辭不拜。還山數年，與僧徒禮誦為業，蔬食飲水，有終焉之志。延昌二年冬卒。二十八曰雞林道經略使印。方二寸。此唐劉仁軌之印也。曷由知為仁軌印也？雞林道經略使，惟仁軌專之，雖官印，可以姓名定之。《新唐書》卷三《高宗本紀》：上元元年二月壬午，劉仁軌為雞林道行軍大總管，以伐新羅。又卷一百四十五《東夷傳・新羅》：龍朔元年，法敏襲王，以其國為雞林州大都督府，授法敏都督。咸亨五年，納高麗叛眾，略百濟地守之。帝怒，詔削官爵，以其弟右驍衛員外大將軍、臨海郡公仁問為新羅王，自京師歸國。詔劉仁軌為雞林道大總管，衛尉卿李弼、右領軍大將軍謹行副之，發兵窮討。上元二年二月，仁軌破其眾于七重城，以靺鞨兵浮海略南境，斬獲甚眾。詔李謹行為安東鎮撫大使，屯買肖城。此「雞林道」之名所自昉也。考《百官志》，于經略使之置，略而不具。唐時西河、黑水皆有經略使，固唐初官也。自此迄五代，新羅朝貢甚謹，不復有征討之事。唐以後，又不聞有「雞林道」之名。此印為唐劉仁軌之印無疑矣。嗚呼！古人姓名銅印多矣。其于正史無考者，未必皆絕無可傳之人也。或謂漢人鑄名印千百以殉葬，好名好事，今人亦不如古耶？夫不見于史，而唯以一鈕之銅傳數千年後，亦可悲矣。史法貴嚴，然余謂善善長，惡惡短，寧繁毋簡，庶幾左氏遺法，若馬、班、范、崔之倫，或亦多所遺略，致其害歟？

秦海上嘉月鉩。文曰：「海上嘉月鉩」，五字，白文，印作曲矩形。按《史記・陳涉世家》有「陵人秦嘉」，注以為泗水國淩縣。考淩在今安東閒，地瀕海，故曰「海上」。月，《說文》云：「闕也。」「鉩」即「璽」字。

《秦海上嘉月鉩》

朱為弼

琅嬛仙館得古印，如磬矩折形模奇〔註 29〕。文曰海上嘉月鉩，篆體頗類鐘鼎彝。璽書璽節稽昔制，泰山梁父封禪遺。黃金白玉螭虎鈕，璽屬帝王炎漢儀。秦印金銀銅犀象，曰璽上下皆同之。變文作鉩泉**泮**杜，字乳轂穀孿生孳。載考史記暴秦末，淩人秦嘉稱武師。秦時淩邑濱東海，斷為嘉鉩夫何疑。祖龍既死四海沸，夜狐一呼群雄隨。鸞飛鳳翥咸陽寶，金神不守將毋危。郯下一軍自狐立，連營百里喧鼓鼙。甯君公孫作羽翼，倉頭狟狟豻熊羆。竹符安用奪郡守，赤轂那待頒夥頤。磨刀矯殺武平畔，大司馬印鐫金龜。景駒楚立張楚敗，將軍握節麾旌旗。武都紫泥何處得，亂鈐羽檄紛交馳。此乃私印作鼻鈕，蟲魚不仿

〔註 29〕「模」，原作「横」，《蕉聲館詩集》卷四《八甎吟館分詠秦漢六朝十印分得秦海上嘉月鉩》作「模」，今據改。

丞相斯。青琅玕折珪瑓角，紫綟鞢畫泥沙錐。窪中似掘臼窠石，象形合挂珊瑚枝。斗檢封制古如此，說本北海非余欺。洪鑪何物同湅鑄，或者戔戟瞿矛鈹。彭城方與往來道，腰配曾不須臾離。一朝事去天不祚，旂常竹帛無勳垂。居巢亞父佩將印，祖其意立看羊兒。重瞳匹夫何足道，印刓自敝空爾為。真人豐沛提劍起，金章一櫃收遺規。子嬰蒲伏上神器，越刻繆篆侯王宜。大黃威火收璽綬，老婦擲地角亦虧。獨此闕鈲實無闕，千年碧土黃箈滋。轉入大雅吉金錄，紅沫觸手生春姿。抗衡斤權嘉量寶，追陪日觀琅邪碑。原父恨少先秦字，得此摩弄應嗟咨。同時雞石布緤輩，豈無肘後懸纍纍。因人作事即錄錄，公等乃其鱗之而。銅花銅葉日零炙，北邙哀草嗥猩狸。亦有成師蠹伯鈲，倉籀點畫挐蛟螭。冥漠君與子虛子，我縱欲說難為詞。勝梁崛起此鼎足，名不剝蝕神護持。項顛劉蹶頃刻耳，鈲乎鈲乎知不知。書堂觀玩發浩歎，一彎明月悲秦時。

漢李廣印。文曰：「李廣印信」，白文四字。案自漢至北周，李廣有五：漢有兩李廣，一見《史記》；一見《後漢書》；一見《晉書》，李勢之弟；一見《北齊書‧文苑傳》；一見《周書》，蕭詧之將。此印甚古，定為前漢物。

《漢李廣印》

陳文述

嗚呼飛將軍，數奇不封侯。結髮大小七十戰，惟餘一印千秋留。將軍起家良家子，得士能令士心死。無雙才氣泣公孫，刁斗行軍安足此。雁門秋老生邊塵，將軍此印應隨身。篆文劃斷瀚海雪，虹光透出天山雲。紅沫棱棱土花暈，定為將兵作符信。謝罪曾鈐幕府書，酬功誰授梁王印。我思漢文恭儉稱賢主，禁中頗牧慕良輔。賈生不相廣不封，縱遇高皇亦何補。又聞武帝恢雄圖，丁零鄯善開邊隅。但以私親封衛霍，不使名將當單于。老去藍田甘棄置，東道行師復何意。一代威名右北平，但留虎鈕旁邊字。銅花不覺摩挲久，當年曾綰英雄手。志士成功自古難，庸夫獲福從來有。君不見李蔡為人居下中，肘後黃金大如斗。

漢劉勝印。文曰：「劉勝私印」，四字。「勝」字白文。按前、後漢劉勝有三：一見《前漢書》，景帝子中山靖王；一見《後漢書》，和帝長子平原懷王；又《後漢書‧杜密傳》劉勝，潁川人。

《漢劉勝印》

顧廷綸

棣鄂風寒枝葉弱，黃金斗大鑄成錯。叢羽折軸口鑠金，中山一印人間落。

漢家骨肉誰最親，當筵絲竹增哀辛。高帝子孫盡龍種，相待不若尋常人。不若尋常不足責，謀臣設算無遺策。但願堯符衍萬傳，區區削土臣何惜。吁嗟乎！一尺布，尚可縫。一斗粟，尚可舂。屠沽繒販繫侯印，煮豆泣釜誰相容。儒者考古識遺事，此印摩挲不能置。一涕真回天子顏，千秋留得藩王字。炎綱垂滅火井然，金刀剛卯重復延。君不見，平原蚤死季林老，空悲腐草羞寒蟬。

漢薛長卿印。白文三字，曰：「薛長卿。」案薛廣德，字長卿，見《漢書》本傳。

《漢薛長卿印》

顧廷綸

黃龍上驂赤運徂，初元初政棱多模。紛紛金紫不足識，一鶚唯傳薛大夫。大夫忠藎世無匹，篆籀留存鐫直筆。經行先登薦士函，諍聲已警郊宮躇。射熊諫草不可刪，長楊車駕登時還。長卿一印認明滅，截肪徑寸花班班。吾思相如當日主風諫，茂陵遺稿求封禪。生前亦有阻獵書，虛辭可令他人見。盤螭角缺雞角生，乘船就橋徒廷爭。皇后符寶聽一擲〔註30〕，金章誰復珍其名。張光祿、蕭御史，賢哉西京兩君子。一負知人一曉人，直臣令節全終始。千載芳名三字間，古落繡澀文斒斕。溯他歸印縣車事，更有清風不可攀。

漢司馬遷印。白文三字，曰：「司馬遷。」

《漢司馬遷印》

焦循

太史公，何年摹印刓山銅。天漢至今二千載，蟠鈕犢鼻青曨瓏。吾聞漢武制印印五字，此印不關封爵豐。白茅夜立羽衣蕭，天士地士煩雕工。大將軍印錫塞上，銀黃交錯光熊熊。是時蠶室共觀笑，一死輕若毛生鴻。吁嗟乎！鐵騎三萬出高闕，何如百三十卷成史功。河渠封禪倩誰筆，金剛靈璽歸秋風。允宜金鑄祀百世，後裔食采徒史通。此印自有鬼神護，隱隱血氣陰宵紅。不華摩挲弔古物，詎能與此爭雌雄。所惜良友既盡外孫戮，遺書零落紛殘叢。龍駒繼嗜見微意，十書補綴勞褚翁。當日丹泥一一手鈐記，曷慮文句多少是非真偽殊難同。

漢王禁印。文曰：「王禁」，二字白文。按《漢書‧元后傳》，孝元皇后父名禁，字稚君。

〔註30〕「后」，原作「唐」，《玉笥山房要集》卷一《漢薛長卿銅印歌》作「后」，今據
　　　　改。

《漢王禁印》

張鑑

月精五鹿漢祚祖，張永銅璧紛貞符。陰為陽雄水火殊，六百四十期不渝。爰誕聖女姪從姑，禁乃莽祖貌生貙。刑名學成吏羣趨，腰纏私篆用自娛。生沙剝落活翠枯，中蟠兩字深可摹。持刀立施形相扶，參錯史籀糾珊瑚。阿誰漉井搜離朱，易之豈惜千青蚨。稚君舊事班史俱，摩挲十指心煩紆。五侯同日耀通塗，煌煌歆歆金印黸。未央宮中鳴笙竽，老姦置醢稱歡愉。投璽詬天羞區區，欲與俱葬胡其愚。君印臣印徒嗟吁，爬剔跟肘忘飢劬。想窮法律操譎柧，廷尉名姓播兩都。有時掉棄如索逋，好酒及色無時無。甘露五鳳同隙駒，一跌赤族輸菰蘆。吉金閱人朝復晡，圭角完美兼廉隅。漢書侑酵例髯蘇，對此直足傾百壺。吟成交付平頭奴，簷角冬青啼鵜鴣。

後漢李忠印。白文二字，曰：「李忠。」案李忠有三：一見《後漢書》本傳，一見《唐書‧三宗諸子傳》，一見《五代史‧李自倫傳》。此從顧氏《集古印譜》，定為後漢李忠印。

《後漢李忠印》

陳鴻壽

巨莽請刻宰衡印，赤眉得璽重獻進。白水真人靈睍甄，李侯所向軍威振。黃金斗大列爵尊，忠臣必求孝子門。母妻被收勢孔迫，殺賊豈足明酬恩。軍中馳驛大驪馬，繡被清宵燭光地。不須辨印煩馬援，頗恐囊金羞陸賈。圍城黯黯弓刀寒，風聲鶴唳摧心肝。賜錢千萬救不得，背人血淚如珠彈。一朝收復全家屬，報讎不忍恣殘酷。恩怨分明忠孝兼，莫將成敗論碁局。丹陽道上竹馬迎，墾田建學致頌聲。三公奏課稱第一，訟庭花落啼春鶯。區區私印傳禩載，摩挲合作瑤瓊佩。憶解長襦教澣時，不知賜綬今何在。琴亭餘澤已迢遙，中水寒流自晚潮。何處殘霞橫一角，明砂騰采徹層霄。

漢竇武印。文曰：「竇武印」，三字白文。按《後漢書》本傳，武官大將軍、聞喜侯，以外戚冠清流，名節震朝野。二千年後，摩挲遺範，凜然猶有生氣。

《後漢竇武印》

蔣徵蔚

井中玉璽奪月光，銅盤折矣天蒼涼。桓靈之際代更嬗，無端一印關興亡。蟲沙名姓紛無數，龜鈕至今猶左顧。知是將軍一片心，土花蝕損精靈護。中官

得志黨錮危，大臣何用椒房私。批鱗特捄黃門獄，想見庭前解綬時。筦霸雖休李杜死，明年竟應童謠矣。長樂初收北寺寒，此印定然隨指使。太白灼爍宮門開，刊章中變臣之薔。五校既散臣力竭，大將軍敗非天哉。漢家自此悲無奈，轉眼雒陽城又破。火氣銷將國運殘，一十八朝彈指過。煌煌手鑄蛟螭文，黝澤化作荒郊雲。可憐不得此印力，慟哭都亭授首人。肘後藏來餘寸組，棄置甘心埋故土。漫隨壞鐵到人間，恨不親鈐誅節甫。摩挲陡覺雙眸明，銀章流落難為情。小物千秋增感唧，誰傳賣印是游平。

漢張成印。文曰：「張成千秋」，四字。案張成即張儉之父，為江夏太守，見《後漢書・張儉傳》，「千秋」當即成字。

《後漢張成印》

方廷瑚

積古齋中積古印，辟邪螭鈕蟲魚章。張成千秋此其一，證之史冊名垂芳。先世橐駝篆封璽，漢初藩列諸侯王。兩轓五馬守江夏，腰間懸印金輝煌。此邦夙昔號難治，萑苻出沒殊披猖。手握銅虎事捕逐，紫泥鈐處森鋒鋩。此係私印鑴姓字，結佩紫綬葱珩璜。是時直弦邁奇禍，曲鉤秉國墮綱常。圭璧鐵券詫怪異，鋤田得印稱上皇。廟堂侈口說符瑞，中黃藏府生芝房。銅人黃鍾數各四，蝦蟆天祿誇光芒。有子督郵列八及，彈劾不畏常伯強。禍起獲印周仲進，東萊轉徙投龍荒。此時乃公何處避，此印應貯青緗囊。清名藏匿懼黨禁，至今成字史不詳。自古曲直有公論，鳶肩豺目徒猖狂。連雲第宅懸鐘鼓，一旦勢去悲滄涼〔註31〕。大將軍印大如斗，害金銷鑠歸何方。獨此方銅不盈寸，父矩翼子名昭彰。土花暈碧無剝蝕，冥漠定有神周防。不然進武誅宦寺，赤伏符璽猶淪亡。此僅二千石小印，至今寶玩同圭璋。少府之印不可見，見此令我心徬徨。編入歐陽吉金錄，此印壽亦千秋長。

晉劉淵印。朱文四字曰：「劉淵印信。」案淵字元海，見《晉書・前趙載記》及魏收《魏書》。

《晉劉淵印》

阮元

漢寶缺角銅人亡，永嘉六璽歸晉陽。中間竊敚數十載，天生漢甥劉元海。元海二角真英雄，蛟龍那得居池中。可憐王侯降編戶，劉淵名但鑴頑銅。此銅

〔註31〕「勢」，原作「事」，《幼樗吟稿偶存》卷一《後漢張成千秋銅印歌》作「勢」，今據改。

鐫印尚青組〔註32〕，隨陸文兼絳灌武。朱范同門傳五經，曾以書緘印封土。無端玉璽來河汾，改元刻瑞增三文。淵於汾中得玉璽，增「淵」「海」「光」三字，改元河瑞。平陽光昌漢天子，豈監司馬家兒軍。當塗典午皆成篡，昭烈廟中出降禪。公主之孫能復仇，人心到底思炎漢。惜哉和曜性不仁，不及李淵生世民。若使石苻奉漢璽，諱淵久已如唐人。我今得印繫之肘，剛卯金刀辟邪鈕。回水為淵屬象形，想見單于文在手。元海生有文在手，曰「淵」，故名。

漢關中侯印。文曰：「關中侯印」，四字白文。《三國志·魏太祖本紀》云：「建安二十年定制，關中侯爵十七級，金印紫綬，不食也。」

漢且當侯。印文曰：「且當侯印」，四字白文。

漢偏將軍印章。印文曰：「偏將軍印章」，五字白文。《前漢書·王莽傳》莽置偏將軍百二十五人，後漢吳漢、寇恂、馮異並為之，見本傳。又按《漢書·郊祀志》：「以正月為歲首，而色尚黃，更印章以五字，因為太初元年。」《武帝紀》注張晏曰：「漢據土德，土德數五，故用五，謂印文也。若丞相曰『丞相之印章』，諸卿及守、相，印文不足五字者，以『之』足之。」據此，則此五字正合當時制度，是真漢印矣。

漢折衝將軍印。文曰：「折衝將軍章」，五字白文。按《漢書·翟方進傳》：「莽拜大鴻臚、望鄉侯閻遷為折衝將軍。」蓋王莽居攝時，晝夜抱負孺子，故特置此，取禦侮外患之意，後遂因之。《三國·魏志·樂進傳》：「太祖稱進及于禁、張遼曰：『論功紀用，宜各顯寵。』於是禁為虎威；進，折衝；遼，盪寇將軍。」虎威、折衝皆謂將軍，因下文而省也。

漢御史中丞章。文曰：「御史中丞章」，五字白文。按《前漢書·百官公卿表》：「御史大夫有兩丞，一曰中丞，在殿中蘭臺，掌圖籍秘書，外督部刺史，內領侍御史，受公卿奏事，舉劾按章，蓋居殿中察舉非法也。」此印文五字，尚守土德，用五之義，當是漢制。

漢奉車都尉印。文曰：「奉車都尉」，四字白文。《漢書·百官表》：「奉車都尉，掌御乘輿車。駙馬都尉，掌駙馬。」皆武帝初置，秩比二千戶。《後漢志》注曰：「奉車都尉三人。宣帝地節二年，以霍山為奉車都尉，領尚書事。」

漢軍司馬印二。文曰：「軍司馬印」，四字白文。《後漢書·百官志》：「大將軍營五部，校尉一人，比二千石；軍司馬一人，比千石。」其不置校尉，但

〔註32〕「青」，原作「書」，《揅經室四集》詩卷五《同人分詠古十印得劉淵之印》作「青」，今據改。

軍司馬一人。《前漢‧楊敞傳》云：「給事大將軍幕府，為軍司馬。」又後漢吳汎、鄭眾、班勇、徐幹、董卓、夏侯尚並為之。

漢軍假司馬印。文曰：「軍假司馬」，四字白文。《後漢‧百官志》：「軍假司馬為軍司馬副貳。」《三國‧魏志》樂進為軍假司馬，見本傳。又《漢書‧韓延壽傳》御史按延壽在東郡時，「功曹引車，皆駕四馬，載棨戟，五騎為伍，分左右部，軍假司馬、千人持幢旁轂」，然則此官始於西漢矣。延壽為東郡太守，不得置是，故劾奏其上僭不道。

漢假司馬印。文曰：「假司馬印」，四字白文。按假司馬不載《百官志》。《前漢書》武帝時，趙充國以假司馬從貳師將軍擊匈奴。又《後漢書‧班超傳》：「竇固出擊匈奴，以超為假司馬，將兵別擊伊吾。」據此，則假司馬亦漢置。又有二印曰「漢假司馬」、曰「詔假司馬」，首加「漢」字、「詔」字者，取以示別，或即奉使域外所用歟？

漢別部司馬印。文曰：「別部司馬」，四字白文。東漢《百官志》軍司馬比千石，其別營領屬為別部司馬。《度尚傳》載抗徐為宗資別部司馬。《張超傳》：「靈帝時，從車騎將軍朱儁征黃巾，為別部司馬。」又《三國志》時，吳、魏、蜀皆有別部司馬。

漢左將別部司馬印。文曰：「左將別部司馬」，六字白文。按《後漢書》軍司馬比千石，其別營領屬為別部司馬。言「左將」者，別於前、後、右也。

漢陷陳司馬印，文曰：「陷陳司馬」，四字白文。顧氏《集古印譜》云：「『陳』，古『戰陣』字。漢安帝元初中，任尚募陷陣士擊羌零。建安間，樂進、于禁皆常為陷陣都尉〔註33〕。」

晉殿中司馬印。文曰：「殿中司馬」，四字白文。按《晉書‧輿服志》有殿中司馬。

晉殿中都尉印。文曰：「殿中都尉」，四字白文。按殿中都尉亦見《晉書‧輿服志》，與殿中司馬皆為環衛之官也。

漢軍曲候印。文曰：「軍曲印候」，四字白文。《後漢書‧百官志》：「大將軍營五部，部下有曲，曲有軍候一人，比六百石。」

漢軍假尉印。文曰：「軍假尉印」，四字白文。軍假尉不見史志，當與軍假司馬、假候同為軍司馬之僚佐歟？

漢部曲將印。文曰：「部曲將印」，四字白文。按部曲將乃約略之稱，非專

〔註33〕「常」，原作「帝」，《集古印譜》卷一「陷陳司馬銅印」作「常」，今據改。

指一人。《續漢・百官志》:「大將軍營五部，部校尉一人，比二千石；軍司馬一人，比千石。部下有曲，曲有軍候一人，比六百石。曲下有屯，屯長一人，比二百石。其不置校尉部，但軍司馬一人。又有軍假司馬、假候，皆為副貳。其別營領屬，為別部司馬。其兵多少，各隨時宜。門有門候。其餘將軍，置以征伐，無員職，亦有部曲、司馬、軍候以領兵。」《王允傳》云董卓部曲將李傕、郭汜為亂。是部曲將當時已總稱之，不加分別也。

漢騎部曲將印。文曰:「騎部曲將」，四字白文。說詳部曲將條。

漢部曲督印。文曰:「部曲督印」，四字白文。《三國・吳志》孫皓天紀三年夏，郭馬反，馬本合浦太守脩允部曲督。

漢騎部曲督印。文曰:「騎部曲督」，四字白文。《晉書・武帝紀》咸寧五年:「大赦，降除部曲督以下質任。」〔註34〕

漢孱陸采宰印。文曰:「孱陸采宰印」，五字白文。按《漢書・王莽傳》始建國元年，改縣令、長曰宰。又《地理志》武陵郡孱陵，莽曰孱陸。則此為莽時所鑄無疑。「采」字見《說文》，即今之「穗」字。所謂「采宰」，亦農官之屬歟？

漢義成左尉印。文曰:「義成左尉」，四字白文。義成，前漢屬沛郡，後漢屬九江郡。《百官志》:「尉，大縣二人，小縣一人。」應劭《漢官儀》曰:「大縣，丞、左右尉，所謂命卿三人。小縣，一尉一丞，命卿二人。」此義成有左尉，蓋亦當時大縣也。

漢東僮祭尊印。文曰:「東僮祭尊」，四字白文。按「祭尊」之名，未見所出，惟《漢書》吳王賜號為劉氏祭酒，如淳曰:「祭祠時惟尊長者以酒沃酹」，是祭尊即古之鄉官也。《說苑》載鄉官又有祭正，亦可舉證。

晉蠻夷率善邑長印。文曰:「蠻夷率善邑長印」，七字白文。按漢、魏時蠻夷內附者，自王侯以下，印文首有漢字。此晉時印，尚沿舊制。

晉匈奴率善伯長印。文曰:「晉匈奴率善伯長印」，七字白文。此亦晉時匈奴率眾內附所封之印也。

唐雞林道經略使印。文曰:「雞林道經略使之印」，八字朱文。按《新唐書》龍朔三年置雞林州大都督府，以新羅國王金法敏為之。上元元年，法敏納高麗叛眾，又收百濟故地。上怒，以同中書門下三品劉仁軌為雞林道大總管，衛尉卿李弼、右領軍將軍李謹行副之。弼旋卒。二年，劉仁軌破新羅，以李謹行為

〔註34〕「質」，原作「監」，《晉書》卷三《武帝紀》作「質」，今據改。

安東鎮撫大使，不云為總略使。惟《通鑑》云為鎮撫大使，以經略之。此乃序事之辭，未可謂之書官也。又按《唐‧百官志》有安撫使，無鎮撫使。竊意此時法敏反側，謹行本靺鞨名將，賜今姓名，史稱其勇蓋軍中，故令為經略使，以鎮撫之，溫公書不知何緣倒置耳。抑或鎮撫即安撫，而以經略為兼官。如景雲以後，節度兼官之例，亦未可知。是經略實用以鎮撫一時，並非常置，而後此亦無雞林道之名，則此印可斷為上元間所鑄矣。

《唐雞林道經略使印》

許珩

中丞漢印富藏畜，李唐官印何足錄。中丞重印尤重人，官印得人皆可珍。經略使設自貞觀，防禦邊州控蕃漢。總管持節爰兼官，龜鈕纍纍組重縮。龍朔初建雞林州，法敏時嗣金春秋。新羅王攝大都督，尚方金袋蟠螭虯。招亡納叛惡反復，帝赫斯怒廷臣謀。中書領軍并道出，七城倏忽風驅漚。當年未擬置漢吏，到此躊躕虞詐偽。將軍坐鎮擁旌節，更握銅章司度計。《唐‧百官志》經略使以計度為上考。帝曰謹行無遽歸，一夫當關臥老羆。三案重開判三日，紫泥洗滌刓無虧。史書俾作鎮撫使，百官志缺恐非是。此官當以經略充，一印足補唐傳紀。邊臣此例何所仿，英公安撫印常兩。鴨淥海谷各異道，惜哉未見符郎掌。唐初蕃將多從戎，燕公最號功名終。營州積石屢著績，乾陵獨伴烏號弓。本傳謹行卒，封燕國公，陪葬乾陵。我稽唐印列名姓，無者傳佩著為令。何緣此印落人間，絲髮模存紫花迸。張舜民《畫墁錄》：「唐印文如絲髮。」買肖城邊戰血殷，貔貅三捷虜心寒。東南貢篚初通譯，壯士長歌已入關。歸來此印再拜上，收印銘勳付司藏。雞障空襪舞馬悲，誰摩故物思邊將。爾時鐵券旌功臣，太息懷恩竟負恩。懷光抵地事髮指，不堪下示今茲人。千二百載護神物，絕塞威名留髣髴。想見高鈐露布中，莫婁勿吉寒生栗。吁嗟乎！李唐拓地僅一方，華官雜治非久長。一印流傳閱桑海，武功照耀今猶在。我朝土宇三萬疆，天子守吏羅要荒。伊犁吉林斗大章，鳳山鹿耳犄海疆。可知御遠重威德，此印應為守邊惜。詩成儗作七德舞，詩名試訪雞林賈。

秦、漢瓦當文，其載於《三輔黃圖》及宋敏求《長安志》者，固班班可考。然猶未若乾隆間程氏敦、申氏兆定搜訪之多，著有成錄。兄於嘉慶甲子得陽曲申氏所藏二十餘瓦，以「千秋萬歲」等九瓦入貢內府，餘皆藏之祠塾。曾搨其文為譜研第二圖，茲為詮釋于右。

秦衛字瓦。其文僅一「衛」字，朱書。朱氏《秦漢瓦圖記》引《長安志》

云：「瓦作『楚』字者，秦瓦也。秦作六國宮室，用其國號以別之。」今「衛」字瓦，當是秦為衛國作宮室之瓦也。

漢瓦。文曰：「永受嘉福」，四字，鳥蟲書。「受」字上從「爪」，下從「又」，惟中多一畫，與漢「陳受私印」「受」字同。「福」字左偏「口」字多作波疊，上下牽連，「田」字屈曲作勢，按畫求之，毫髮不爽。

漢瓦四種。皆曰：「長生無極」，四字，篆書。惟一作「常生」為異。程氏敦云此瓦自咸陽以南，渭濱而東，直抵驪山北麓往往得之，土人目為阿房宮瓦。

漢瓦二種。皆曰：「長生未央」，四字，篆書。說見前。「長樂未央」瓦內或以為「長樂未央」屬長樂宮，「長生未央」屬未央宮。或據《漢書》長樂作于高帝五年，成于七年。《關中記》云：「地周二十餘里〔註35〕，有殿十四。」未央作于八年，成于九年，工少而地隘。是兩宮皆有「長生未央」瓦，更當以所得之地定之。

漢瓦二種。皆作：「長樂未央」，四字，篆書。程氏敦云：「『長樂未央』，本兩宮瓦文合而一之，亦取吉祥語意，配合成文耳，非必某宮即用某字瓦也。他宮殿瓦文意亦放此。」

漢瓦。文曰：「永奉無疆」，四字，篆書。當是漢太廟瓦，取《禮記》「宗廟饗之，子孫保之」之意。「疆」字以「土」，為《說文》「畺」字重文。

漢瓦。文曰：「萬物咸成」，四字，篆書。按《三輔黃圖》云：「后宮在西，秋之象也。」《漢·百官公卿表》有中長秋、大長秋，皆皇后之宮。師古曰：「秋者，秋成之時；長者，恆久之義。」〔註36〕然則「萬物咸成」者，取秋成之義，其為中長秋、大長秋之宮瓦歟？

漢瓦。文曰：「宜富貴當」，四字；中心曰：「千金」，二字，篆書，皆取吉祥之意，如曰「日利」「大利」，漢人印記，往往有之，殆亦當時貴室豪家之製。

漢瓦。文曰：「長毋相忘」，四字，篆書。不知所施，或以為後宮殿瓦，其說近似。按《史記》有「毋相忘」語，古詩有「長相憶」語，皆本三百篇中「中心藏之，何日忘之」之意。今人取為簡札鈐記，彌有古致。

漢瓦。文曰：「高安萬世」，四字，篆書。「高安」二字右行，「萬世」二字

〔註35〕「二」，原作「四」，《關中記》漢長安城「長樂宮」條作「二」，今據改。
〔註36〕「恆久」，原作「常冬」，《漢書》卷十九《百官公卿表》顏師古注作「恆久」，今據改。

左行。《漢書‧佞幸傳》：「董賢封為高安侯，為起大第北闕下，重殿洞門，土木之工，窮極技巧。」據此，則當日瓦石之費不知凡幾，得此片瓦，足以想見其萬一云。

漢瓦。文曰：「億年無疆」，四字，篆書。案此亦頌禱之詞。或以為是漢王莽妻億年陵之瓦，則泥矣。案《說文》，「億」為「億安」字，「無」為「蕃無」字，依義當用𢎐字、𣞣字，此瓦作「億」、作「無」，與今字同，知通借已久，非盡俗書之誤也。

漢瓦。文曰：「延年益壽」，四字，篆書。程氏敦云：「漢甘泉宮有益壽觀，未央宮有廷年殿。」按《三輔黃圖》：「漢畿千里，內外宮館一百四十五所。」〔註37〕此瓦未詳所施。殆亦「永受嘉福」「千秋萬歲」之類，不必定屬某宮某殿也。

漢瓦。文曰：「千秋萬歲」，四字。「千秋」二字皆右行，「萬歲」二字皆左行。不知所施。或據程氏敦云：「《三輔黃圖》未央宮有萬歲殿，此其殿瓦歟？」

漢瓦。文曰：「平樂宮阿」，四字，篆書。「平樂」二字、「宮阿」二字皆斜向讀之方順，亦足證布置之次，不拘一律也。按《漢書》武帝元狩六年，京師民觀角抵於上林平樂館，即此平樂宮也。《莊子‧外物》：「被髮窺門阿。」《釋文》引司馬注云：「阿，屋曲簷也。」此平樂宮曲簷所用之瓦。

漢瓦。文曰：「右將」，二字，篆書。案《漢書‧百官公卿表》，郎掌守門戶，出充車騎〔註38〕，屬有五官，中郎、左將、右將，皆比二千石。此即其署瓦也。以二字布于周圍，故為屈曲引伸之筆以配合之。後人書圓體者，可以為法。

漢瓦。文曰：「長樂萬歲」，四字，篆書。案此與「長樂未央」「千秋萬歲」等相類。蓋皆取吉祥頌禱之辭，宮殿皆可用之，必指言其地，恐失之泥矣。「歲」字，《說文》從「步」，「步」字下從反「止」，此下亦從「止」，蓋隨其筆便，非有意義。

漢金字瓦。其文僅一「金」字，篆書。案《三輔黃圖》有九廄，金廄居其一，此瓦殆即金廄所用□。文極得停勻之致，與他瓦豐茂者，各見其長，而此字少畫稀，布置為尤難也。

漢瓦。文曰：「甘林」，二字，篆書。案此即「甘泉」「上林」之省，亦有

〔註37〕「館」，原作「觀」，《三輔黃圖》卷三作「館」，今據改。
〔註38〕「車」，原作「平」，《漢書》卷十九《百官公卿表》作「車」，今據改。

省作「上林」二字者。程敦謂秦林光宮作於甘泉，故以甘林銘瓦。案《史記・文帝本紀》引應劭說云：「甘泉，宮名，一名林光。」仲瑗之言必得其實〔註39〕，合二名而兼之，恐不然矣。

漢瓦。文曰「便」字，陰文，四面列雲紋。漢武帝六年四月，高園便殿火。顏師古曰：「凡言便殿、便室、便坐者，皆非正大之處，所以就便安也。」此瓦殆即其所施。

漢瓦。文曰：「𡺓氏冢舍」，四字，篆書，而近于分隸，四面斜列雙界。按𡺓氏，古無此姓，當為「巍」字之省，「巍」即俗書「魏」字。《詩》：「漸漸之石，維其卒矣。」箋云：「卒者，崔巍也。」「崔巍」即今「崔巍」字。《淮南子・本經訓》：「魏闕之高。」高注云：「門闕高崇巍巍然，故曰魏闕。」「巍」字本從「𡺓」，義訓亦通，故可省借。漢有魏無忌、魏豹、魏相，見《史記》《漢書》。

漢朱爵瓦。較他瓦為狹小，中畫朱爵之形。按《初學記》，漢有朱鳥、鴛鸞、銅馬諸殿，此瓦蓋即殿上所用。

隋時故宮，在今雷塘廢堡城鋪村。人鋤地時見古瓦，皆當時廢殿所遺。兄拾得一瓦，其質甚堅，四圍列雲紋，中作縱橫界畫格，雖無字跡，實吾郡六朝物也。

《詠隋故宮瓦》

阮元

隋宮黃土迷蕪城，大雷小雷春草生。玉勾金鈒掘已盡，荒原還有耕夫耕。我過蕪城見耕者，拾得隋時故宮瓦。但有雙環四出紋，惜無文字周迴寫。回雁宮，芳林門，知是何方簷溜痕。流珠堂，成象殿，建瓴形勢分明見。一規翠瓵閱千年，秖宜琢就圓池硯。霧煤響撾寫隋書，護兒先錄來家傳。

〔註39〕「瑗」字原闕。按，「仲瑗」乃應劭之字。應劭之字是「仲遠」「仲援」，抑或「仲瑗」，歷來眾說紛紜。《後漢書》卷四十八《應劭傳》作「仲遠」，李賢注云：「《謝承書》《應氏譜》並云『字仲遠』，《續漢書・文士傳》作『仲援』，《漢官儀》又作『仲瑗』，未知孰是。」《東觀漢記》卷十六亦作「仲遠」。顏師古《漢書敘例》云：「應劭，字仲瑗」，注：「一字仲援，一字仲遠。」則顏師古以「仲瑗」為正。又《漢官儀》為應劭本人所著，其署名應無問題。另《隸續》卷十二著錄劉寬碑陰故吏有「南頓應劭仲瑗」，《水經注》卷五「河水」有應仲瑗，《文心雕龍・議對》云「仲瑗博古，而銓貫有敘」，皆以應劭字仲瑗。且應劭有弟名應珣，字季瑜，「瑗」與「瑜」皆為美玉，兄弟皆以美玉作為表字，亦可為應劭字仲瑗作一旁證。故應劭字仲瑗，當無問題。

　　古磚視石易損，故流傳尤少，如《水經注》所載吳寶鼎磚之外，頗不多覯。家兄在浙江時，曾集所藏八甎，自黃龍以至興寧，極為修整，因於節署東偏別立八磚吟館，與同人觴詠其中。邇來續得更多，又不僅於八磚矣。茲為彙錄，次於瓦當之後。

　　西漢五鳳甎。隸書四字曰：「五鳳五年。」上刻錢擇石宗伯銘記，釋為五鳳三年。翁覃溪學士考定為五鳳五年，謂上「五」字中間二畫直交，用隸勢；下「五」字中間彎交，用篆勢。今證之甎文，下「五」字雖剝蝕，而其中交互之蹟顯然，翁說是矣。漢五鳳僅四年，其明年為甘露元年，此云「五年」者，《漢書・宣帝紀》五鳳改元於前冬書其事，甘露改元前一年無聞，則甘露改元當在本年。浙澝之地，去陝闊遠，春初作甎，故乃稱「五鳳五年」也。

　　漢紀五鳳無五年，五年字以斯甎傳。斯甎斯字制何昉，尚在未改甘露前。甘露之降月未紀，是春陶瓿浙海壩。拊塻方厚無薛暴，樹塼繩引齊中縣。工度技能比衡律，綜核所以推孝宣。時距建元年未百，初勒年紀於側邊。庚庚橫直鬱起立，如器參鈿規方圓。其文陽仰未磨蝕，是受模范非雕鑴。大小二篆初變隸，旁無波拂茇不雟。何讓甘泉未央瓦，薆標羲舉騰星躔。昔魯靈光殿基石，紀年款與漢史愆。往時吾友共論此，史表之例奚拘牽。_{錢辛楣疑五鳳二年不當云魯三十四年，予謂史表書魯安王光嗣，四十年薨，是以元朔元年為安王元年，以征和四年為孝王元年，則三十四年不誤也。}曼卿記又百年後，洞簫道士神翩然。百四十宮列錢壁，三十五舉珍珠船。墨雲飛起石塘夢，篆腳一瞥西泠烟。侍郎得此壓裝褚，書銘如對張與錢。_{擇石銘，芑堂書。}二子家居近太末，未及良佑搜遺篇。莫輕區區一方璞，多少寶刻難齊肩。試拓百本廣著錄，西京隸古爭流涎。欲為竹垞解嘲否，五鳳此刻方真甎。_{竹垞以曲阜五鳳二年石目為甎。翁方綱。}

　　西漢黃龍甎。隸書五字曰：「黃龍元年建」，又二字曰：「一向。」案黃龍元年，宣帝二十五年也。

　　咸陽漢龍興，工築事稠沓。冠山朱堂崇，瓴甋瓿人納。此甎紀黃龍，銘文椎響搨。苔蝕文多殘，測蠡義難合。病已蟲讖成，祥符報雜遝。黃龍見廣漢，火及宣室閣。烏啼未央宮，改元歲一帀。當時執拊塻，無為苦批拉。大黃兆威斗，銅仙泣蕭颯。殘壁埋荊榛，月夜狐狸踏。幸非鑿臼科，庶免累層塔。四角暨中央，完好少齮齕。何年出鄠杜，何時渡沇漯。中有地理書，鎬吐復豐欱。吾師誌金石，剪鐙卜簪盍。虞敦識立位，虢鐘辨輅轄。五鳳時代同，甎珠雙趺韐。八甎耀日華，賓從互酬答。研墨銅雀瓦，寫詩趁官蠟。陳鴻壽。

漢永吉甄。隸書五字曰：「永吉宜侯王。」漢人好以吉祥語銘器，如鏡、洗之類，甄文亦然。

八甄敞吟館，賓從橐刻燭。傳觀永吉甄，待補明誠錄。人生萬事圖吉祥，此甄文曰宜侯王。子孫千億俾昌熾，紆拖金紫生榮光。油然古質色深黝，甄陶定出西京手。古人作器盡能銘，五字嘉禎期永守。漢家宮闕遙相望，前有未央後建章。延年長樂誌丹篆，勒名千載斯稱良。藩封五等重侯伯，兵衛門庭森列戟。簪紱曾傳萬石家，門閭首擴于公宅。吾師中丞淮南公，祥和之氣天所鍾。摩挲古甓辨文字，與古運甓將母同。禁垣昔日常簪筆，花甄日暖詞頭吉。五鳳黃龍雖紀年，兩字吉祥此第一。顧廷綸。

吾鄉平山堂下濬河，得古甄，文二，曰：「蜀師」，其體在篆、隸間，久載於張燕昌《金石契》中，未知為何代物。近年在吳中屢見「蜀師」古甄，兼有「吳永安三年」及「晉太康三年七月廿日蜀師作」者，然則「蜀師」為吳中作甄之氏可知。按揚州當三國時，多為魏據，惟吳五鳳二年孫峻城廣陵，而功未就，見於《吳志》本傳，此年紀與永安、永康相近，然則此甄為孫峻所作廣陵城甓無疑矣〔註40〕。

吾鄉江淮間，崑岡為地軸。井韓列雉堞，如泥塞函谷。漢末之故城，當是濞所築。孫峻圖壽春，將作曾親督。遺此一尺甄，麵在平山麓。有文曰蜀師，匠者或師蜀。永安及太康，蜀師吳所屬。廣陵魏久據，不領孫氏牧。惟五鳳二年，欽文欽為峻所甓。城城雖未成，一簣已多覆。殘甓今尚存，吳志朗可讀。孫峻豎子耳，殺恪諸葛恪何其酷。哀此古瓴甋，屢受石與鏃。汪容甫《廣陵對》云：「廣陵一城，歷十有八姓、二千餘年，而亡城降子，不出于其間。」摩挲蜀師文，千年嘆何速。晉城久已蕪，廢池更喬木。宋姜夔詞云：「自胡馬窺江去後〔註41〕，廢池喬木，猶厭言兵。漸黃昏，清角吹寒，都在空城。」按劉宋及趙宋南渡時，揚城荒蕪為尤甚。吾鄉少古碑，得此漢甄足。五鳳當延熙，稱漢遵綱目。朱子《綱目》吳五鳳二年為漢後主延熙十八年。仙館列八甄，照以雁燈燭。刻燭或聯吟，詩成受迫促。清暇想李程，日光照如玉。阮元。

吳天冊甄。隸書四字曰：「天冊元年。」上有手掌形。按天冊元年，孫皓之十二年也。

〔註40〕「甓」，原作「甕」，《揅經室四集》詩卷六《吳蜀師甄》、《八甄吟館刻燭集》卷二《吳蜀師甄》均作「甓」，今據改。
〔註41〕「胡」，原避清諱作「邊」，姜夔《揚州慢》作「胡」，今回改。

　　積古得古甎，年深作黝色。縱徑六寸強，隸銘列左側。作自孫吳年，天冊字不泐。歸命國政荒，草穢襪沙礫。掘地得白金，年月燦深刻。爰改鳳皇紀，妄冀青蓋入。符璽騰石函，蟲鳥出石壁。詭誕文久磨，但餘一瓴甓。當年昭明宮，牆屋窮物力。殘甎埋劫灰，銅駝共荊棘。諦觀垺拊交，手文更奇特。赫然五指排，捫之心怵惕。一冊兩手承，鼎彝有常式。此冊云自天，詎假瓵人力。想當摶土時，用代工名勒。千載擎紅苔，銅雀招不得。今幸入仙館，髹匣致雕飾。掌文窪其中，書冊受香墨。同時國山碑，風雨多剝蝕。何如此甎文，椎柘勤拂拭。宛然仙掌中，月露蟾蜍滴。朱為弼。

　　東晉大興甎。隸書六字曰：「大興二年八月。」案大興二年乃元帝三年。字用錐畫，甚奇秀。

　　甎文初著錄，斷自永平始。建初逮永初，中參吉陽美。審之以八書，大都盲史耳。獨有五鳳文，帶篆雜隸體。魯三十四年，鑿鑿西漢紀。積古得古甎，刷出五鳳字。鳳來儀文明，神物以類止。續續羅八瓴，其六大興是。大興東晉初，二年歲在己。自時年百三，北燕同號此。建國自龍城，不與東南齒。此是典午物，興寧咸和比。細審甎上文，非范亦非梓。乃是錐所畫，波磔特可喜。圓潤逞姿媚，直似蘭亭矣。漢、晉甎字，無非模范而成，獨此甎字，乃先為錐畫，後始火成者。其體非隸非章草，直似蘭亭，尤可寶愛也。乃知大興年，已開永和始。流傳東海濱，定武石可擬。貯以青㯕匣，衣以黃文綺。躋之鐘鼎旁，日光照經史。王聘珍。

　　東晉咸和甎。隸書八字曰：「咸和二年，歲在丁亥。」案成帝以丙戌即位，二年是丁亥也。

　　咸和晉中葉，德望推陶公。惜陰託運甓，衛國成奇功。二年歲丁亥，賊峻方興戎。建康既瓦解，北闕無泥封。阽危曲阿壘，遺礫臺城宮。一木幸楷柱，半壁資垣墉。時維會稽郡，完好非寇衝。誰勤瓵人職，摶埴稱良工。鑿坏紀年歲，例與炎劉同。同時趙光初，正朔行關中。石氏不紀號，直北風雲從。區區咸和字，謹奉惟江東。一甎千餘載，想像偏安風。角缺類秦璽，字蝕疑鐫蟲。吾師啟吟館〔註42〕，位置聯球鐘。大興與興寧，典午懷三宗。懿此古瓴甎，復感志士衷。摩挲自砥礪，太尉真英雄。方廷瑚。

<hr>

〔註42〕　「啟」，原作「居」，《幼樗吟稿偶存》卷三《東晉咸和磚歌雲臺先生命作》作
　　　　　「啟」，《八甎吟館刻燭集》卷二方廷瑚《東晉咸和甎》作「启」。按，「启」
　　　　　「啟」古今字，今據《八甎吟館刻燭集》卷二改。

東晉興寧甄。隷書八字曰：「興寧二年俞氏所作。」〔註43〕案興寧二年，哀帝三年也。

晉甄記興寧，太歲得甲子。考成及工名，所作為俞氏。其廣才扶句，其修或過咫。粉蛀兼蟲涎，字字如薑尾。何年摸金尉，掘土發鶴觜。初疑入故宮，又若出邊壘。既無保母文，復少建康史。考古墮微茫，舌撟不可止。憶昔搏土人，晨星試儂指。元和謝君誰，永初景師是。叔文曹系國，伯寧汝系水。結體皆隷書，洪适釋所紀。惟此姓不名，或是瓿人耳。我聞瑯琊王，居位僅三祀。洛陽不果遷，塼埴豈暇理。晉書十八家，寧復涉譽毀。吾師契金石，有讀文必起。匣定取鬃柒，錯弗加礪砥。香姜羽陽間，羅列烏皮几。于梁紹泰過，于吳寶鼎比。嗟哉永嘉餘，銅駝沒荊杞。誰將婁機箋，一發陸機旨。張鑑。

西漢甘露磚。得於嘉興，厚一寸五分，長四寸，文曰：「甘露二年」，字已損其半，乃漢宣帝紀元也。

漢陽嘉磚。文曰：「陽嘉」，二字，隷書，反文。陽嘉乃後漢順帝紀元也。

漢萬歲不敗磚。文曰：「萬歲不敗」，四字。又一磚，文曰：「萬歲」，二字。《隷續》汝伯寧磚有曰「萬歲舍」，曹叔甄有曰「千萬歲署舍」，邯君篆磚有曰「萬秋宅」，洪氏謂漢人無忌諱如此。案古人塋墓卜築之甄，大約有字輒用「萬歲」「千秋」等語，亦當時風尚使然耳。

吳殘磚。文曰：「鳳皇元」，隷書三字，其側又有「萬歲」二字。按鳳皇元年乃孫皓嗣位之九年也。

晉太康磚。文曰：「太康三，太歲在戊寅，錢氏」，隷書十字。按晉武帝太康三年，歲在壬寅，此作戊寅，未喻其故。

晉永寧磚。文曰：「晉永寧二年」，隷書五字。按永寧二年，晉惠帝即位之十二年也。

晉太興磚。文曰：「大興四年」，隷書四字。乃東晉元帝即位之五年也。

晉潘儒殘磚。文曰：「潘儒」，二字，隷書。張芑堂《金石契》載此磚，全文曰：「嘉興象西潘儒南父母墳塋甄」，兩端曰「潘冢」、曰「潘墓」，皆篆書。《三國志》吳大帝后潘氏，又潘濬、潘璋皆吳之著姓，儒南殆是其族，定為孫吳時物。

〔註43〕「二」，原作「八」，《八甄吟館刻燭集》卷二《東晉興寧甄》作「二」。按，「興寧」為晉哀帝司馬丕第二個年號，共計三年，作「八」誤，當為「二」，今據《八甄吟館刻燭集》卷二改。

　　寧波天一閣所藏北宋石鼓搨本，文存四百七十二字，精彩煥發，實為海內至寶。吾兄督學浙江時，曾屬海鹽張芑堂_{燕昌}以油素影摹刻石，置杭州府學。同人賦詩紀事，已載《定香亭筆談》中。近復於揚州學宮重摹十石，俾學者推究字體，以證宋、元以來諸家傳刻之誤，實觀摩之一助也。

　　《杭州重摹石鼓文跋》

　　阮元

　　天下樂石，以岐陽石鼓文為最古。石鼓脫本，以浙東天一閣所藏松雪齋北宋本為最古。海鹽張氏_{燕昌}曾雙鉤刻石，尚未精善。元於嘉慶二年夏，細審天一閣本，並參以明初諸本，推究字體，摹擬書意，屬燕昌以油素書丹，被之十碣，命海鹽吳厚生刻之。至於刀鑿所施，運以意匠，精神形蹟，渾而愈全，則儀徵江氏德地所為也。刻既成，置之杭州府學明倫堂壁間，使諸生究心史籀古文者有所法焉。

　　《揚州重摹石鼓文跋》

　　伊秉綬

　　岐陽石鼓文，惟寧波天一閣所藏北宋拓較今本完好之字為多。阮中丞芸臺先生視學浙江時，曾刻置杭州府學。今重摹十石，置之揚州府學。大儒好古，嘉惠藝林，洵盛事也。

　　《重橅天一閣北宋石鼓歌》

　　張鑑

　　古之史籀不可作，六書大義隳微茫。杜林甄豐各新制，誰復屈詘師凡將。周時石鼓既晚出，響拓往往傳岐陽。維唐有愈宋有軾，手胝口沫何硍硍。奇觚急就失古意〔註44〕，要與叔重攻偏旁。宣王中興婥羣迣，從臣劍佩趨明堂。麋豕豈徒吉甫燕，弓矢曾與方叔張。堯典唐傳惜不復，泥金檢玉誰為償。持刀立旆書在石，法古直欲追先王。先王蒐岐亦有證，据經考史非荒唐。九鼎已自淪泗水，十乘寧復求宵光。雨淋日炙閱千載，剔剜苔蘚留陳倉。元和以後益珍重，一紙肯使碑渠量。劫火不假木櫺護，由唐歷宋誠難詳。填以鉤金豈免剔，鑿為科臼奚能防。細推點畫陋李蔡，窮辨跟肘知星霜。嘉禾缺月互隱蔽，鳳毛虯甲相低昂〔註45〕。澌除神物廢考擊，拂拭至寶還朝廊。偶從太學識真面，摩挲不

〔註44〕「奇」，原作「寄」，《冬青館甲集》卷二《重橅天一閣北宋石鼓歌為阮師作》作「奇」，今據改。

〔註45〕「虯」，原作「蚪」，《冬青館甲集》卷二作「蚪」，今據改。

異琮與璜。時在嘉慶歲丁巳,吾師弭節來錢塘。哦詩每每宗二雅,書字一一窮三蒼。蓬萊漢隸久湮沒,光堯御筆誰收藏。刊書空記睦親里,閱古猶驗蓮花莊。天一閣中賴有此,橅以油素歸上庠。宛陵都官好詩句,效韓誰得疑癡狂。保氏小學昧點勘,斷港何可航銀潢。嶧山之刻義益晦,皇象有作文失行。深襜大廈諒爾爾,一與世俗揚秕糠。嗟予讀書少識字,百看不敢生雌黃。脫出濡紙一束筍,研覃朝夕充巾箱。丁巳秋,師曾以拓本贈鑑。儒生事業貴師古,奚獨下筆求前章。致君堯舜要由此,郤陽酸棗殊贗贔。咎繇歌虞奚頌魯,斯事雖細留其綱。湯盤孔鼎吾何敢,對此發憤成懆慷。美人天遠惜遲莫,日共塗抹徒搶攘。豈唯才薄羞李杜,側身西望霑衣裳。

　　兄在太學,親見石鼓,以為古人刻石,首在選石,石之精堅者,勝于玉。此十鼓,乃天然石子,刻字石皮之上,未假椎鑿,其圓橢高低,各鼓不同,不能中規,並無今鼓集木冒革之形。乃知後人之碑易于剝落者,乃選石不精之故。且皆鑿而方之,無本來石皮之堅也。且古碑立于荒野,夏日烈甚,全身皆熱,驟雨激之,易致剝蝕。石鼓自唐、宋以後,皆在屋下,未受夏日冬凍之侵,所以尤能壽世也。

　　秦泰山石刻,向在碧霞宮,乾隆初年,燬于火。曲阜顏運生崇槼藏舊拓本,以贈予兄,視同球璧。蓋因寶刻已亡,橋本珍如石矣。曾屬吳秀峰國寶重摹一石,與漢延熹華山、天發神讖二刻,同置北湖祠墊。兄有《北湖摹碑圖》,並紀以詩。兄別有《華山碑考》三卷。

　　《題北湖摹碑圖》

　　秦泰山殘字、漢西嶽華山碑、三國天發神讖碑,近代並毀,拓本皆可寶貴。予藏三碑紙本,摹石置之北湖祠墊中。偶檢家藏王麓臺山水小幀,遂屬畫友添畫碑石及刻碑者于其坡陀之上,名之為《摹碑圖》,以詩記之。

　　吾愚未學繇與羲,唐陵宋閣多然疑。但曾手摹十石鼓,刻畫史籀誇汗岐。下此秦碑立泰岱,石刻明白丞相斯。延熹蔡郭華嶽廟,江都皇象神讖碑。近代數碑次第毀,一紙在世驚神奇。定武各石歐褚耳,數十本尚談姜夔。三碑真跡下一等,況是秦漢三國時。古人筆法入石理,何嘗楮墨差毫釐。吾齋積古見三絕,訪古者至皆嗟咨。客曰是宜并摹勒,一日不刻人嫌遲。江南市石北湖去,九龍岡上吾家祠。雪鋒吳氏善篆隸,奏刀𠂤𩣡親磨治。淺深完缺盡相肖,登登林下鳴氈槌。十夫扶起鼎足立,桓楹並視平不欹。巖巖嶷嶷雙嶽色,蒼崖翠壁

交陸離〔註46〕。建業古氣盡銷鑠，秣陵一抹無嫌卑。甘泉山色隔湖見，朝嵐浮動青松枝。西漢殿石我手獲，壇壝可配魯祝其。余于甘泉山手獲漢厲王胥冢上石。麓臺畫已百年久，林屋豈為我圖之。我來補寫刻石者，三碑添在珠湖湄。坐使此圖成故實，摩挲合作摹碑詩。瑕邱之樂古所歎，他年老倦應相思。

揚州唐以前石刻甚少。兄遊甘泉山，獲西漢古隸四石，乃廣陵厲王胥冢上物也。即語伊太守秉綬，輦置府學明倫堂，為一郡古刻之冠。

《甘泉山獲石記》

阮元

嘉慶十一年，予在雷塘墓廬，曉視雷塘水，自甘泉山來，乃肩輿溯源登其山。山有惠照寺，寺階下四石，半薶于土，色甚古，若有文字，以帚振水刷之，其文字之體在篆、隸之間，歸而命工以紙搨之。其一石可辨者，「中殿第廿八」凡五字；又一石「弟百卅」三字；其二石尚未能辨，以俟識者。太守汀州伊墨卿同年，善古書，嗜金石，爰以告之。太守即輦置郡齋，審視之，復以搨本示江君鄭堂。江君曰：「此漢淮南厲王胥冢上石也。」太守曰：「若爾，則與五鳳二年石同時為西漢物，可比美魯石矣。當寄蘇齋再辨之。」余按揚州甘泉山舊志，皆以為漢厲王冢，旱，鳴鼓攻之，輒致雨。今冢基不可覷，而西峯有靈雨壇舊址，土人亦言山有琉璃王墳〔註47〕。「琉璃」者，「劉厲」之傳訛也。沈約《宋書‧樂志‧陳思王樂歌》云：「中殿宜皇子。」然則皇子所居可稱中殿。魏在漢後，其為厲王遺蹟，似更可據矣。揚州無古石，唐以上即罕覯，昔惟汪君容甫在寶應得漢射陽畫象石。茲石更古，若應太守惠政雅風而出者。十二年，太守嵌此石于府學壁間，并屬元記其事，遂書之。

翁覃溪先生蘇齋跋云：「廣陵厲王胥，武帝元狩六年封。宣帝時，坐祝詛自殺。元帝初元二年，復立子霸。此文稱『中殿第幾』，則是胥為王時自造宮殿有此刻文，非冢中石也。漢刻最在前，由篆初變隸，有橫直、無波策。若東漢之初，永平六年，郙君開石門字，亦未變隸字勢，而遜此古勁遠矣。此刻雖無歲月，然考厲王國除在五鳳四年，此蓋在昭、宣之間，視五鳳二年石字更在前耳。」

漢西嶽華山廟碑，毀於明嘉靖時，世間舊拓僅存三本：一在大興朱竹君學士家，即華陰王山史所藏本。一在成親王詒晉齋中，即商邱宋牧仲所藏本。二

〔註46〕「壁」，原作「璧」，《揅經室詩錄》卷二《題北湖摹碑圖》作「壁」，今據改。
〔註47〕「有」，原作「西」，《揅經室三集》卷三《甘泉山獲石記》作「有」，今據改。

本皆已氊褙成一冊。一在寧波范氏天一閣，乃明季豐氏萬卷樓故物，乾隆間范氏以此贈嘉定錢太學東壁，予兄從錢氏購得之。此碑整拓全氊額間有唐太和間李衛公題名二段，碑內空處又有宋元豐間題名一段，皆氊本所無，尤為希世之寶。兄既裝成立軸，與秦泰山碑同貯一匣。乃命吳太學國寶精摹上石，置於北湖祠墅，拓贈同好，當作延熹原刻觀矣。又得歐陽文忠公所書《集古錄》跋語墨跡，卷內有華山碑跋一則，亦摹刻于是碑空處，洵一時遇合之奇也。

《題家藏漢華嶽碑軸子》

阮元

太華三峯削不成，夜來碧色無深淺。仙人染作延熹碑，飄落人間止三卷。長垣王鵬沖一冊歸商邱，宋搨，今歸成藩。但損偏旁最完善。華陰東雲駒郭宗昌又一函，椒花館中見者鮮。謂朱竹君學士家。以上二本皆氊裱，無唐人題名。我今快得四明本，玉軸綈囊示尊顯。豐萬卷樓全鮚埼亭范天一閣錢潛斁堂三百年，入我樓中伴文選。驚心動魄竹垞語，七尺巖巖闢空展。渾金璞玉天所成，幡然不受人裁剪。全碑未剪，整本。唐宋題字皆分明，衛公兩款夾額篆。全身平列廿二行，波磔豪釐盡能辨。一字一朵青蓮花，玉女翻盆墨雲軟。己巳摹鐫向北湖，市石察書書佐遣。湖邊更刻泰山碑，時余入覲，過揚州，以重摹秦山碑殘字與摹華山碑同置城北四十里湖橋墓祠中。嶽色雙雙照人眼。

《秦漢泰華雙碑跋》

秦泰山石刻殘字，乾隆五年燬于火，世間拓本日少。予所見僅三本，此本得自曲阜顏運生崇槼，凡可辨者三十字。碑間刻北平許氏隸字題跋，漫漶難辨。漢西嶽華山廟碑，燬於明嘉靖時，今海內拓紙僅存三本：一是明萬曆中藏陝西東雲駒肇商、雲雛蔭商兄弟家，後歸武平郭允伯宗昌，允伯重裝之。天啟元年，一時名流書跋者十餘人。國初，華陰王山史字無異，名弘撰。得之，戒子孫不得輒乞人跋尾。康熙間，在淮安張力臣弨家。甲申年，陳香泉在揚州周碻齋儀處獲觀之。乾隆初，在上海淩侍郎如煥家。乾隆三十一年，上海黃星槎文蓮與淩為鄉親，遂得之。後七年癸巳，歸大興朱竹君學士筠家。一是明季長垣王文蓀鵬沖所藏。文蓀與王覺斯為親家。冊首有覺斯題跋。康熙三十八年，歸商邱宋漫堂犖家。朱竹垞跋所謂「驚心動魄」者。繼歸商邱陳氏。嘉慶二年，歸成親王詒晉齋中。今余所得，乃四明本，明時藏寧波豐學士熙萬卷樓，國朝歸鄞縣全謝山翰林。祖望。謝山有跋，載《鮚埼亭》中，後歸范氏天一閣。乾隆間，嘉定錢太學東壁為范氏編金石目錄成，范氏以此碑非司馬舊物，酬贈之。嘉慶十年，錢

氏質于印氏。十二年丁卯，歸于余。此本單紙未褾，整碑完全。是以謝山有「歷二百餘年不缺不爛」之語。篆額二行居中，略偏于左。蓋前空十行，後空七行。額左題云：「銀青光祿大夫行尚書兵部侍郎李德裕，大和三年八月十六日，□浙西觀察使檢校禮部尚書兼御史大夫拜」，又云：「判官監察御史崔知白，支使監察御史崔璡，巡官協律郎王式。」右題云：「劍南西川節度使檢校兵部尚書成都尹兼御史大夫李德裕，判官殿中御史內供奉崔知白，觀察支使兼監察御史張嗣慶，江西都團練判官監察御史裏行李商卿，大和四年十一月一日」，此下又云：「大和五年九月十三日，華陰縣令裴胥當。」碑內第五行下空處題云：「元豐乙丑歲戊寅月癸丑，奉議郎知華州軍州事王子文，被旨設醮于嶽祠。庚戌，入內，內侍省內侍殿頭郝隨奉命躬詣致祭，俱七日罷。壬子，入內，□□省內侍殿頭阮易簡出使涇原，朝謁會於齋宮。子文題。」皆正書。李衛公兩至碑下題名，與《新》《舊唐書》相合，亦與余藏《嘉定鎮江志》所引《衛公年譜》《衛公獻替記》相合。合觀三本，華陰本、長垣本皆是翦褾成冊。長垣搨最舊，「山鎮曰華春秋傳」等百字皆全，第偏旁少損十餘字耳。華陰本則缺百字矣。四明本亦缺百字，惟是全碑整拓，未經裁翦，碑首李衛公等題名為長垣、華陰兩本所無，紙力已敝，亟為裝治成軸，不可緩也。余謂泰、華兩碑，自今以後搨本更少，今適同在余家，共裝一匣，爰屬長洲吳雪鋒太學國寶摹刻二碑，置之北湖祠塾，以拓本貽同學焉。又余所藏歐陽文忠公《集古錄》跋墨蹟卷，其弟一段即是華山碑跋，更摹之，補刻于所缺百字之空處，亦所宜也。

乾隆癸丑冬，兄督學山左，在曲阜得漢熹平二年殘碑，移置孔廟同文門之側。又於曲阜魯恭王墓前見二石人蘸折土中，遂用牛車接軸，徙置城內靈相圍中，洗拓其文，於「門」下見「卒」字、「亭」下見「長」字，皆著錄家所未備也。

漢武氏祠畫象殘碑。文曰：「此□□金□萬□」，凡七字，八分書。錢塘黃小松易得於山左，今以贈兄，因琢其背為硯石。高四寸，廣六寸，中畫小獸，似麐，旁有八分書題字一行，可辨者「此」「金」「萬」三字，乃武梁石室中物也。今石室全為黃氏小松修復，漢畫象全嵌壁間。此一片石不在祠中，余得之，嵌于文選樓壁焉。

三國吳天發神讖碑。在江寧府學尊經閣下，石凡三段，篆書廿一行，相傳是皇象書，嘉慶十年燬於火。兄以舊拓本重為勒石，置北湖祠塾，以傳古鄉賢遺跡。石上尚有宋元祐六年、崇寧元年題名二、明嘉靖甲子題名一。拓本遺之，

未及摹入。

《天發神讖碑跋》

阮元

三國吳天發神讖碑，舊在江寧，嘉慶十年燬於火。人間拓本，皆可寶貴。元家有舊拓本，合之繁昌鮑氏舊拓本，共得二百二十一字。十四年春，屬長洲吳國寶橅刻，以昭絕學。按此碑張勃《吳錄》以為皇象所書，張彥遠《法書要錄》以為官至侍中，《梁書》《南史·皇侃傳》並云「青州刺史」，惜《吳志》不為立傳。此碑始末，見於王司寇《金石萃編》等書。其字體乃合篆、隸而取方折之勢，即飛帛所從出，亦北朝魏、齊諸碑所從出。隋、唐以後，歐陽率更之體實魏、齊諸碑之苗裔，而神讖之體乃其鼻祖，學者罕究其原流矣。皇象字休明，廣陵人。允宜刻石，置之文選樓中，以存古鄉賢之規矱焉。阮元記。

羲、獻諸賢，筆法專是江左風流。至於由篆、隸而變為正書，此間形迹，歷歷可見，皆在中原舊地。學者但從閣帖觀晉、唐筆法，而不知中原正格，則罕讀北朝碑版之故也。元又記。

北齊造象石。文曰：「大齊天保十年七月十五日，比丘返帖敬造盧舍郍去界人中像一區，願盡□空，逴法界，一切家生，成等正覺。」

北周建德曇樂造象石。文曰：「建德元年四月十五日，比丘尼曇樂為亡姪羅睺敬造釋迦石像一區。比丘尼曇和，佛弟子呂羅睺、曇貴，亡師比丘尼曇念，父伯奴，母逴四、姜兒、桃兒，姊阿老、呂亡愁、李清女、呂駿胡」，正書六十九字。「德」作惪，「曇」作「曇」〔註48〕，「邊」作逴，皆譌體字。此為宇文周武帝時造象石，予兄得自陝西友人，今嵌入文選樓壁間。

唐劉蛻硯。長二寸八分，闊一寸六分。左側有篆書「蛻」字，知為劉蛻遺硯。按沈椒園先生有是研聯句詩，載張芑堂《金石契》中，今並載之。

《題劉蛻研聯句詩》

沈廷芳

硯紫色，石長二寸餘，廣半之，厚得廣之半而殺焉，其制殊樸。仲兄得之吳市。頃訪予東萊，暇日品硯出此，謂為唐時物。余視之，旁有籀書「蛻」字，篆刻古雅無匹，因考之載籍，定為劉蛻硯。按《唐書》，蛻字復愚，少與孫樵齊名，曾論鄉飲酒禮及論江陵耆老書，著有《文泉子》，盛稱于時。懿宗朝，官左拾遺，彈令狐綯之子滈納賄，貶華陰令。是其人其文皆足重，其遺物洵足

〔註48〕「曇」，原作「曇」，北京圖書館藏《曇樂造像記》拓本作「曇」，今據改。

珍也。爰相與聯句識之。

巧匠割紫雲，廷芳。遙溯晚唐久。方寸堅同心，吳可馴。流轉喜入手。嘉名妙雕鑴，沈心。隻字迴蝌蚪〔註49〕。依微蟻腳滋，廷芳。剝泐松皮醜。慨然思前修，可馴。礌砢垂不朽。職並少陵翁，心。筆追孟縣叟。杰才挺萬類，廷芳。碩學窮二酉。義宣祠祀書，可馴。禮正鄉飲酒。糾彈白衣相，心。篹述黃絹婦。文泉子幸存，廷芳。銘家詞獨有。當年未共瘞，可馴。歷世賴勤守。韞櫝合琉璃，心。陳几配瓊玖。闕補疏寮箋，廷芳。凹肖陳倉臼。兔管霜凝纖，可馴。麝煤露滴瀏。絕品堪張軍，心。清娛愜尚友。挈攜銚槎山名。筇，廷芳。回憶玉井藕。遠道隨行縢，可馴。小言恥覆瓿。摩挲汗簡旁，心。貞吉協長壽。廷芳。

唐銕研。橢圓，長四寸許。背有「永年」二字，剝落之後，轉為滑澤。

宋奉華堂澄泥研。長五寸三分，闊三寸二分，正面作尊罍形，上有四耳，鐫刻工緻，背有正書「奉華堂」三字。按南宋高宗劉夫人字希，建炎間主內翰文字，或代帝作宸翰，所居名「奉華堂」，此當是劉夫人之硯也。

《奉華堂硯歌》

陳文述

玉蟾滴盡天水碧，琉璃寶匣螺花飾。紫雲細膩仙露寒，香姜銅雀無顏色。憶昔光堯南渡年，六宮祇候盡嬋娟。大劉妃子尤明豔，德壽宮中第一仙。頭銜先署紅霞帔，金鐶不羨中宮貴。畫筆朝摹補袞圖，內批夜錄蘭亭字。小妹風流貌最芳，羽衣愛作道家妝。玉笙吹徹雙花發，並蒂芙蓉侍玉皇。此硯當年雕石髓，揮毫題徧澄心紙。閱盡繁華七百年，一雙鸜眼清如水。報恩高建梵王宮，樓閣高寒倚碧空。金輿鳳轓人何在，留得孤墳夕照中。鳳皇泉畔青山曲，萬樹梅花浸寒玉。閟閤頌酒印空傳，春來芳草年年綠。百年小劫又紅羊，金粉飛灰海月涼。半壁江山留一硯，至今猶說奉華堂。

金華井底蘭亭，字畫瘦勁，有歐、褚遺意，當是唐摹定武本也。明正統間，何士英官兩淮運使時，自任所攜歸。數百年來，為椎柘所傷，形神盡失。近時收藏家，以未斷初拓為貴。兄在浙江曾得舊拓本，重摹石，今嵌置木蘭院壁間，雖未能盡得其真，聊作復還故物云爾。

古興教寺在甘泉縣西北廢堡城內，舊有唐杜佑題名八角石柱，兄訪之未獲，而寺南里許將軍塘有八角石柱甚古，磨滅無字，或即寺中之物，乃移於寺前，為重書題名云：「唐貞元十二年刑部尚書檢校右僕射揚州大都督府長史淮

〔註49〕「迴」，原作「迴」，《隱拙齋集》卷十七《劉蛻小硯十八韻》作「迴」，今據改。

南節度使京兆杜佑題。」凡正書四行，後跋七行。此八角石甚古，或即唐石而字平滅歟？西陲新疆之石不能刻碑，刻後數年，石平字滅如息壤然，中土亦間有似此者。此柱初移立時，予兄以錢若干緡給村民共昇之，村民之黠者匿錢之半。及石立，黠民忽狂病，自言匿錢狀，出其錢散于眾，且共拜石下，狂病乃已。

兄于郡城二郎廟蔬圃得南宋淳熙間井欄殘石，今移寘新城廣儲門內準提庵。按此石郡志失載，文云：「□熙十□」，乃淳熙十年也。

雷塘龍王廟，宋、元時禱雨於此，極著靈驗，有大德間重修雷塘昭佑王廟碑。廟為明大宦王氏所毀，遷其碑於土神小廟，遂使屢朝靈蹟，湮沒無傳。兄於家居時搜獲是碑，即以墓廬前檻設立龍王象，立碑庭隅，以備村農祈禱，自為記文，刻於碑陰。

《元大德雷塘龍王廟碑記》

阮元

余家墓廬在雷塘之北，其邨名「龍王廟」。顧求其廟，無有也。問之老農，曰：「廬前石坊之西，王氏墓乃廟故基。明代王氏以廟基為墓，遷其碑于廬東土神小廟後。」余乃重輯土神廟，出其碑，洗而拓之。碑正書篆額，乃元大德五年辛丑，昭毅大將軍、揚州路總管府達魯花赤兼管內勸農事字蘭奚等重修宋龍王廟之碑也。雷塘在唐、宋為巨浸，以其立都雍、豫、江、淮轉運，當入泗、汴，潴水濟漕故也。元用海運，而塘水尚存。明漕于燕，不恃塘水，仇鸞等乃洩水開阡陌矣。元讀碑，有感於靈蹟，且檢宋人文集，亦有禱雨雷塘龍王廟文，是其蹟數百年究不可沒。乃以墓廬三楹立座，設龍王象，庶使邨民歲時有所禱祀，以濟旱暵。立其碑于庭之南，而記其略于碑陰。嗚呼！王氏者，明大宦，毀廟為墓，俱矣。余四世祖武德將軍，以明末葬于邨之東北，曾祖、祖、考三世祔葬焉。今余獲神碑而復神祀，禮也。碑載龍有降雨之靈，宋封昭佑王。元代混一區宇，合淮東宣慰司隸于揚，命中書剝九字。行司事撫治全淮。公元勳世家，碩德重望，式副下剝十一字。己亥、庚子，禱雨皆應。八月，廟落成，殿六楹，門六楹，環堵三十五丈，中塑像，旁繪雨部象。揚州路儒學教授馬允中撰文并書。辛丑四月立碑。同官者，正議大夫揚州路總管兼管內勸農事移剌慶堅、奉政大夫治中馬居仁、奉政大夫同知□□、推官馬蕭、判官劉、知事劉、經歷張、提控林、監工許。其列銜，字蘭奚居右之首行，移剌慶堅等以次左之。蓋用元國書右行法也。官制與《元史》皆合，惟字蘭奚以中書行司事官揚州，于

主要參引文獻

1. （漢）司馬遷撰，（南朝宋）裴駰集解，（唐）司馬貞索隱，（唐）張守節正義：《史記》，中華書局，2013 年。
2. （漢）班固撰，（唐）顏師古注：《漢書》，中華書局，1962 年。
3. （漢）劉熙撰，（清）畢沅疏證，王先謙補，祝敏徹、孫玉文點校：《釋名疏證補》，中華書局，2008 年。
4. （漢）許慎撰：《說文解字》，中華書局，1963 年。
5. （漢）鄭玄注，（唐）孔穎達正義，呂友仁整理：《禮記正義》，上海古籍出版社，2008 年。
6. （漢）鄭玄注，（唐）賈公彥疏，王輝整理：《儀禮注疏》，上海古籍出版社，2008 年。
7. （漢）鄭玄注，（唐）賈公彥疏，彭林整理：《周禮注疏》，上海古籍出版社，2010 年。
8. （漢）劉珍等撰，吳樹平校注：《東觀漢記校注》，中華書局，2008 年。
9. （漢）應劭撰：《漢官儀》，《叢書集成初編》，中華書局，1985 年。
10. （晉）陳壽撰，（南朝宋）裴松之注：《三國志》，中華書局，1959 年。
11. （三國魏）何晏注，（宋）邢昺疏，朱漢民整理，張豈之審定：《論語注疏》，李學勤主編：《十三經注疏》，北京大學出版社，1999 年。
12. （北魏）酈道元著，陳橋驛校證：《水經注校證》，中華書局，2007 年。
13. （南朝宋）范曄撰，（唐）李賢等注：《後漢書》，中華書局，1965 年。

14. （南朝梁）劉勰著，（清）黃叔琳注，李詳補注，楊明照校注拾遺：《文心雕龍校注》，中華書局，2021 年。

15. （唐）房玄齡等撰：《晉書》，中華書局，1974 年。

16. （宋）陳彭年等編：《宋本廣韻》，江蘇教育出版社，2008 年。

17. （宋）晁公武撰，孫猛校證：《郡齋讀書志校證》，上海古籍出版社，1990 年。

18. （宋）陳振孫撰，徐小蠻、顧美華點校：《直齋書錄解題》，上海古籍出版社，2015 年。

19. （宋）洪适撰：《隸釋·隸續》，中華書局，1986 年。

20. （宋）王應麟輯：《玉海》，廣陵書社，2003 年。

21. （宋）趙孟奎輯：《分門纂類唐歌詩》一百卷（殘存十一卷），中國國家圖書館藏清抄本，索書號：善本 04719。

22. （宋）洪興祖撰，白化文、許德楠、李如鸞、方進點校：《楚辭補注》，中華書局，1983 年。

23. （元）脫脫等撰：《宋史》，中華書局，1977 年。

24. （元）脫脫等撰：《金史》，中華書局，2020 年。

25. （明）平顯撰：《松雨軒集》八卷，中國國家圖書館藏明嘉靖刻本，索書號：善本 CBM2236。

26. （明）孫瑴著錄：《古微書》，山東友誼書社，1990 年。

27. （明）楊士奇等編：《文淵閣書目》，商務印書館，1937 年。

28. （明）王常編，（明）顧從德校：《集古印譜》六卷，中國國家圖書館藏明萬曆三年（1575）顧氏芸閣刻朱印本，索書號：善本 09787。

29. （明）佚名編：《新刊真楷大字全號縉紳便覽》，中國國家圖書館藏明刻藍印本，索書號：02490。

30. （清）阿林保、（清）張師誠：《奏聞浙洋盜首張阿治率眾赴閩投首現在分別辦理緣由》，嘉慶十三年十一月八日，臺北故宮博物院藏宮中檔奏摺（嘉慶朝），編號：故宮 098263。

31. （清）鮑廷博撰：《花韻軒詠物詩存》一卷，廣東省立中山圖書館、中山大學圖書館編：《清代稿鈔本》第 25 冊，廣東人民出版社，2007 年。

32. （清）畢沅、（清）阮元撰：《山左金石志》二十四卷，續修四庫全書編纂委員會編：《續修四庫全書》第 909、910 冊，上海古籍出版社，2002 年。

33. （清）蔡鑾揚撰：《證嚮齋詩集》八卷，清代詩文集彙編編纂委員會編：《清代詩文集彙編》第 495 冊，上海古籍出版社，2010 年。

34. （清）陳逢衡撰：《讀騷樓詩初集》四卷《讀騷樓詩二集》四卷，清代詩文集彙編編纂委員會編：《清代詩文集彙編》第 525 冊，上海古籍出版社，2010 年。

35. （清）陳鴻壽撰：《種榆仙館詩鈔》二卷，清代詩文集彙編編纂委員會編：《清代詩文集彙編》第 488 冊，上海古籍出版社，2010 年。

36. （清）陳鱣撰：《論語古訓》十卷，續修四庫全書編纂委員會編：《續修四庫全書》第 154 冊，上海古籍出版社，2002 年。

37. （清）陳壽祺撰，吳伯雄編：《陳壽祺全集》，廣陵書社，2017 年。

38. （清）陳廷慶撰：《謙受堂全集》三十卷（《古今體詩》二十四卷《集詠》一卷《試體詩》一卷《詞》一卷《賦》一卷《文》二卷），清代詩文集彙編編纂委員會編：《清代詩文集彙編》第 439 冊，上海古籍出版社，2010 年。

39. （清）陳文述撰：《頤道堂詩選》三十卷《詩外集》十卷《文鈔》十三卷《附》一卷，續修四庫全書編纂委員會編：《續修四庫全書》第 1504、1505、1506 冊，上海古籍出版社，2002 年。

40. （清）程敦著錄：《秦漢瓦當文字》二卷《續》一卷，哈佛大學漢和圖書館藏清乾隆五十二至五十九年（1787～1794）橫渠書院刻本，https://curiosity.lib.harvard.edu/chinese-rare-books/catalog/49-990080144270203941

41. （清）程同文撰：《密齋詩存》四卷，清代詩文集彙編編纂委員會編：《清代詩文集彙編》第 495 冊，上海古籍出版社，2010 年。

42. （清）程瑤田撰：《考工創物小記》八卷，續修四庫全書編纂委員會編：《續修四庫全書》第 85 冊，上海古籍出版社，2002 年。

43. （清）程瑤田撰，陳冠明等校點：《程瑤田全集》，黃山書社，2008 年。

44. （清）丁丙：《三塘漁唱》三卷，清光緒錢塘丁氏嘉惠堂刻武林掌故叢編本。

45. （清）丁丙輯：《武林坊巷志》，浙江古籍出版社，2018 年。

46. （清）端木國瑚撰：《太鶴山人集》十三卷，清代詩文集彙編編纂委員會編：《清代詩文集彙編》第 509 冊，上海古籍出版社，2010 年。

47. （清）法式善撰，劉青山點校：《法式善詩文集》，張寅彭主編：《乾嘉詩文名家叢刊》，人民文學出版社，2012 年。

48. （清）范邦甸等撰，江曦、李婧點校：《天一閣書目　天一閣碑目》，上海古籍出版社，2019 年。

49. （清）方廷瑚撰：《幼樗吟稿偶存》六卷，清代詩文集彙編編纂委員會編：《清代詩文集彙編》第 498 冊，上海古籍出版社，2010 年。

50. （清）顧廷綸撰：《玉笥山房要集》四卷《附文》一卷，清代詩文集彙編編纂委員會編：《清代詩文集彙編》第 484 冊，上海古籍出版社，2010 年。

51. （清）顧炎武撰：《日知錄》三十二卷，中國國家圖書館藏清康熙三十四年（1695）遂初堂刻本，索書號：善本 05798。

52. （清）郭麐撰：《靈芬館詩初集》四卷《靈芬館詩二集》十卷《靈芬館詩三集》四卷《靈芬館詩四集》十二卷《靈芬館詩續集》九卷《靈芬館雜著》二卷《靈芬館雜著續編》四卷《靈芬館雜著三編》八卷《靈芬館集外詩》二卷《靈芬館詞》七卷（《蘅夢詞》二卷《浮眉樓詞》二卷《懺餘綺語》二卷《爨餘詞》一卷），清代詩文集彙編編纂委員會編：《清代詩文集彙編》第 485 冊，上海古籍出版社，2010 年。

53. （清）郝懿行撰，王其和、吳慶峰、張金霞點校：《爾雅義疏》，中華書局，2017 年。

54. （清）洪亮吉撰，劉德權點校：《洪亮吉集》，中華書局，2001 年。

55. （清）黃瑞編輯：《台州金石錄》，文物出版社，1982 年。

56. （清）黃文暘撰：《埽垢山房詩鈔》十二卷，續修四庫全書編纂委員會編：《續修四庫全書》第 1459 冊，上海古籍出版社，2002 年。

57. （清）焦循撰：《雕菰集》二十四卷，續修四庫全書編纂委員會編：《續修四庫全書》第 1489 冊，上海古籍出版社，2002 年。

58. （清）孔璐華撰：《唐宋舊經樓詩稿》七卷，清代詩文集彙編編纂委員會編：《清代詩文集彙編》第 478 冊，上海古籍出版社，2010 年。

59. （清）李長庚撰，蘇華整理：《李忠毅公遺詩》，陳支平主編：《台灣文獻叢刊》第四輯第七冊，廈門大學出版社、九州出版社，2004 年。

60. （清）李鼎元撰：《師竹齋集》十四卷，續修四庫全書編纂委員會編：《續修四庫全書》第 1475 冊，上海古籍出版社，2002 年。

61. （清）李賡芸撰：《稻香吟館詩文集》七卷，清代詩文集彙編編纂委員會編：《清代詩文集彙編》第 435 冊，上海古籍出版社，2010 年。

62. （清）李桓輯：《國朝耆獻類徵初編》七百二十卷，周駿富輯：《清代傳記

叢刊‧綜錄類⑦》，（臺北）明文書局，1986 年。

63. （清）梁同書撰：《頻羅庵遺集》十六卷，清代詩文集彙編編纂委員會編：《清代詩文集彙編》第 353 冊，上海古籍出版社，2010 年。

64. （清）凌廷堪撰：《校禮堂文集》三十六卷，續修四庫全書編纂委員會編：《續修四庫全書》第 1480 冊，上海古籍出版社，2002 年。

65. （清）劉逢祿撰：《劉禮部集》十一卷附《麟石文鈔》一卷，清代詩文集彙編編纂委員會編：《清代詩文集彙編》第 517 冊，上海古籍出版社，2010 年。

66. （清）劉嗣綰撰：《尚絅堂詩集》五十二卷《尚絅堂文集》二卷《尚絅堂詞集》二卷，清代詩文集彙編編纂委員會編：《清代詩文集彙編》第 469 冊，上海古籍出版社，2010 年。

67. （清）劉墉撰：《劉文清公遺集》十七卷《劉文清公應制詩集》三卷，續修四庫全書編纂委員會編：《續修四庫全書》第 1433 冊，上海古籍出版社，2002 年。

68. （清）陸繼輅撰：《崇百藥齋文集》二十卷《崇百藥齋續集》四卷《崇百藥齋三集》十二卷，續修四庫全書編纂委員會編：《續修四庫全書》第 1496、1497 冊，上海古籍出版社，2002 年。

69. （清）潘世恩撰：《思補齋詩集》六卷，清代詩文集彙編編纂委員會編：《清代詩文集彙編》第 495 冊，上海古籍出版社，2010 年。

70. （清）錢保塘編：《吳越雜事詩錄》三卷，民國三年（1914）海寧錢氏刻清風室叢書本。

71. （清）錢大昕撰：《潛研堂文集》五十卷《潛研堂詩集》十卷《潛研堂詩續集》十卷，清代詩文集彙編編纂委員會編：《清代詩文集彙編》第 364 冊，上海古籍出版社，2010 年。

72. （清）錢楷撰：《綠天書舍存草》六卷，續修四庫全書編纂委員會編：《續修四庫全書》第 1483 冊，上海古籍出版社，2002 年。

73. （清）秦瀛撰：《小峴山人詩文集》三十七卷（詩集二十八卷文集六卷續文集二卷續文集補編一卷），清代詩文集彙編編纂委員會編：《清代詩文集彙編》第 407 冊，上海古籍出版社，2010 年。

74. （清）阮福編：《小琅嬛叢記》，（清）阮亨輯：《文選樓叢書》第捌冊，廣陵書社，2011 年。

75.（清）阮亨編：《梟亭倡和集》一卷，清光緒二十四年（1898）錢塘丁氏刻武林掌故叢編本。

76.（清）阮亨撰：《珠湖草堂詩鈔》四卷，首都圖書館藏清道光三年（1823）刻本，索書號：丁13382。

77.（清）阮玉堂撰：《珠湖草堂詩集》三卷，清乾隆刻本，上海圖書館藏清乾隆刻本，索書號：線普長004292。

78.（清）阮元撰：《揅經室集》，（清）阮亨輯：《文選樓叢書》第壹冊，廣陵書社，2011年。

79.（清）阮元撰：《揅經室續集》，（清）阮亨輯：《文選樓叢書》第貳冊，廣陵書社，2011年。

80.（清）阮元撰：《揅經室外集》，（清）阮亨輯：《文選樓叢書》第貳冊，廣陵書社，2011年。

81.（清）阮元訂：《詁經精舍文集》十四卷，（清）阮亨輯：《文選樓叢書》第叁冊，廣陵書社，2011年。

82.（清）阮元撰：《揅經室詩錄》，（清）阮亨輯：《文選樓叢書》第伍冊，廣陵書社，2011年。

83.（清）阮元輯：《淮海英靈集》，（清）阮亨輯：《文選樓叢書》第伍、陸冊，廣陵書社，2011年。

84.（清）阮元記，（清）陳文杰錄：《定香亭筆談》，（清）阮亨輯：《文選樓叢書》第陸冊，廣陵書社，2011年。

85.（清）阮元記：《小滄浪筆談》，（清）阮亨輯：《文選樓叢書》第陸冊，廣陵書社，2011年。

86.（清）阮元記：《廣陵詩事》，（清）阮亨輯：《文選樓叢書》第陸冊，廣陵書社，2011年。

87.（清）阮元輯：《八甎吟館刻燭集》，（清）阮亨輯：《文選樓叢書》第陸冊，廣陵書社，2011年。

88.（清）阮元編錄：《積古齋鐘鼎彝器款識》，（清）阮亨輯：《文選樓叢書》第捌冊，廣陵書社，2011年。

89.（清）阮元編：《漢延熹西嶽華山碑考》，（清）阮亨輯：《文選樓叢書》第捌冊，廣陵書社，2011年。

90.（清）阮元敘錄：《溉亭述古錄》，（清）阮亨輯：《文選樓叢書》第捌冊，

廣陵書社，2011 年。

91. （清）阮元主編：《兩浙金石志》，浙江古籍出版社，2012 年。

92. （清）阮元撰，（清）阮福編：《四庫未收書提要》五卷，續修四庫全書編
纂委員會編：《續修四庫全書》第 921 冊，上海古籍出版社，2002 年。

93. （清）阮元、楊秉初輯，夏勇等整理：《兩浙輶軒錄》，浙江古籍出版社，
2012 年。

94. （清）阮元撰，傅以禮重編：《四庫未收書目提要》，商務印書館，1955 年。

95. （清）阮元，（清）阮福等撰：《儀徵阮氏遺稿十二種》十三卷，盧桂平主
編：《揚州文庫》第五輯第 85 冊，廣陵書社，2015 年。

96. （清）阮元：《奏參黃巖鎮童鎮陞剿匪不力》，嘉慶十三年十二月二十五日，
臺北故宮博物院藏宮中檔奏摺（嘉慶朝），編號：故宮 098744。

97. （清）阮元：《奏報舟師剿捕蔡逆得有勝仗該逆向南竄逸現在飛咨緊追緣
由》，嘉慶十四年八月十三日，臺北故宮博物院藏宮中檔奏摺（嘉慶朝），
編號：故宮 101005。

98. （清）阮元、（清）蒼保：《奏報黃巖定海溫州三鎮兵船剿獲洋匪事》，嘉慶
六年七月十五日，臺北故宮博物院藏宮中檔奏摺（嘉慶朝），編號：故宮
091366。

99. （清）沈廷芳撰：《隱拙齋集》五十卷《隱拙齋續集》五卷，清代詩文集彙
編編纂委員會編：《清代詩文集彙編》第 298 冊，上海古籍出版社，2010
年。

100. （清）宋湘撰：《紅杏山房詩鈔》六卷（《燕臺賸瀋》一卷《南行草》一卷
《滇蹄集》三卷《楚艎吟》一卷）《紅杏山房試詩》一卷《紅杏山房試帖
詩》一卷《漢書摘詠》一卷《後漢書摘詠》一卷《同館賦鈔》一卷《不易
居齋集》一卷《豐湖漫草》一卷《豐湖續草》一卷，清代詩文集彙編編纂
委員會編：《清代詩文集彙編》第 450 冊，上海古籍出版社，2010 年。

101. （清）孫星衍撰：《孫淵如先生全集》二十一卷（《問字堂集》六卷《岱南
閣集》二卷《五松園文稿》一卷《嘉穀堂集》一卷《平津館文稿》二卷《芳
茂山人詩錄》九卷）《孫淵如外集》五卷附《駢文》一卷《孫淵如先生文
補遺》一卷，清代詩文集彙編編纂委員會編：《清代詩文集彙編》第 436
冊，上海古籍出版社，2010 年。

102. （清）叟慶源撰：《小栗山房詩鈔》十卷《花隝樵唱》一卷《小栗山房詩鈔

二集》六卷，清代詩文集彙編編纂委員會編：《清代詩文集彙編》第 542
冊，上海古籍出版社，2010 年。

103. （清）唐慶雲撰：《女蘿亭詩稿》六卷，肖亞男主編：《清代閨秀集叢刊》
第 28 冊，國家圖書館出版社，2014 年。

104. （清）鐵保撰：《惟清齋全集》十七卷《年譜》二卷，續修四庫全書編纂委
員會編：《續修四庫全書》第 1476 冊，上海古籍出版社，2002 年。

105. （清）童槐撰：《今白華堂文集》三十二卷（存二十四卷）《今白華堂詩錄》
八卷《今白華堂詩集》二卷《今白華堂詩錄補》八卷，清代詩文集彙編編
纂委員會編：《清代詩文集彙編》第 511 冊，上海古籍出版社，2010 年。

106. （清）屠倬撰：《是程堂集》十四卷《二集》四卷，續修四庫全書編纂委員
會編：《續修四庫全書》第 1517 冊，上海古籍出版社，2002 年。

107. （清）汪大經撰：《借秋山居詩鈔》八卷附《吹竹詞》一卷，清代詩文集彙
編編纂委員會編：《清代詩文集彙編》第 400 冊，上海古籍出版社，2010
年。

108. （清）汪梅鼎撰：《瀞雲詩鈔》八卷，清代詩文集彙編編纂委員會編：《清
代詩文集彙編》第 440 冊，上海古籍出版社，2010 年。

109. （清）汪全德撰：《崇睦山房詞》一卷，《叢書集成三編》第 64 冊，（臺北）
新文豐出版公司，1997 年。

110. （清）王昶撰：《金石萃編》一百六十卷，續修四庫全書編纂委員會編：《續
修四庫全書》第 886～891 冊，上海古籍出版社，2002 年。

111. （清）王昶撰：《春融堂集》六十八卷，續修四庫全書編纂委員會編：《續
修四庫全書》第 1437、1438 冊，上海古籍出版社，2002 年。

112. （清）王檢心修，（清）劉文淇、張安保纂：《道光重修儀徵縣志》，《中國
地方志集成·江蘇府縣志輯㊺》，江蘇古籍出版社，1991 年。

113. （清）王豫、阮亨輯：《淮海英靈續集》十二卷，續修四庫全書編纂委員會
編：《續修四庫全書》第 1682 冊，上海古籍出版社，2002 年。

114. （清）王貞儀撰：《德風亭初集》十三卷，《叢書集成續編》第 133 冊，上
海書店，1994 年。

115. （清）王梓材、馮雲濠輯：《稿本宋元學案補遺》，北京圖書館出版社，2002
年。

116. （清）翁方綱撰：《復初齋詩集》七十卷《復初齋文集》三十五卷，續修四

庫全書編纂委員會編：《續修四庫全書》第 1454、1455 冊，上海古籍出版社，2002 年。

117.（清）吳東發撰：《尊道堂詩鈔》二卷《畫巢遺稿》一卷，清代詩文集彙編編纂委員會編：《清代詩文集彙編》第 418 冊，上海古籍出版社，2010 年。

118.（清）吳傑撰：《澹靜齋集》二卷，復旦大學圖書館藏清道光十年（1830）刻本，索書號：912037。

119.（清）吳嵩梁撰：《香蘇山館詩集》三十六卷（《古體詩鈔》十七卷《今體詩鈔》十九卷），續修四庫全書編纂委員會編：《續修四庫全書》第 1489、1490 冊，上海古籍出版社，2002 年。

120.（清）吳文溥撰：《南野堂筆記》十二卷，張寅彭選輯，吳忱、楊焄點校：《清詩話三編》，上海古籍出版社，2014 年。

121.（清）吳鼐撰：《吳學士詩集》五卷《吳學士文集》四卷，續修四庫全書編纂委員會編：《續修四庫全書》第 1487 冊，上海古籍出版社，2002 年。

122.（清）謝堃撰：《春草堂集》六卷，清代詩文集彙編編纂委員會編：《清代詩文集彙編》第 544 冊，上海古籍出版社，2010 年。

123.（清）謝啟昆撰：《樹經堂詩初集》十五卷《樹經堂詩續集》八卷《樹經堂文集》四卷，續修四庫全書編纂委員會編：《續修四庫全書》第 1458 冊，上海古籍出版社，2002 年。

124.（清）謝雪撰：《詠絮亭詩草》四卷，清代詩文集彙編編纂委員會編：《清代詩文集彙編》第 478 冊，上海古籍出版社，2010 年。

125.（清）徐熊飛撰：《白鵠山房詩鈔》三卷《風鷗集》一卷《白鵠山房詩選》四卷《挂笠吟》一卷《白鵠山房詩續選》二卷，清代詩文集彙編編纂委員會編：《清代詩文集彙編》第 470 冊，上海古籍出版社，2010 年。

126.（清）許宗彥撰：《鑑止水齋集》二十卷，清代詩文集彙編編纂委員會編：《清代詩文集彙編》第 488 冊，上海古籍出版社，2010 年。

127.（清）姚文田撰：《邃雅堂集》十卷《邃雅堂文集續編》一卷，清代詩文集彙編編纂委員會編：《清代詩文集彙編》第 448 冊，上海古籍出版社，2010 年。

128.（清）英傑修，（清）晏端書等纂：《同治續纂揚州府志》二十四卷，清同治十三年（1874）刻本。

129.（清）查揆撰：《篔谷詩鈔》二十卷《篔谷文鈔》十二卷，清代詩文集彙編編纂委員會編：《清代詩文集彙編》第 497 冊，上海古籍出版社，2010 年。

130. （清）張鑑撰：《冬青館甲集》六卷《冬青館乙集》八卷，續修四庫全書編纂委員會編：《續修四庫全書》第 1492 冊，上海古籍出版社，2002 年。

131. （清）張鑑等撰：《雷塘庵主弟子記》八卷，續修四庫全書編纂委員會編：《續修四庫全書》第 557 冊，上海古籍出版社，2002 年。

132. （清）張惠言著，黃立新校點：《茗柯文編》，上海古籍出版社，2015 年。

133. （清）張師誠、（清）王德祿、（清）邱良功：《奏為殲除海洋積年首逆蔡牽將逆船二百餘犯全數擊沉落海並生擒助惡各夥黨恭摺馳奏叩賀天喜事》，嘉慶十四年八月二十六日，臺北故宮博物院藏宮中檔奏摺（嘉慶朝），編號：故宮 101099。

134. （清）張廷玉等撰：《明史》，中華書局，1974 年。

135. （清）張問陶撰：《船山詩草》二十卷《補遺》六卷，續修四庫全書編纂委員會編：《續修四庫全書》第 1486 冊，上海古籍出版社，2002 年。

136. （清）張興鏞撰：《紅椒山館詩鈔》四卷《遠春試體賦鈔》一卷《遠春詞》二卷，清代詩文集彙編編纂委員會：《清代詩文集彙編》第 469 冊，上海古籍出版社，2010 年。

137. （清）張燕昌撰：《金石契》不分卷，四庫未收書輯刊編纂委員會編：《四庫未收書輯刊·貳輯·貳拾捌冊》，北京出版社，2000 年。

138. （清）張因撰，查正賢整理：《綠秋書屋詩鈔》，楊焄主編：《江南女性別集五編　上》，黃山書社，2019 年。

139. （清）趙文楷撰：《石柏山房詩存》八卷首一卷，續修四庫全書編纂委員會編：《續修四庫全書》第 1485 冊，上海古籍出版社，2002 年。

140. （清）朱成熙、汪塈纂，（清）李福沂、金吳瀾修：《光緒崑新兩縣續修合志》，《中國地方志集成·江蘇府縣志輯⑯⑰》，江蘇古籍出版社，1991 年。

141. （清）朱珪撰：《知足齋詩集》二十卷《知足齋詩續集》四卷《知足齋文集》六卷《知足齋進呈文稿》二卷附《年譜》三卷，清代詩文集彙編編纂委員會編：《清代詩文集彙編》第 376 冊，上海古籍出版社，2010 年。

142. （清）朱為弼撰：《蕉聲館集》三十三卷（《文集》八卷首一卷《詩集》二十卷《詩集補遺》四卷《詩集續補》一卷），清代詩文集彙編編纂委員會編：《清代詩文集彙編》第 501 冊，上海古籍出版社，2010 年。

143. （清）朱彝尊著，屈興國、袁李來點校：《朱彝尊詞集》，浙江古籍出版社，2011 年。

144. （清）宗源瀚等修，周學濬等纂：《湖州府志》九十六卷首一卷，《中國方志叢書》華中地方第五四號，（臺北）成文出版社，1970 年。

145. 北京圖書館金石組編：《北京圖書館藏中國歷代石刻拓本匯編（三國兩晉南北朝　七）》第八冊，中州古籍出版社，1989 年。

146. 陳漢章總纂：《象山縣志》，《中國海疆文獻續編·沿海形勢（上）》，線裝書局，2012 年。

147. 何清谷校注：《三輔黃圖校注》，魏全瑞主編：《長安史蹟叢刊》，三秦出版社，2006 年。

148. 洪安全主編：《清宮宮中檔奏摺臺灣史料（十一）》，臺北故宮博物院，2001 年。

149. 李步嘉校釋：《越絕書校釋》，中華書局，2013 年。

150. 李旭校注：《姜夔詞全集》，崇文書局，2019 年。

151. 劉慶柱輯注：《關中記輯注》，三秦出版社，2006 年。

152. 秦國經主編：《中國第一歷史檔案館藏清代館員履歷檔案全編》，華東師範大學出版社，1997 年。

153. 饒國慶等編：《伏跗室藏書目錄》，寧波出版社，2003 年。

154. 王紹增、崔國光等整理訂補：《訂補海源閣書目五種》，齊魯書社，2002 年。

155. 王章濤編著：《阮元年譜》，黃山書社，2003 年。

156. 王鍾翰點校：《清史列傳》，中華書局，1987 年。

157. 吳昌碩著，吳東邁編：《吳昌碩談藝錄》，浙江人民美術出版社，2017 年。

158. 徐世昌編，聞石點校：《晚晴簃詩匯》，中華書局，2018 年。

159. 趙爾巽等撰：《清史稿》，中華書局，1977 年。

160. 中國第一歷史檔案館編：《纂修四庫全書檔案》，上海古籍出版社，1997 年。

161. 中國第一歷史檔案館編：《嘉慶道光兩朝朝上諭檔》，廣西師範大學出版社，2000 年。

後　記

　　《瀛舟筆談》一書的價值已在《前言》中大略述及，由於原書版刻錯誤較多，成書以來，又從未經整理校勘，故極大影響了學界對其研究與利用。雖然近代以來不少學人曾對此書加以評介或引用，但此書自嘉慶二十五年刻印至今，除原刻本及影印本外，別無他版，利用起來頗為不便。

　　我從事古籍編目與研究工作有年，機緣巧合之下接觸到《瀛舟筆談》一書，翻閱之後，深感其重要價值，認為有必要將其點校出版。經過兩年時斷時續的工作，期間雖遇到各種困難幾度想要放棄，但終於還是堅持下來，完成了點校。古籍點校是費力不討好的事情，不僅是智力勞動，也是體力勞動，只有親身經歷過才能瞭解其中不易，難以對人言說。書稿完成後，又因為申請出版而煞費周章，無奈之下打算擱置。在沮喪之時，蒙花木蘭文化事業有限公司不棄，慨允出版，令我感佩無已。

　　本書的點校及最終出版，要感謝的人很多：同事張曉沖女士錄入部分文字並複印相關文獻資料，花木蘭出版公司北京聯絡處楊嘉樂主任為本書的最終出版出力尤多，湖北省博物館保管部蔡路武主任對本書的出版予以大力支持，湖北省圖書館馬志立先生在我查閱文獻及本書出版過程中費心費力，《書法報》王可萬先生提供馮洽《嘉禾應瑞圖》高清照片並指出我釋讀梁同書所作《嘉禾謠》的諸多錯誤，中國社會科學院文學研究所劉明先生為我查閱中國國家圖書館藏明萬曆十二年刻本《新刊真楷大字全號縉紳便覽》提供幫助，廣西師範大學出版社馬艷超先生為我查詢蕭霖《曙堂詩稿》的有關情況提供幫助，湖北省圖書館夏金波先生在我查閱文獻時熱心提供服務，上海博物館陳才先生和中華書局朱兆虎先生、楊正哲先生為了本書的出版多有費心，在此併致謝忱！

　　因我本人水平有限、識見寡陋，書中錯漏實難避免，幸有道之士多所教正焉。

　　　癸卯肇春羅恰腹稿於亳州，初稿於鄂州，定稿於古郢州東湖之畔